本书由河北省社会科学基金项目（批准号：HB23ZT057）资助出版

中国电力部门碳减排：基于生产侧、传输侧和消费侧视角研究

曹　叶 / 著

中国财经出版传媒集团
经济科学出版社
Economic Science Press
北京

图书在版编目（CIP）数据

中国电力部门碳减排：基于生产侧、传输侧和消费侧视角研究 / 曹叶著 . -- 北京：经济科学出版社，2024. 8. -- ISBN 978 -7 -5218 -6316 -1

Ⅰ. TM62

中国国家版本馆 CIP 数据核字第 20247A9P02 号

责任编辑：李　雪　凌　健
责任校对：杨　海
责任印制：邱　天

中国电力部门碳减排
——基于生产侧、传输侧和消费侧视角研究
ZHONGGUO DIANLI BUMEN TANJIANPAI
——JIYU SHENGCHANCE，CHUANSHUCE HE XIAOFEICE SHIJIAO YANJIU

曹　叶　著
经济科学出版社出版、发行　新华书店经销
社址：北京市海淀区阜成路甲 28 号　邮编：100142
总编部电话：010 -88191217　发行部电话：010 -88191522
网址：www. esp. com. cn
电子邮箱：esp@ esp. com. cn
天猫网店：经济科学出版社旗舰店
网址：http：//jjkxcbs. tmall. com
固安华明印业有限公司印装
710 ×1000　16 开　13 印张　190000 字
2024 年 8 月第 1 版　2024 年 8 月第 1 次印刷
ISBN 978 -7 -5218 -6316 -1　定价：69. 00 元
（图书出现印装问题，本社负责调换。电话：010 -88191545）

前　言

全球能源生产和碳排放是每个国家都需要关注的问题。为了应对气候变化，中国不断加大减排力度，承诺二氧化碳排放力争于2030年前达到“碳峰值”，努力争取2060年前实现“碳中和”。电力部门作为中国最大的碳排放部门，低碳化是推动中国尽早实现“碳达峰”和“碳中和”的重要抓手。电力部门是集“发电、输配电和用电”于一体的有机系统，电力部门低碳化依赖于生产侧“发电低碳化”、输配侧和消费侧“用电清洁化”，这对推动电力产业链低碳化和实现气候目标具有重要意义。

为引导电力产业链低碳化，同时为了助力2030年前“碳达峰”、2060年前“碳中和”减排目标的实现，我们组织编写了《中国电力部门碳减排——基于生产侧、传输侧和消费侧视角研究》，力求将电力产业链全过程（生产侧、传输侧到消费侧）纳入同一框架，厘清中国省域电力碳排放和碳强度变化的驱动机制，针对不同省域的电力发展水平、经济结构特征、技术革新潜力等因地制宜制定减排策略，并结合电力生产侧、传输侧和消费侧提出合理有效的碳减排组合政策。

面对中国的减排任务，本书围绕中国电力部门生产侧、传输侧到消费侧全过程的减排策略展开研究，包括识别不同核算框架下中国电力部门及其子系统的碳排放责任；融合电力生产侧、传输侧和消费侧全过程的电力碳强度及碳排放影响因素分析；追溯电力传输侧和消费侧电力交易隐含碳的产业链关键传输路径和节点；评估电力生产侧非化石能源发电扩张的“碳回报”。同时，根据研究需要，编制了中国部门投入产出表、多区域投入产出表和混合序列投入产出表，并综合运用投入产出分析、结构路径分析、因素分解分析、反事实情景分析等方法。

本书由长期从事能源经济与气候变化科研工作的曹叶担任主编。衷心希望本书可以为中国电力部门节能减排相关研究提供一定的参考价值。感谢在本书编写过程中提供了宝贵意见的教师和读者。由于编者水平有限，书中的疏漏之处在所难免，敬请读者提出宝贵意见，以便进一步修订和改进。

曹叶

2024 年 5 月

目　　录

| 第 1 章 |
绪　论

1.1　研究背景

1.1.1　电力部门是中国深度减排的主力军

气候变化问题是人类社会面临的严峻挑战，已经成为国际社会关注的热点问题。作为负责任的大国，中国积极参与全球气候变化治理，采取了有力的减缓气候变化的政策和措施。2020 年 9 月，中国国家主席习近平在第七十五届联合国大会一般性辩论上表示，中国将提高国家自主贡献力度，力争二氧化碳排放于 2030 年前达到“碳峰值”，努力争取 2060 年前实现“碳中和”①。为了履行减排承诺，中国实施了多项节能减排的政策措施，颁布了若干项推动国家清洁能源发展与低碳社会建设的规划与法案。随着中国的碳减排形势日益严峻，全国性的减排目标将会逐层分解并落实到各重点行业中。

电力部门是中国重要的基础能源产业和国民经济的支柱产业，同时，也是中国六大高耗能、高排放部门之一[1]。联合国政府间气候变化专门委员会称电力部门既是全球最大的碳排放来源，也是脱碳潜力最大的部门。中国电

---

① https：//www. gov. cn/xinwen/2020 - 09/22/content_5546168. htm.

力部门释放的碳排放量在中国碳排放总量中的占比超过 48%，在全球碳排放总量中的占比超过 13%，且呈持续增长态势[2-3]，由此可见，中国电力部门碳减排对中国乃至全球都至关重要，电力部门成为中国落实 2030 年前“碳达峰”和 2060 年前“碳中和”减排目标的主力军。

中国在《国家应对气候变化规划》（2014—2020 年）[4]中明确提出：“到 2015 年大型发电企业集团的单位供电二氧化碳排放水平要控制在 650 克/千瓦时”；在《“十三五”控制温室气体排放工作方案》[5]中宣布了“2020 年大型发电集团的单位供电二氧化碳排放控制在 550 克/千瓦时以内”的目标。为了服务于电力部门的碳减排目标，中国相继出台了一系列促进电力部门低碳化的政策，包括在电力生产侧淘汰煤电落后产能、高效清洁发展煤电、大力发展新能源、推广零碳和负碳技术试点项目等，如图 1－1 所示；在电力消费侧建设电力需求侧管理平台、创新智慧能源系统和综合能源服务模式互动、利用云大物移智技术来支撑需求侧的多种能源综合等；在电力输配侧健全以中长期交易为主且现货交易发挥重要作用的市场格局、完善电网基础设施以促进“源网荷储”、强化电网企业考核和综合试点、构建跨省跨区电力交易体系等。

经过十多年的不懈努力，中国电力部门低碳化发展已经取得了显著成效。据中国电力企业联合会数据[6]显示，2019 年中国单位火电发电量的碳排放约 838 克/千瓦时，比 2005 年下降 19.7%；单位发电量的碳排放量约 577 克/千瓦时，比 2005 年下降 31.9%。尽管如此，目前中国电力产业链（生产侧、传输侧和消费侧）仍面临较多挑战，其发展特征均难以支撑中国实现“碳达峰”和“碳中和”的减排目标[1]。例如，电力产业链为满足中端和终端用电需求仍在消耗大量的化石能源，电力生产侧非化石能源发电潜力未得到充分挖掘、电力传输侧和消费侧存在电力交易“碳排放外溢”等问题。对电力部门而言，“发电低碳化”和“用电清洁化”是支持中国实现碳减排目标不可回避的问题，如何识别电力产业链全过程的深度碳减排策略，是本书的研究意义所在。

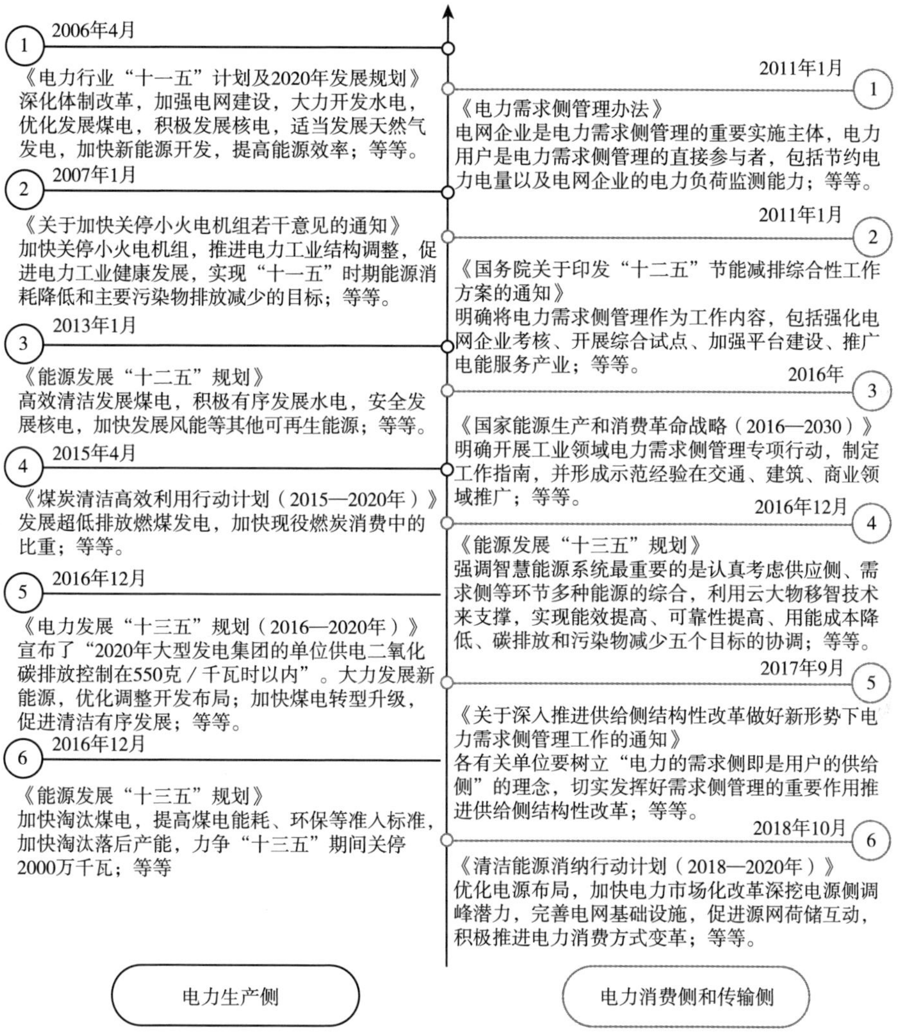

① 2006年4月
《电力行业"十一五"计划及2020年发展规划》
深化体制改革，加强电网建设，大力开发水电，优化发展煤电，积极发展核电，适当发展天然气发电，加快新能源开发，提高能源效率；等等。

② 2007年1月
《关于加快关停小火电机组若干意见的通知》
加快关停小火电机组，推进电力工业结构调整，促进电力工业健康发展，实现"十一五"时期能源消耗降低和主要污染物排放减少的目标；等等。

③ 2013年1月
《能源发展"十二五"规划》
高效清洁发展煤电，积极有序发展水电，安全发展核电，加快发展风能等其他可再生能源；等等。

④ 2015年4月
《煤炭清洁高效利用行动计划（2015—2020年）》
发展超低排放燃煤发电，加快现役燃炭消费中的比重；等等。

⑤ 2016年12月
《电力发展"十三五"规划（2016—2020年）》
宣布了"2020年大型发电集团的单位供电二氧化碳排放控制在550克/千瓦时以内"。大力发展新能源，优化调整开发布局；加快煤电转型升级，促进清洁有序发展；等等。

⑥ 2016年12月
《能源发展"十三五"规划》
加快淘汰煤电，提高煤电能耗、环保等准入标准，加快淘汰落后产能，力争"十三五"期间关停2000万千瓦；等等

① 2011年1月
《电力需求侧管理办法》
电网企业是电力需求侧管理的重要实施主体，电力用户是电力需求侧管理的直接参与者，包括节约电力电量以及电网企业的电力负荷监测能力；等等。

② 2011年1月
《国务院关于印发"十二五"节能减排综合性工作方案的通知》
明确将电力需求侧管理作为工作内容，包括强化电网企业考核、开展综合试点、加强平台建设、推广电能服务产业；等等。

③ 2016年
《国家能源生产和消费革命战略（2016—2030）》
明确开展工业领域电力需求侧管理专项行动，制定工作指南，并形成示范经验在交通、建筑、商业领域推广；等等。

④ 2016年12月
《能源发展"十三五"规划》
强调智慧能源系统最重要的是认真考虑供应侧、需求侧等环节多种能源的综合，利用云大物移智技术来支撑，实现能效提高、可靠性提高、用能成本降低、碳排放和污染物减少五个目标的协调；等等。

⑤ 2017年9月
《关于深入推进供给侧结构性改革做好新形势下电力需求侧管理工作的通知》
各有关单位要树立"电力的需求侧即是用户的供给侧"的理念，切实发挥好需求侧管理的重要作用推进供给侧结构性改革；等等。

⑥ 2018年10月
《清洁能源消纳行动计划（2018—2020年）》
优化电源布局，加快电力市场化改革深挖电源侧调峰潜力，完善电网基础设施，促进源网荷储互动，积极推进电力消费方式变革；等等。

电力生产侧　　　　电力消费侧和传输侧

图1-1　中国电力部门低碳化发展相关政策

资料来源：笔者绘制。

1.1.2　电力生产侧非化石能源发电减排潜力亟待挖掘

电力生产侧是中国电力部门碳排放的主要来源，表现出如下特征：中国发电装机快速扩张，电力供应能力稳步提升；省域发电装机布局差异较大；

非化石能源发电跨越式发展，但以火电为主的发电结构难以转变；非化石能源发电投资拉动产业链上的高碳生产活动，对非化石能源发电的减排效果预期过热；等等。

（1）中国发电装机容量快速攀升，电力供应能力稳步提升。1978～2017年，中国总发电装机容量从0.58亿千瓦时上升到17.9亿千瓦时，总发电装机的年均增长速度超过9.2%，高于同期全社会的用电量增速[7]。截至2020年10月底，中国总发电装机容量达到21亿千瓦，居世界首位，且超额完成了《电力发展“十三五”规划》中提出的20亿总装机目标。同时，根据国际货币基金组织的研究报告，作为2020年唯一保持经济正增长的主要经济体，中国的总装机容量持续提升为满足其电力需求提供了有力保障[1]。

（2）中国发电装机的省域空间布局差异较大。按区域装机来看，西部区域发电装机占比快速上升，东北区域发电装机占比持续下降，其他区域发电装机占比基本持平。根据中国电力企业联合会全国电力工业统计数据①显示，1978～2017年，西部地区装机占比从24%提升至38%，东北地区装机占比从17%下降至6%，中部地区装机占比从24%下降至21%，东部地区装机占比稳定在35%左右。按各区域不同技术类型的装机容量来看，中国电力资源省域空间分布差异较大。同时，1978～2017年火电装机主要分布在华北、华东，其火电装机占比分别为77%和75%；水电装机主要分布在华中、南方，其水电装机占比分别为43%和38%；核电装机主要分布在华东、南方，风电和光电装机主要分布在华北、西北。

（3）非化石能源发电跨越式发展，但以火电为主的发电结构短期内难以转变。中国“碳达峰”和“碳中和”的减排目标加快推进非化石能源发电的跨越式发展。截至2020年10月底，中国非化石能源发电装机约占41%，提前完成了“十三五”电力规划中39%的预期目标，且2030年非化石能源发电占比达到50%的目标已过半程，其中风电、光电与核电的总装机容量均位于世界首位[8]。尽管如此，由于中国煤炭资源禀赋，煤电装机容量占比仍

① https：//cec. org. cn/.

超过 50%，以煤电为主的电力结构一直占据主导地位，并且短期内难以退出历史舞台，非化石能源发电的发展受到以煤电为主的电力系统的约束。在保障电力供给安全的同时，协调好传统电源与清洁电源的关系、挖掘非化石能源发电的碳减排潜力，是中国电力系统面临的巨大挑战。

（4）非化石能源发电投资拉动产业链上的高碳生产活动，对非化石能源发电的减排效果预期过热。非化石能源在发电过程中基本不排放温室气体，往往被认为是“零排放”的电力能源。但从产业的生命周期角度分析，非化石能源发电产业在投资开发、建设、运行、废弃等环节均会有一定的温室气体排放[9]。电力结构绿色转型不仅需要考虑非化石能源发电运营的清洁替代减排效果，还应考虑到非化石能源发电全生命周期投资成本高、投资回报期长等问题。尤其是现阶段中国非化石能源发电大规模扩张拉动产业链上游的高碳生产活动，引发对于非化石能源发电“低碳”属性的担忧，其减排潜力未能得到充分挖掘。

1.1.3　电力消费侧和传输侧电力交易“碳排放外溢”亟待追踪

电力传输侧和消费侧是电力产业链上不容忽视的用电中端和终端环节。加速中端和终端电气化是中国实现深度减排和能源系统低碳转型的主要手段[10]。近年来，中国电力需求不断攀升，电能在终端能源消费中的占比已从 1990 年的 6.7% 提高到 2020 年的 27%[10]。中国电力消费侧和输配侧电力需求快速增长，但用电增长空间仍巨大；省域电力供需不平衡催生跨省域大规模的电力交易“碳排放外溢”；中国电网系统快速发展，拉动产业链上的高碳生产活动；以省为单位的电力市场体系阻碍了跨省域电力交易市场建设等问题，对中国电力产业链全过程的碳减排构成挑战。

（1）中国电力需求快速增长，用电产业结构持续优化，但用电增长空间巨大。2017 年，全社会用电量达到 6.38 万亿千瓦时，比 1978 年增长了 25.5 倍，年均增速达到 8.8%。“十四五”期间中国全社会用电量有望持续增加，“十四五”年均增速约 4.4%，最大电力负荷达到 15.7 亿千瓦[11]。随着产业结构的优化，中国电力消费的产业结构逐渐清洁化，2017 年第二产业用电量占据主导地位（占比约 70.8%），第三产业和城乡居民生活用电量占比分别达到 13.9% 和 13.8%。第二产业用电量占比在 2007 年达到峰值后逐年下降，第三产业和居民生活用电量占比逐渐提升。尽管中国电力需求快速增长，但与发达国家的电力消费水平相比，2015 年中国人均电力消费量约 4000 千瓦时，远低于欧盟国家人均 6000 ~ 8000 千瓦时的水平，中国电力消费需求仍有巨大的增长空间[11]。

（2）中国省域电力供需不平衡，催生跨省域大规模电力交易“碳排放外溢”。中国电力需求与电力供给呈逆向分布，电力供给集中于西部和北部区域，而电力需求主要分布在东部地区，由此造成中国电力系统供电成本高昂、非化石能源发电消纳困难、输电损耗严重、电力投资臃肿等窘况，同时加剧温室气体排放等负外部性效应。此外，中国省域电力供需的空间不匹配推动跨省跨区的大规模电力交易模式，主要由华北向华南、华西向华东传输，进而催生跨省域电力交易“碳排放外溢”问题。尤其是伴随着中国电力供给能力稳步提升、终端电气化水平提高以及输配电网的快速发展，跨省域电力交易会越来越频繁，伴随电力交易扩张的“碳排放外溢”也会越来越严峻。电力交易“碳排放外溢”不仅存在于满足中端电力需求的产业链环节（即传输侧），还存在于满足终端电力需求的产业链环节（消费侧）[12]。

（3）中国电网系统快速发展，拉动产业链上高碳生产活动。由于其电力生产和负荷中心在空间上存在严重错配，中国建设了大规模电网基础设施以连接电力生产和消费中心[13]。当前，中国已建成世界上规模最大的输电网络。2022 年，中国全口径发电装机容量超过 24 亿千瓦，风电、光伏、水电、生物质发电装机规模连续多年稳居世界第一。中国电网的快速发展为电力消费提供了有力保障，截至 2022 年，全国建成 33 条交直流特高压线路，“西电东送”规模超 2.9 亿千瓦①。电网建设需要消耗大量温室气体密集型材料，如钢铁、电气设备等。此外，为满足快速增长的可再生能源发展需求、推进

---

① https：//www.gov.cn/xinwen/2022 – 08/04/content_5704179.htm.

全球能源互联网建设等，中国电网基础设施规模将持续扩张，这也将带来更多的材料消耗，从而拉动产业链上更多的温室气体排放。

（4）以省为单位的电力市场体系阻碍跨区跨省电力交易市场建设。各省电力市场交易体系是根据自身省情和网情设计的，各省间电力市场机制存在差异性，其体现在交割方式、交易频率与开放程度等多个方面，省域间制度的差异性会产生电力交易壁垒，增加了跨省域市场间的电力交易衔接难度。此外，中国省域非化石能源发展不均衡，非化石能源电力的消纳需要在更大范围内进行，以实现市场资源配置。目前，以省为单位的电力市场体系阻碍了非化石能源的消纳，电力产业链的低碳化发展受到制约。

1.2　研究目的与研究意义

1.2.1　研究目的

电力部门“发电低碳化、用电清洁化”是中国实现2030年前“碳达峰”和2060年前“碳中和”减排目标的主要手段。虽然中国电力碳强度持续下降，但电力碳排放依然保持增加态势，离减排目标仍有一定的差距，亟须从电力生产侧、传输侧和消费侧视角全面探究电力部门的碳减排策略。

基于此，本书试图回答以下问题：（1）在中国产业链上电力部门需要承担怎样的碳减排责任，是生产侧、传输侧还是消费侧？在电力产业链上电力各子系统的减排责任有何不同？（2）中国省域电力碳强度持续下降而电力碳排放持续增加的驱动机制是什么，尤其是电力交易效应和电力结构效应的减排效果如何？（3）从“电力交易”效应入手，消费需求驱动下电力交易隐含碳的生产中心和消费中心发生了怎样的变化，在电力产业链上这种不平衡驱动的碳排放关键传输路径和节点是如何变化的？（4）从“电力结构”效应入手，中国省域“发电低碳化”即非化石能源发电扩张产生了怎样的“碳回报”，这种“碳回报”在各技术类型、省域上的分布特征有何差异？

1.2.2 研究意义

1. 理论意义

第一，将电力生产侧、传输侧和消费侧全过程纳入同一框架，构建了中国省域电力部门碳强度和碳排放变化的影响因素分解框架。这三个视角互为补充，全面探讨了电力产业链全过程（生产侧、传输侧和消费侧）的碳减排策略，这一分解框架能够进一步扩展到产业链视角下水资源利用、能源消耗等环境问题的研究，具有良好的扩展性。

第二，鉴于投入产出数据的可获得性差、应用适用性窄和时间滞后性等问题，本书提出了部门投入产出模型、中国多区域投入产出模型和中国混合序列多区域投入产出模型的改进框架，可以为同类型投入产出表的编制提供借鉴，从而有助于相关研究工作的开展。基于投入产出分析，本书分别构建了部门投入产出模型、多区域投入产出模型和混合序列投入产出模型来研究中国各类电力子系统的碳排放责任、中国省域电力交易隐含碳的传输变化特征以及非化石能源发电技术的“碳回报”。

2. 现实意义

第一，从电力产业链全过程探究电力部门的碳减排策略，可以为引导电力产业链低碳化和实现2030年前“碳达峰”、2060年前“碳中和”减排目标提供政策参考。基于省域资源禀赋，将电力产业链全过程（生产侧、传输侧到消费侧）纳入同一框架，厘清中国省域电力碳排放和碳强度变化的驱动机制，针对不同省域的电力发展水平、经济结构特征、技术革新潜力等，因地制宜制定减排策略，可以有效强化碳减排公平、引导电力资源优化配置，并结合电力生产侧、传输侧和消费侧制定合理有效的碳减排政策组合。

第二，从“电力交易”效应入手识别产业链上电力交易隐含碳的关键传输路径及节点，促进电力需求侧清洁化、电气化，为构建清洁低碳、安全高效的能源体系提供借鉴和参考。电力是中国国民经济发展的基础能源，电力消费在中国能源终端消费的占比逐年增加。然而，中国省域电力供需不平衡推动了大规模的跨省域电力交易现象，催生了电力产业链的“碳排放外溢”问题。基于此，识别中国省域电力交易隐含碳的关键传输路径和节点，可以为实现跨省域电力交易清洁化和电力产业链碳公平提供决策依据。

第三，从“电力结构”效应入手评估非化石能源发电扩张的碳排放影响，可以为中国电力生产侧的清洁替代、以非化石能源为主体的新型电力系统转型提供决策支持。中国能源转型发展面临电力系统灵活性不足、发电成本仍偏高、并网运行薄弱等诸多障碍，非化石能源发电的减排潜力未能得到充分挖掘。考虑到非化石能源发电装机的巨大新增投资需求，深入探讨中国省域非化石能源发电扩张的“碳回报”及省域分布特征，对挖掘非化石能源发电的碳减排潜力、推动电力系统的绿色转型具有重要的指导意义。

1.3　研究内容与研究方法

1.3.1　研究内容

本书针对中国电力部门生产侧、传输侧和消费侧的碳减排策略展开研究，技术路线如图1－2所示。第3章分析了中国电力相关投入产出表的编制工作，为追溯电力部门生产侧、传输侧和消费侧的碳排放问题提供数据基础。第4章从中国整体层面描述了电力部门在中国所有经济部门中的碳排放角色，比较分析其生产侧、传输侧和消费侧的碳排放责任差异，为下文分别从电力部门生产侧、传输侧和消费侧的展开研究提供必要性。第5章、第6章和第7章聚焦中国省域电力部门的碳排放变化。其中，第5章从电力部门全过程碳排放变化的影响因素中得出“电力交易效应”和“电力结构效应”对电力部门碳减排的重要作用，分别为第6章和第7章的深度展开奠定基础。基于“电力交易效应”，第 6 章聚焦传输侧和消费侧的碳排放关键传输；基于“电力结构效应”，第 7 章聚焦生产侧非化石能源发电扩张的减排潜力。具体研究内容如下：

（1）中国电力部门整体及各子系统的碳排放责任有何差异？为了解决这个问题，本书结合 1997 ~ 2017 年中国单区域投入产出模型和改进的结构路径分析，并采用三种碳排放核算框架比较分析了中国产业链上电力部门与其他部门的碳排放责任；编制了 2007 ~ 2017 年中国部门单区域投入产出模型，以克服投入产出表中部门均质化假设的不足，将电力部门拆分为 1 个供应部门（输配电）和 6 个生产部门（火电、水电、风电、核电、光电和其他），深入探讨电力部门内部各子系统的碳排放责任。

（2）考虑到电力产业链全过程（生产侧、消费侧和传输侧）的碳减排责任，驱动中国省域电力部门全过程碳强度和碳排放变化的影响因素是什么？为了解决这个问题，本书基于乘法 LMDI – Ⅱ 分解分析方法，提出一套融合电力生产侧、传输侧和消费侧全过程的电力碳强度和碳排放影响因素分析框架，将 2001 ~ 2015 年电力碳强度和碳排放变化分解为规模类、技术类、结构类和电力交易类因素，以引导中国省域电力产业链全过程有的放矢地制定碳减排策略。

（3）从电力生产侧出发，非化石能源发电扩张会对中国碳排放产生怎样的影响？为了解决这个问题，本书基于混合序列多区域投入产出模型和反事实情景分析，分别探讨中国整体层面、省域层面和技术层面的非化石能源发电技术扩张的碳回报问题，并揭示中国非化石能源发电投资相关碳排放的省域间溢出效应。

（4）从传输侧和消费侧出发，电力交易隐含碳在产业链上的关键传输路径和节点是怎样变化的？为了解决这个问题，本书基于新编制的 2015 年中国多区域投入产出表，结合改进的结构路径分析模型，追溯消费需求驱动的电力交易隐含碳的关键传输变化，揭示电力交易各传输路径的碳排放特征及省域关联，识别电力交易产业链上中间环节的关键传输节点，对关键产业链路径和产业链节点的“用电清洁化”提出针对性的减排策略。

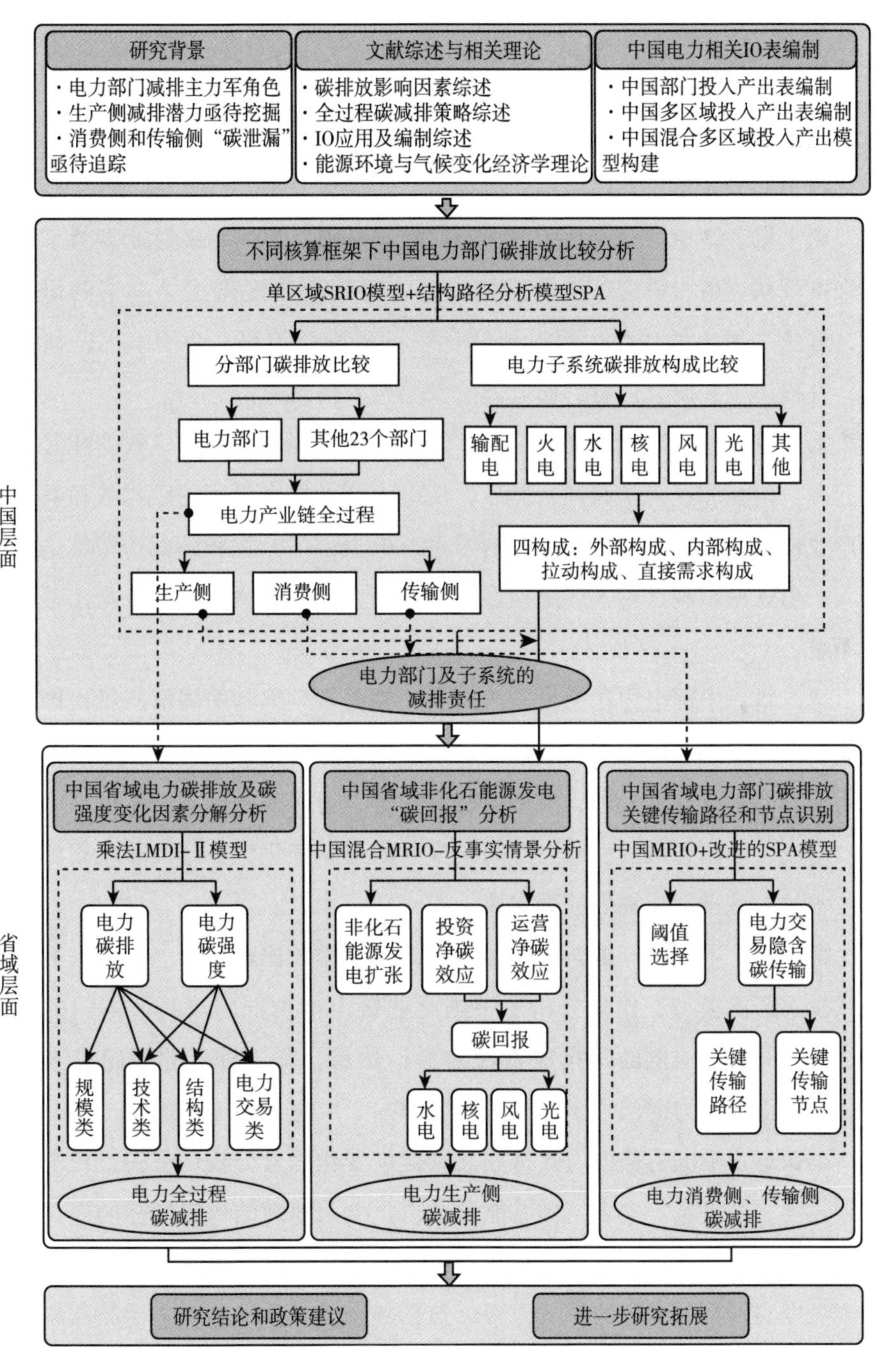

图 1－2　技术路线

注：IO 即 input-output，意为投入产出。

1.3.2 结构安排

本书共分 8 章，具体结构安排如下。

第 1 章，绪论。分别从中国面临的减排任务、电力低碳化必要性、电力碳强度现状、电力供应、电源结构、电力需求等角度阐述了本书的研究背景，聚焦“发电低碳化、用电清洁化”的碳减排策略；介绍本书的研究意义，并提出主要研究内容、研究方法及结构安排。

第 2 章，相关理论及文献综述。首先阐述了能源环节与气候变化经济学的起源、内涵和经济学属性；然后，从电力产业链全过程的碳排放核算、电力产业链全过程的碳排放变化影响因素、电力部门全过程碳减排策略、中国投入产出模型编制、投入产出模型应用五个方面进行文献梳理，指出现有研究不足。

第 3 章，中国电力相关投入产出表编制分析。编制中国部门投入产出模型、多区域投入产出模型和混合序列投入产出模型，系统说明了这三类投入产出模型的基础数据处理、模型编制方法等，为研究中国各类发电技术的碳排放构成、中国省域层面电力部门碳排放的最新变化特征以及非化石能源发电技术的碳减排影响提供数据支撑。

第 4 章，不同核算框架下中国电力部门碳排放比较分析。首先，运用单区域投入产出模型，比较分析了中国产业链上电力部门与其他部门的生产侧、消费侧和传输侧的碳排放责任差异；然后，基于拆分的部门投入产出表，深入识别电力部门六个生产子系统和一个供应子系统的碳排放责任。

第 5 章，中国省域电力碳排放及碳强度变化因素分析。首先，对中国电力碳强度、发电量、电力结构、能源结构、电力地理结构等指标的变化趋势进行统计描述；然后，改进乘法 LMDI – Ⅱ 分解分析方法，挖掘中国省域电力碳强度和碳排放变化的影响因素，包括规模类、技术类、结构类和电力交易类；基于研究结果，提出四类省域电力碳减排的技术结构组合策略。

第 6 章，中国省域非化石能源发电“碳回报”分析：生产侧视角。介绍中国省域非化石能源发电技术扩张的电力结构、地理结构、新增投资规模、新增发电装机状况；基于混合序列多区域投入产出模型和反事实情景分析，从中国整体、省域和发电技术层面分析非化石能源发电扩张的“碳回报”；从四种发电技术角度出发，研究各类非化石能源发电投资净碳效应的电网间溢出效应，识别非化石能源发电扩张的省域关联。

第 7 章，中国省域电力部门碳排放关键传输路径和节点识别：传输侧和消费侧视角。介绍阈值的选择依据；结合新编制的中国 2015 年多区域投入产出表和改进的结构路径分析模型，测算中国跨省域电力交易隐含碳的不平衡及省域间碳排放传输方向；从产业链视角追踪电力交易隐含碳从电力部门到最终消费者的关键传输路径和节点。

第 8 章，结论和政策建议。总结主要研究结论；基于研究结论为中国电力产业链全过程（生产侧、传输侧和消费侧）的碳减排提供政策建议；指出本书研究的不足，并展望进一步研究方向。

1.3.3　研究方法

（1）投入产出分析。投入产出分析是产业经济学中研究经济系统投入与产出关系的主流方法。按照研究主体、建模情景、研究任务的不同，投入产出模型可以划分为部门投入产出模型、多区域投入产出模型和混合型能源投入产出模型等。本书采用部门投入产出模型来探索中国电力部门内部各子系统的碳排放责任，采用多区域投入产出模型分析中国省域电力交易隐含碳的传输变化，采用混合型能源投入产出模型研究非化石能源发电对中国省域碳排放的影响。

（2）分解分析方法。分解分析方法是一种基于指数理论的比较静态分析方法，通过将经济环境指标变化分解成相关影响因素的和或乘积，以追踪各影响因素对研究指标变动的影响程度。指数分解分析和结构分解分析是常用的两种分解分析方法，其中结构分解分析具有数据要求高、分解形式不灵活等劣势。基于此，本书采用指数分解分析中的乘法 LMDI - Ⅱ 分解分析方法，将中国省域电力碳强度和碳排放变化的因素分解为规模类、技术类、结构类和电力交易类，进而提出针对性的中国省域电力部门碳减排策略。

（3）结构路径分析。结构路径分析是一种研究产品最终需求经由产业链引致上游部门环境影响的分析工具。本书采用改进的结构路径分析模型来探讨中国省域电力部门的传输侧碳减排责任，消费需求驱动下电力交易隐含碳的生产中心和消费中心变化特征，以及省域间电力交易不平衡驱动的隐含碳关键传输路径和传输节点。

（4）反事实情景分析。反事实情景分析的核心思想是不以事实为基础，而以推理需求为基础提出反事实的假设条件，进而估计这一假设的经济环境影响，区别于常见的预见未来思路。本书采用反事实情景分析法研究中国省域非化石能源发电扩张的“碳回报”，即比较中国省域非化石能源发电在发生扩张和不发生扩张情形下的碳排放差异。反事实情景分析在一定程度上可以克服参数设置带来的估计误差，更真实地反映了中国非化石能源发电的碳排放影响。

1.4　研究创新之处

本书面向中国应对气候变化的重大战略需求和电力部门深度减排的研究前沿，从电力产业链全过程（生产侧、传输侧和消费侧）规划碳减排策略，相比于已有研究，本书的创新点主要体现在以下几个方面：

（1）本书提出一套融合中国电力产业链全过程（包括生产侧、传输侧和消费侧）的电力碳排放核算及影响因素理论分析框架。通过引入改进的乘法 LMDI－Ⅱ分解分析方法和结构路径分析方法，分析电力部门及其子系统在产业链上的碳排放责任（生产者、消费者和传输者）差异，来弥补现有文献关于电力产业链全生命周期碳排放责任的研究不足。同时，引入规模类、技术类、结构类和电力交易类因素，探究中国省域电力碳强度和碳排放变化影响因素的贡献差异，为中国“发电低碳化，用电清洁化”提供参考建议。

（2）从研究视角来看，在电力生产侧本书区分了四类主要非化石能源发电（水电、核电、风电和光电）的技术异质性和省域资源禀赋差异，评估非化石能源发电在投资阶段和运营阶段的全生命周期扩张活动的碳排放影响，在全面考虑发电技术空间异质性和投资环境效应的前提下，提出挖掘非化石能源发电碳减排潜力的可行策略，以弥补关于非化石能源发电技术全生命周期经济环境影响的研究不足。在电力传输侧和消费侧，本书将研究尺度细化到省域产业链层面，追踪电力产业链上电力交易引致“碳排放外溢”的传输路径和节点，捕捉关键的用电中端和终端环节，重新审视产业链上电力需求侧管理的作用，为实现公平公正的电力产业链碳减排提出政策建议。

（3）在数据处理方面，现有投入产出表存在部门归并假设导致基础数据分辨率低、基础数据编制复杂导致时间滞后、模型不灵活等限制了实证研究范围等问题。本书编制了 2007～2017 年中国部门投入产出表、2015 年中国多区域投入产出表和 2002～2015 年中国混合序列多区域投入产出模型，试图克服投入产出模型的部门均质化假设、时间滞后、实证应用范围受限等问题，为未来投入产出表的编制工作提供借鉴和参考。

| 第 2 章 |

相关理论及文献综述

2.1 能源环境与气候变化经济学相关理论

2.1.1 能源环境与气候变化经济学起源与内涵

1. 能源环境与气候变化经济学起源

近些年来，随着全球气候变暖以及环境污染等问题日益严峻，与能源相关的气候变化经济学逐渐演变成为一门热点学科。早在 1982 年，美国经济学家威廉·诺德豪斯教授在论文《我们应该以多快的速度吃掉地球公地》(*How fast shall we graze the global commons*?) 中运用经济学相关理论去探索气候变化相关的问题，这标志着气候变化经济学问世。世界银行原副行长兼首席经济学家尼古拉斯·斯特恩教授于 2006 年在《气候变化经济学：斯特恩报告》中首次提到“气候变化经济学”一词，这标志着气候变化经济学科的正式形成。2008 年，尼古拉斯·斯特恩教授在经济学顶级期刊《美国经济评论》上发表了《气候变化经济学》一文，系统讨论了气候变化经济学的内涵、研究内容、政策观点等，相继引发了一场关于气候变化经济学的激烈讨论，该讨论涉及众多经济学界泰斗，包括耶鲁大学的威廉·诺德豪斯教授、哈佛大学的马丁·魏茨曼教授、诺贝尔经济学奖得主托马斯·谢林教授和乔治·阿克洛夫教授等。随着威廉·诺德豪斯荣获 2018 年诺贝尔经济学奖（获奖理由是创新、气候和经济增长的研究），气候变化经济学成为炙手可热的经济学科。

随着关于能源环境与气候变化经济学的讨论白热化，许多国际组织陆续公布了一些研究报告支持能源经济与气候变化经济学的主要研究结论，以警醒世界各国协同合作，构建全球气候变化治理的格局。例如，2007 年联合国政府间气候变化专门委员会发表了第四份气候变化评估报告、2018 年联合国政府间气候变化专门委员会发表了《IPCC 全球升温 1.5℃ 特别报告》、2019 年世界气象组织宣布了《2018 年全球气候状况声明》等。

2. 能源环境与气候变化经济学内涵

能源环境与气候变化经济学是以经济学为研究主线，以能源生产、能源消费、派生的环境污染和温室气体排放等为研究对象，综合运用环境经济学的外部性理论、公共经济学的公共物品理论、福利经济学与发展经济学交叉的碳权益与公平理论、产业经济学的产业关联等理论，比较不同的温室气体减排策略及政策工具等。现阶段能源的可持续高效利用、气候变暖等问题，成为能源环境与气候变化经济学的研究前沿[14]。作为全球最大的能源消费国和二氧化碳排放国，中国能源环境与气候变化经济学研究具有典型的代表意义，为全球其他国家的能源环境和气候变化问题的解决提供了参考。

2.1.2　能源环境与气候变化经济学属性

对能源经济与气候变化经济学属性的认知，可以综合运用环境经济学的外部性理论、公共经济学的公共物品理论、福利经济学与发展经济学交叉的碳权益与公平理论、产业经济学的产业关联等理论来展开分析。

1. 碳排放的外部性属性

从环境经济学视角来看，外部性亦称溢出效应或外部成本，指某一经济主体的经济活动对另一经济主体造成的非市场化外部影响，包括正外部性和负外部性。气候变暖是典型的经济活动造成负外部性的表现，减缓气候变化需要明确外部性的强弱[15]。作为经济活动的非期望产出，温室气体排放是引致气候变化的主要缘由，并不能作为一般商品在市场进行流转、消费，但其存积于大气中吸收长波辐射会引发温室效应，给人类社会带来显著的“负外部性”。由于温室气体排放范围难以界定以及排放核算方法的缺陷，温室气体排放者并未承担与其生产活动相匹配的排放责任。温室气体排放的外部性表现出一些独特性：第一，在起源和影响范围上，气候变化的范围是全球性的，不同于局部的负外部性。第二，在时间范围上，气候变化的影响非常长远，其在一定时间范围内的存量和流量表现出周期性变化规律。一般来说，温室气体排放在大气中的稀释期至少一百年，这也就导致了温室效应的反复恶化。第三，温室气体排放源、影响程度等具有很大的不确定性。第四，气候变化影响巨大且不可逆，如全球海平面上升、冰川融化等。

减缓气候变化的本质是通过局部减排策略产生整体的正外部性。应对气候变化是一个全球范围内的风险管理过程，减缓气候变化的首要前提是科学评估气候变化产生的负外部性效应。减缓气候变化的常见策略包括在生产侧提高能源利用效率、优化生产结构、使用清洁能源等，在消费侧减少高碳产品消费、支持清洁技术产品开发推广、提高节能环保意识等，在产业链中间传输侧制定清洁生产标准、缓解不同经济主体间交易壁垒等。这些减排策略不仅可以减缓温室气体排放，还能倒逼经济系统向清洁化、高效化、技术化等转变，产生正外部性。

2. 碳排放的公共物品属性

从公共经济学角度出发，气候变化具有公共物品的属性，表现出“非竞争性”和“非排他性”两个本质要求[16]。非竞争性指某一消费者对公共物品的消费并不会影响其他消费者的消费，增加消费者的边际成本是零；非排他性指某一消费者在消费这类产品时，无法排除其他消费者也同时消费这类产品。

长期以来关于气候变化的问题争执不下、难以解决的主要原因是其区域性公共物品属性及公共物品所提供的“搭便车”行为。对于减少温室气体排放这种公共物品而言，各个国家（或区域）都会倾向于从别国（或区域）的减排努力中享受正外部性，而本国（或区域）并不愿意做出损害经济利益的减排行为，这种“搭便车”行为会直接削弱全球的减排效果，并加大气候谈判和区域减排协作的难度。目前学术界和政界普遍认为，矫正这种区域合作中的“搭便车”行为是达成区域气候协议、构建健康国际环境的有效举措。在当前的国际政治格局下，气候变化问题的解决需要通过设计减排机制来吸引更多国家（或区域）的参与，以扩大气候协议的合作范围，如《联合国气候变化框架公约》《京都议定书》《巴黎协定》等对全球温室气体减排贡献卓著[17]。

3. 区域碳权益与公平

从福利经济学和发展经济学的交叉视角出发，减缓气候变化需要处理好二氧化碳排放这一全球共享的紧缺资源分配问题，还应该充分考虑碳权益和公平问题。二氧化碳排放主要源自为满足经济需求而进行的化石燃料燃烧活动，因此可以认为二氧化碳排放是人类社会经济发展的基本权益。二氧化碳排放作为一种共享的公共物品，个体都可以获得公平分配，并不需要遵从国家的行政管理或市场管理（如碳税、碳排放权交易）才能获得。二氧化碳排放反映了发展人权，而非国家权益，因而应该遵循按人进行二氧化碳排放分配的原则。目前，全球应对气候变化的目标分为以二氧化碳排放总量的绝对指标为原则，以及以人均二氧化碳排放或单位经济水平的二氧化碳排放等相对指标为考核标准。

从区域碳公平的角度出发，发达国家释放的二氧化碳排放总量多于发展中国家，而采取统一的减缓气候变化策略，如征收统一碳税，会导致碳权益分配略显不公。此外，减缓气候变化的潜在区域影响具有非对称性，可能对一个国家（或区域）带来改善气候条件的正外部性，但也可能通过政策不匹配、损害经济利益等对某些国家（或区域）产生负外部性。从全球视角来看，征收统一碳税并不能实现整体减排成本最小、减排最大化的目标，同时可能由于碳排放权分配不公平的问题激化矛盾[18]。

4. 电力产业链的绿色化

从产业经济学视角来看，减缓气候变化涉及产业关联理论、产业布局理论和产业发展理论。产业关联理论侧重于研究产业间的中间投入和中间产出之间的关系，主要通过诺贝尔经济学奖获得者里昂惕夫提出的投入产出法解决，反映各产业间的生产关联关系（包括前向关联和后向关联）、产业的波及效果、生产角色等。产业布局理论是一国或地区经济发展规划的基础，也是其经济发展战略的重要组成部分，包括影响产业布局的因素、基本原则、一般规律、指向性及政策等。产业发展理论是研究产业发展过程中的发展规律、发展周期、影响因素、产业转移、资源配置、发展政策等问题。对产业发展规律的研究有利于决策部门根据产业发展各个不同阶段的发展规律采取不同的产业政策。

产业链涉及产业的全部运转链条，包括原材料生产、消费者购买、最终产品等所有环节。产业链中存在大量的上下游关系，上游环节向下游环节输送产品或服务，下游环节则向上游环节反馈信息。绿色产业链要求链条上的所有企业都做到绿色环保，包括生产方式环保、上下游合作方式环保、利益分配可持续等。电力产业链绿色化的必要前提是识别电力部门在中国产业链上的碳排放角色（生产者、传输者或消费者）。然后，采用投入产出分析产业关联，包括追溯电力部门与其他部门的产业关联、不同省域不同发电技术的产业关联等。减缓电力行业气候变化需要合理规划各省域电力产业布局，根据电力部门各个不同阶段的发展特征采取不同的产业发展政策。

2.2 电力部门全过程碳排放相关研究综述

2.2.1 电力部门全过程碳排放核算相关研究进展

碳排放清单是中央政府分配碳减排目标的重要依据[19]。现有研究主要采用生产侧核算方法和消费侧核算方法来测算省域电力碳排放清单，对从电力产业链视角探究传输侧碳排放的研究明显不足。

1. 生产侧碳排放核算相关研究

生产侧碳排放核算方法是指承担生产过程直接产生的碳排放责任，一般采用政府间气候变化专门委员会（IPCC）编制的温室气体排放核算方法来核算。生产侧碳排放核算方法受到很多研究机构的青睐，如中国碳排放账户和数据库、国际能源署（IEA）等。生产侧碳排放核算研究多用于与其他碳排放责任的比较分析，为后续的研究奠定了基础。例如，林德纳（Lindner）等[20]测算了中国 2008 年跨省域电力交易隐含碳，并提出电力生产侧碳排放和消费侧碳排放的关系，以探讨如何进行初始电力配额分配。潘（Pan）等[21]基于投入产出方法比较分析了中国 30 个省域部门层面的生产侧碳排放和消费侧碳排放。马（Ma）等[22]基于部门投入产出法比较分析了六类发电技术的生产侧和消费侧碳排放的四部分构成差异。蒋（Jiang）等[23]基于投入产出方法比较分析了 OECD 国家和非 OECD 国家生产侧碳排放和消费侧碳排放的差异及驱动因素。林（Lin）等[24]研究北京国际贸易隐含碳的构成及与全球七大区域的碳排放流动关系。彭水军[25]比较了中国生产侧碳排放和消费侧碳排放，发现中国的生产侧碳排放高于消费侧碳排放，并且中国的生产侧碳排放主要是为了服务发达经济体的最终需求。由此产生的“碳排放外溢”和碳权益公平性问题受到越来越多学者的质疑，如彼得斯（Peters）[26-27]等。随着地区间贸易规模的不断扩大，关于生产侧碳排放的核算方法能否合理地界定减排责任，并推动碳减排措施的有效落实等问题，学术界出现了较大分歧。

2. 消费侧碳排放核算相关研究

消费侧碳排放核算方法除了考虑生产侧碳排放，还在一定程度上考虑了省域间“碳排放外溢”的影响，因而消费侧碳排放核算方法更为公平，该原则在学术研究中日益受到重视。闫云凤和赵忠秀[28]按照生产和消费的国家不同，将碳排放分为国内生产国内消费隐含碳、进口隐含碳、出口隐含碳和进口再出口隐含碳的排放。从测算方法来看，生产侧碳排放与消费侧碳排放的区别取决于出口隐含碳和进口隐含碳。彼得斯等[27]大力提倡采用消费侧碳排放核算方法，认为该核算方法不仅可以考虑“碳排放外溢”问题，提高发展中国家的减排意愿，而且有利于形成低碳产品的比较优势，促进清洁技术转移。较多学者追踪了电力消费侧碳排放的产业链生产关联，梁（Liang）等[29]识别了中国产业链上释放环境压力的主要部门。赵等[12]发现中国省域间电力交易“碳排放外溢”会随着省域间频繁的电力交易而愈加严峻，忽视通过省域间电力交易引致的间接电力碳排放传输将会阻碍减排政策的有效性，消费侧碳排放核算方法相比生产侧碳排放核算方法较为公平。吴等[19]通过核算中国电力交易隐含碳的传输方向，比较了中国 24 个部门的生产侧、消费侧和传输侧碳排放差异，发现电力部门无论是在生产侧，还是在传输侧和消费侧都占有较大的比重，是中国全产业链减排不可忽视的重要部门。尽管如此，消费侧碳排放具有一定的缺陷，如会降低生产者的直接碳减排动力，由于国外的进口品超出本国（或区域）管辖范围而导致其可操作性降低等。刘婷等[30]认为，现有研究在核算中国省域电力碳排放时仅核算了生产侧直接碳排放，未能科学考虑省域间的碳排放转移问题，用以核定区域碳减排责任有失公允，因而有必要构建混合碳排放估算方法。

3. 传输侧碳排放核算相关研究

从电力产业链视角出发，电力输配过程中也会产生碳排放，即电力产业链中间传输环节释放的传输侧碳排放，现有文献缺乏对传输侧碳排放的关注。传输侧碳排放是隐含于省域间电力交易的碳排放，存在于产业链的中间输配送环节，不同于电力供应链上输配环节产生的碳排放。中国省域电力供给和需求的不平衡导致大规模跨省跨区电力交易现象，电力交易方向主要由华北向华南、华西向华东传输[8]。传输侧碳排放核算方法与魏文栋等[31]提出的供给侧碳排放核算方法较为相似，均以电力输配过程中的碳排放为研究对象。魏文栋等[31]证实忽视省域间电力交易的“碳排放外溢”问题，会影响电力减排政策的公平性和有效性。吴等[19]基于投入产出分析，采用生产侧、消费侧和传输侧碳排放核算方法比较分析了中国 24 个部门在产业链上的碳排放角色，发现电力部门在中间生产过程中的碳排放传输量排序第二位，是中国产业链低碳化管理的重点把控部门。赵等[12]以中国电力部门为研究对象，追踪产业链上为满足消费需求的电力碳足迹，认为伴随中国省域间大规模的电力交易，隐含于电力中的碳排放和其他污染物也通过输电网络发生流动，“碳排放外溢”问题会越来越严峻。梁等[29]在传输侧碳排放核算方法的基础上提出中介中间度的测算框架，对中国 135 个部门的生产侧、传输侧和消费侧碳排放进行比较分析，发现电力部门在中国产业链中间环节碳排放传输的关键作用。

2.2.2　电力部门全过程碳排放影响因素相关研究进展

在兼顾电力供给稳定和环境效益的基础上，深入探究电力碳排放/碳强度变化的影响因素是电力低碳化的基本问题。根据现有文献研究结果，电力碳排放（或碳强度）变化的影响因素可以分为规模效应（发电量、经济发展水平等）、技术效应（能源强度、电力交易、生产技术、碳捕捉和碳封存技术等）、结构效应（能源结构、产业结构、电力结构等）、其他效应（低碳政策、森林碳汇等）。

1. 传统规模效应、技术效应和结构效应相关研究

学术界广泛认为规模效应导致电力碳排放增加，而技术效应和结构效应的改善有助于降低电力碳排放，但技术效应和结构效应在不同省域的电力减排贡献表现有较大差异。例如，陈诗一[32]提出了基于科学发展观的经济理论分析体系，围绕节能减排将会促进结构调整和技术进步这一设定，探讨了中国的节能减排技术、结构优化与工业发展方式转变的关系。赵（Zhao）等[33]采用乘法 LMDI－Ⅱ方法识别了中国省域电力碳强度变化的影响因素，发现中国电力碳强度下降的主要贡献因素是电力经济效率效应、电力交易效

应、火电效率效应、电力结构效应和电力地理结构效应，而电力效率效应和能源结构效应抑制了电力碳强度下降，同时各省域电力碳强度时空变化的影响因素差异较大。刘（Liu）等[34]等讨论了中国省域电力碳强度变化的影响因素，并证实了火电效率和可再生能源发电对电力碳强度下降具有重要的促进作用。王（Wang）等[35]对中国 29 个省份的发电部门的碳强度进行乘法 LMDI 分解，发现能源强度、能源结构和地理结构对不同省域电力部门碳强度变化的影响差异较大。其中关于技术效应和结构效应，尤其是电力地理结构效应的减排贡献地理分布存在很大分歧。

关于技术效应的减排贡献中，学者们广泛认可了碳捕集、利用与封存（carbon capture，utilization and storage，CCUS）的碳减排潜力。例如，申硕等[36]利用文献计量方法对 2000 ~ 2020 年来自 Web of Science 数据库中 CCUS 相关科学文献进行了系统统计与分析，认为其技术经济性问题将成为未来 CCUS 领域的研究热点。以 CCUS 总成本最小化为目标，范（Fan）等[37]探讨了 CCS 技术在中国各省煤电行业的改造潜力，但未给出应该重点改造的燃煤技术类型。此外，赵东声等[38]发现采用 CCUS 技术的发电机组可以提升风电消纳能力，使传统火电机组在校准中的损耗减少。由于 CCUS 项目的投资巨大、运营周期长、技术环节多等特点，目前中国大规模的 CCUS 项目仍处于从项目示范阶段到商业化阶段的探索中。因此，现有文献多关注 CCUS 技术的技术经济性，受限于基础数据和实践操作，较少有文献探讨其减排贡献。

可以看出，以上文献多聚焦电力部门生产侧碳排放变化的驱动机制，鲜有文献基于电力产业链全过程视角深入探究电力传输侧和消费侧全过程碳排放和碳强度变化的影响因素。

2. 电力交易效应相关研究

电力交易效应考虑了电力传输侧和消费侧的碳排放问题，可以连接电力部门配电和用电环节的低碳化。然而，目前 Web of Science 等论文库仅发现四篇文献探讨了电力交易和碳排放的关系。例如，谭（Tan）等[39]评估了电力交易对中国单位 GDP 碳排放量的影响，卡梅尔（Karmellos）等[40]探究了电力交易对欧盟电力生产环节碳排放的影响，这两篇文献从国家层面探究了电力交易对碳排放的影响，但并未探讨省域层面电力交易的减排影响。基于此，高斯等[41]将电力交易因素引入省域电力碳强度变化的分析框架，通过分析电力生产和电力消费的比例关系，讨论中国省域层面电力交易因素的减排影响。赵等[33]借鉴高斯等[41]提出的电力碳强度变化影响因素分析框架，深入分析中国省域电力交易的减排影响差异，发现电力交易效应可以促进大部分省域电力碳强度下降，电力效率效应则抑制了电力部门减排。省域间电力传输被认为是用来平衡国家资源分配以及满足不同区域长期利益的关键战略举措，随着跨省域间输配电网建设以及频繁的电力效应，隐含于电力交易中的“碳排放外溢”问题也更加严峻。

从电力交易效应相关研究可以看出，现有文献主要从宏观层面分析电力交易效应的减排贡献，但未针对电力交易的产业链特征深入探究省域间关联和部门间关联。此外，研究视角也多集中在全国层面，无法给出符合省域特征的电力产业链低碳发展路径，电力交易的减排效应未得到充分挖掘。

3. 电力结构效应相关研究

中国电力结构转型追求的是高比例非化石能源电力发展之路。现阶段学者广泛关注非化石能源发电项目开发的动力和障碍，如技术水平和技术标准、区域非化石能源禀赋和电力需求、非化石能源发电支持政策、融资机制、远距离输配电设施等。例如，董（Dong）等[42]聚焦可再生能源区域分布特征，通过实地调查和更新统计数据，对中国可再生能源发电产业集聚格局进行了实证研究，发现中国渤海、长三角、中部和西部区域构成了四个产业集群。赵（Zhao）等[43]对中国的非化石能源激励政策进行了全面分析，包括研发激励、财税激励、并网电价激励和市场开发激励政策等。陈玉龙和赵振宇[44]挖掘了影响中国区域可再生能源发电项目开发的 12 个关键因素，结果表明区域经济、城市化发展、政府激励政策的驱动力最强。蔡帜等[45]从技术视角探讨了可再生能源电力输送能力的保障问题，分别针对光伏、水电的特性提出适合其外送通道设备检修的时段。

非化石能源发电是“发电低碳化”的主要表现形式，学术界广泛认为非化石能源发电对电力系统深度低碳化和中国节能减排目标的实现起着举足轻重的作用，但中国电力结构转型的减排效应未得到充分挖掘。例如，清华大学项目综合报告编写组[46]强调持续加大新能源和可再生能源电力对传统煤电等化石能源电力的替代，这对于电力系统低碳化转型至关重要，仍需继续强化。林伯强[1]就中国将如何迈向“碳中和”的问题，认为非化石能源替代化石能源是电力系统深度脱碳的主导方向，而由于不同省域不同减排技术的成本收益、投入回报期差异较大等问题，中国电力低碳化需要统筹规划、分省域分技术设计、分阶段实施来发挥电力结构优化的减排效果。

然而，现有研究多数忽略了中国省域地理资源条件的差异，未给出具有省域特色的电力部门低碳转型路径。在对可再生能源发展前景的分析中，多数研究未能区分非化石能源投资特征，高估了非化石能源发电全生命周期的减排潜力，削弱了非化石能源发电的竞争力。例如，孟（Meng）等[47]、张（Zhang）等[48]采用自上而下的模型对各类发电技术的供电竞争力进行综合评价，但由于中国各省资源禀赋和电力技术的异质性，其研究很难平衡不同电力技术异质性和区域差异。在考虑资源禀赋、碳排放约束和电力需求约束等条件下，雷（Lei）等[49]分析了中国各省市不可再生能源和可再生能源发电技术的发展路径，但他们忽略了电力传输以及各省域可再生能源技术开发潜力，也没有细分各省域的发电技术类型。

随着非化石能源电力项目的大规模扩张，非化石能源电力项目开发无序[50]、资源浪费严重[51]等问题也越来越严峻。为了优化省域非化石能源发电项目开发及良性发展，亟须深入探讨省域非化石能源发电大规模扩张带来的碳排放影响，尤其是区分非化石能源电力在投资阶段和运营阶段的碳排放效应。康（Kang）等[52]通过改变电力结构来识别中国2020～2050年成功有效的减排方式，发现非化石能源发电运营导致中国碳排放大规模下降，但非化石能源电力基础设施扩建导致了碳排放增加。袁（Yuan）等[53]认为非化石能源发电在运营前的投资活动包括建造、运输和发电机组装等，会驱动产业链上下游产生大量的碳排放，忽略非化石能源电力在投资阶段的碳排放会高估其减排贡献。

4. 其他效应相关研究

此外，关于其他效应（低碳政策、森林碳汇等）的研究层出不穷。中国低碳政策对电力低碳化的影响较大，这些政策主要包括可再生能源发展目标[53]、碳税政策[54]、不同碳排放交易政策[55-56]等。例如，赵（Zhao）等[56]利用一般均衡模型对比分析了碳税与碳排放交易政策对电力行业碳减排的效果。郑玉雨等[57]回顾了中国电力部门环境经济政策，包括环保电价补贴政策、税收优惠政策、排污收费制度和环境保护税、排污权交易和碳排放交易等，并分析了其对电力部门减排的影响。刘洽和赵秋红[58]结合中国生物质能政策构建了发电企业生产决策模型，分析电价补贴政策、研发投入补贴政策和化石能源碳排放价格政策的影响。加拉格尔（Gallagher）等[59]采用系统动力学模型评估了中国 100 多种碳减排政策对于实现 2030 年碳减排目标和非化石能源发展目标的影响，发现碳交易政策短期内会增加电力部门交易成本，但长期来看会提高减排的可持续性。学术界关于碳排放权交易和碳税的研究已较为丰富，研究结果普遍认为单一的碳交易或碳税政策均不能完全实现碳减排目标，结合碳交易与碳税制度的复合型碳减排政策的减排效果更佳，如董梅和李存芳[60]、张济建等[61]、海联（Strand）[62]、杨晓妹[63]、何（He）等[64]、布里斯托（Bristow）等[65]。关于森林碳汇的研究集中于森林碳汇的需求潜力分析[66]、森林碳汇市场[67-68]等方面。

2.3　电力部门全过程碳减排策略相关研究综述

从产业链视角出发，电力部门全过程减排策略主要涉及生产侧、传输侧和消费侧三个环节。电力部门碳排放主要源自生产环节，因此电力部门生产侧减排策略的研究较为成熟，而对于传输侧和消费侧的减排策略还有待探究，站在整个电产业链的视角对碳减排进行整体优化的研究则更少。

2.3.1 电力部门生产侧减排策略相关研究进展

关于电力部门碳减排策略的研究主要集中在提升火电行业效率方面。例如，杨勇平和杨昆[69]对火电机组的经济性和节能潜力进行了分析，为进一步降低机组煤耗率、提高机组的经济性提供了依据。比尔（Beer）[70]认为提高火电机组能效是实现碳减排的有效手段。张各兴和夏大慰[71]发现中国30个省域发电行业的技术效率水平总体较低，技术效率呈倒“U”型，所有权结构对于发电行业技术效率存在显著影响，环境规制与发电行业技术效率呈“U”型关系等。翁丽丽[72]采用计量回归模型探讨了环境规制与发电效率的关联性，认为环境规制的力度越大，则发电技术水平就越高；反之亦然。燕丽和杨金田[73]估算了中国火电行业的碳排放量，结果表明煤电机组发电的碳排放量最高，占火电行业碳排放总量的93%，燃气、燃油机组发电的碳排放量占比仅为7%。顾英伟和李彩虹[74]基于现有研究构建了电力行业节能减排的综合评价指标体系，并给出了火电退市的一系列建议。毛建雄和毛健全[75]认为目前燃煤机组经济可行的碳减排策略是大力推进“上大压小”政策。秦少俊等[76]基于方向性生产前沿函数模型，估算了上海市火电企业的碳减排成本，结果表明现阶段上海市火电行业的发展技术水平较为先进，其减排潜力相对较小。

随着非化石能源发电在中国碳减排工作中的角色日益重要，对生产侧非化石能源发电的开采应用研究和技术偏好选择是重点，但较少有研究深入探究各类非化石能源发电技术的空间减排效应差异。王彦哲等[77]认为中国电力部门的低碳转型主要依靠煤电+碳捕获与封存技术、可再生能源发电+储能技术以及核电技术。夏德建[78]分析了不同碳约束情境下中国2010~2050年煤电供应链的碳排放，认为中国应尽可能降低煤电比例，推广天然气发电，并大力开展新能源发电。黄水平等[79]运用生命周期法分析了清洁能源发电的碳排放强度，结果表明为了兑现中国政府的碳减排承诺，需要加大对清洁能源发电的投入。刘兰菊[80]分析了中国低碳发电技术替代火电的碳减排成本及效益，并预测了中国 2020 年的碳减排潜力，认为应该优先发展水电、大力开发核电，同时积极发展风电等新能源形式。徐钢等[81]预测了中国电力部门采用不同碳减排策略的情景，认为综合多种减排方式是中国电力部门实现碳减排目标的必然趋势，其中，核电、水电、风电和光电等非化石能源电力在 2050 年的碳减排潜力均可达到 10 亿吨以上。

此外，从非化石能源发电全生命周期视角探究投资阶段和运营阶段全过程碳排放影响的研究略显不足。从非化石能源发电运营阶段出发，较多学者证实了非化石能源发电的显著减排效益。例如，杨东等[82]核算了风电在生产、运输、运行和废弃处理阶段的碳排放足迹，认为其主要来源于生产阶段，废弃材料的回收利用有效降低了生命周期的碳足迹，但该研究并未涉及投资阶段的碳足迹问题。宋静怡等[83]分析了甘肃新能源发电全生命周期中主要环节（包括生产、建设、运行和弃置）的环境影响，认为应该加大光伏发电和风电回收处理处置力度，改进燃煤发电过程中脱碳、脱硫和脱硝的处置技术，其同样没有考虑非化石能源投资阶段的环境影响。从非化石能源发电投资阶段出发，较多学者聚焦于非化石能源发电的减排成本问题。例如，王宇和计彤[84]利用技术经济方法测算了中国核电等非化石能源电力技术的碳减排潜力和减排成本，认为电力部门的深度减排依赖于非化石能源电力的发电成本下降和电力大规模并网的技术改善等。朱东山等[85]探究了中国发电技术的碳减排成本及潜力，认为将资金投入到清洁发电站更有助于实现碳减排目标，但新的电源组合需要大量基础建设投入。非化石能源发电投资会转化成电力部门的投入成本，同时其投资建设需求还会拉动产业链上其他部门的高碳生产活动，忽视非化石能源发电在产业链上的投资特征，会导致对非化石能源发电全生命周期的碳减排潜力的预期过热，进而削弱非化石能源发电的竞争力。例如，王悦等[86]根据中国 2010 年投入产出表核算了风电全生命周期的碳排放，包括风电设备制造业和风力发电业环节，认为有必要将发电环节从电力部门分离出来，准确核算电力投资拉动其他部门的碳足迹。袁等[53]基于投入产出模型核算了中国主要非化石能源发电技术在投资阶段和运营阶段全过程的碳排放，认为不考虑投资阶段的碳排放会高估非化石能源的减排效果。

2.3.2 电力部门消费侧减排策略相关研究进展

电力作为一种优质二次能源，电力消费和中国经济增长的关系密切，进而成为学者广泛研究的对象。林伯强[87]研究了中国电力消费与经济增长的关系，认为提高能源利用效率有利于促进经济可持续增长。从短期来看，在市场机制尚不健全的情况下，适当的“电力先行”政策可以避免周期性的电力供给不足产生的经济损失。袁等[53]也验证了电力消费与经济增长间的长期均衡关系。米国芳和赵涛[88]的研究表明，经济增长、电力消费、碳排放间存在长期稳定的协整关系，三者互为格兰杰因果关系。

电力需求侧管理被认为是电力消费侧减排的重要手段。戴攀等[89]发现电力需求侧综合管理和智能电网建设的减排潜力巨大，是实现中国碳减排目标的重要措施，其中，节能变压器、变频调速器等综合管理成本较低，值得优先发展。沃邦（Verbong）等[90]认为通过设计相应的激励机制和政策，可以引导电力用户节约用电，提高电能的利用效率，减少电力消费，从而实现需求侧管理以减少电力行业碳排放。黄敏[91]认为电力需求侧管理能够在更高的层次上缓解电力供需矛盾。程耀华[92]认为需求侧管理是实现电力行业低碳化发展的有效途径。在用电侧，电力需求侧管理可以通过引导电力用户形成节电意识，倡导低碳用电行为，进而减少电力系统的碳排放量；在电网侧，电力需求侧管理可以提高电力负荷率，减少电力机组的启停次数，延缓不必要的电网构架投资等，降低电力输配侧碳排放。

现有文献的研究结果肯定了电力需求侧管理对电力供需稳定和环境保护的积极贡献。尽管如此，需求侧管理工作大多数只是停留在执行政策上，很多电力企业实施这项政策不仅不能获取经济利益，也尚未发挥需求侧管理的减排效果。从产业链视角来看，电力需求侧管理的落实单位是消费侧经济部门，现有研究仅聚焦消费侧终端的低碳化管控措施，未能全面评估电力消费侧驱动电力生产活动的产业链路径，照此以往，电力需求侧管理的实际减排效果并未得到有效追踪，会影响电力需求侧管理的可持续性。此外，多数研究忽略了中国省域资源禀赋的差异，未给出具有省域特色的电力需求侧管理策略。

2.3.3　电力部门传输侧减排策略相关研究进展

电力部门是集“发电侧、输配侧和用电侧”于一体的有机系统。值得注意的是，本书提出的“传输侧”不同于“输配侧”，电力部门“输配侧”侧重对电网输配电低碳化的管控，从供应链视角来连接发电侧和用电侧；“传输侧”则站在电力产业链视角探索低碳化路径，连接各经济部门。

现有文献多从微观视角对供应链上电力企业输配侧的碳减排效果进行仿真预测，较少有文献从宏观视角全面探索产业链上电力部门传输侧的碳减排策略。马彤兵和孙超[93]定义了电力供应链的概念和运营模式，涉及电力设备的制造商、发电商、输配商、销售商及用户等主体。任玉珑等[94]将碳排放权交易机制引入电力供应链，构建了电网企业与发电企业纵向合作的多方竞争博弈决策模型，探讨了减排决策、收益决策、合作策略等的减排效果。王喜平等[95]运用系统动力学模型分析了火电企业的节能投资行为对环境污染的影响。于超和何璞玉[96]运用系统动力学模型预测了 2010 ~ 2030 年中国电力产业链的减排效果，发现用户电价、非化石能源发电占比等是电力产业链实现节能减排的关键因素。陈启鑫等[97]探究了电力产业链碳减排的发展前景。姜海洋[98]研究了中国电力供应链的减排模式，比较分析了发电企业与供电企业、发电企业与煤炭企业、区域发电企业间等合作模式的差异。

从产业链视角出发，电力传输侧是电力交易的中间传输环节，现有关于电力交易的研究多聚焦跨省区电力交易中清洁电力消纳的策略问题，较少结合省域资源禀赋来探究跨省域间电力交易的“碳排放外溢”问题。解决跨省区电力交易中清洁电力消纳的手段以技术改善为主。例如，杨晓妮等[99]结合中国甘肃地区风电特性，对最优比例及配套火电最佳规模进行了研究。徐帆等[100]从技术层面提出了非化石能源跨区跨省消纳的策略，包括直流联络线功率阶梯化运行、输配电网的联合优化模型等。此外，市场化机制也是解决跨省域电力交易清洁电力消纳的主要策略。例如，舒康安等[101]提出分段电价的方法来解决风电消纳受阻的问题。付亦殊等[102]提出了一种补偿措施来缓解风电并网的常规机组调峰矛盾。孙谊媊等[103]充分考虑了绿色证书交易的影响，研究了可再生能源参与跨省区电力交易时的竞价优化方法。李国栋等[104]探索了新能源跨省跨区的消纳能力，并结合中国新能源的消纳现状提出跨省区发电权交易等策略。此外，非化石能源的跨省跨区电力交易机制与风险评估也受到了较多关注。例如，邓健等[105-106]讨论了跨区电力交易风险的类型、起因及规避措施，认为市场运营者可采取建设坚强电网、扩大交易范围、开展需求侧管理、建立辅助服务机制等措施来减少跨区电力交易引起的风险；发电企业不仅需要在某个单一市场通过竞价策略优化以提高自身收益，还需要利用电量组合策略控制多市场交易时的风险。

2.4 中国投入产出表编制研究综述

2.4.1 中国投入产出表编制工作相关研究进展

投入产出分析是产业经济学的主流研究方法，多用于研究经济系统内部的投入与产出数量关系。按照建模情景、研究主体、研究任务的不同，投入产出表可以划分为区域间投入产出表、部门投入产出表、企业投入产出表、混合投入产出表、投入产出优化模型、投入产出动态模型、投入产出均衡模型等。

关于中国投入产出分析方法的研究始于 20 世纪 50 年代末，主要形式是在一些高校开设投入产出课程。1974 年 8 月，为了探究中国产业间的宏观经济问题，国家统计局和国家计委联合多家单位（包括国家统计局、中国科学院、原国家计委、中国人民大学等），联合编制出中国第一张投入产出表，即 1973 年全国层面 61 种产品的实物型投入产出表。随着中国迈入改革开放阶段，经济的快速发展为投入产出技术的研究深入提供了条件。1982 年，国家统计局和原国家计委合作编制了 1981 年全国层面的投入产出价值表和实物表。1984 年编制并发布了 1983 年全国层面的投入产出延长表。1987 年，中国投入产出表的编制工作进入制度化阶段，根据《关于进行全国投入产出调查的通知》，从 1987 年起，需要依据国民经济账户在逢二、逢七年份编制全国投入产出表，又称“基准年表”，逢零、逢五年份调整系数并编制延长表，又称调整表（或“延长表”），并编制了 117 个部门的全国价值型投入产出表。2017 年，中国第七次投入产出调查工作顺利开展，并于 2019 年 9 月公布了中国 2017 年 149 个产品部门投入产出表。

截至目前，国家统计局已经公布了 13 张全国层面的投入产出表，包括基本表和延长表。此外，省级行政区统计局同步编制了地区投入产出基准表和延长表，还有大量区域间表、部门表、企业表等，这些投入产出表共同构成了中国投入产出数据库，为国民经济核算、制定经济政策等提供了科学的数据支持。

投入产出表是投入产出分析的数据基础，然而，中国公布的投入产出数据仍存在以下问题[107]：第一，投入产出表发布时滞较长，中国投入产出表的时滞至少 2 年，如在 2021 年能被使用的全国投入产出表是 2018 年版本，时滞 3 年，其直接影响是无法捕捉经济系统最新阶段的变化特征。第二，基于部门均质化假设，中国国家统计局仅公布了单区域投入产出表，其应用范围受到限制。全国单区域投入产出表仅能识别经济系统部门间的生产关联，无法探究区域间的互动关系。对于像中国这样省域资源禀赋差异较大的经济体而言，采用多区域投入产出表来识别省域空间差异特征，更具有现实意义。同时，部门均质化假设使得部门整合较为粗糙，无法探究各种产品（子部门）间的相互依存关系。第三，按照计量单位的不同，投入产出表可以划分为实物型和价值型。单纯的实物型投入产出表不能与宏观经济模型较好衔接，同时对现实条件下的数据要求过高；价值型投入产出表虽能够对宏观经济和产业结构变化进行模拟，却不能反映能源环境相关投入产出的实物量变化情况，基于此，编制混合型投入产出表具有较强的现实意义。

2.4.2 中国部门投入产出表编制相关研究进展

部门投入产出模型（sectoral input-output table，SIOT）是研究部门内部各种产品（或子部门）相互依存关系的一种重要工具[108]。全国投入产出表中虽有许多部门的数据，但一般来说，它只能包含综合性的部门和大类产品。而实际上每个部门中的产品是众多的，以电力部门为例，可分为生产部门（火力发电、水力发电、核电、风力发电、光伏发电、生物质能发电、天然气发电等）和供给部门（输配电），这些产品的生产消耗和分配去向均有所不同。在全国投入产出表中可以只列电力一个品名，但要深入研究电力部门内部产品间以及与国民经济各个部门的相互联系，就需要编制特殊部门的投入产出表。

国家统计局公布的投入产出表中的电力部门将输配电和发电环节进行归并，并假设各子系统均采用电力部门的平均技术水平。就各类发电技术而言，生产部门内部由于工艺、技术、流程的不同会使对上游部门的需求和直接生产端的环境影响存在差异。非化石能源发电能源消耗技术水平明显不同于火电行业，不同发电类型的上游碳排放也存在较大差异。对电力部门的均质化假设掩盖了各子系统的差异，造成对子系统过高或者过低的评估。

中国最早编制的部门投入产出表是由原化工部规划设计院和中国科学院系统科学研究所于 1980 年试编的 1978 年投入产出表，该表是一个实物型部门投入产出表，共分 16 种主要的化工产品。后来，又陆续出现了能源、船舶、农业、机械电子工业等部门投入产出表的成功编制，在模型应用方面积累了不少经验。

目前，部门投入产出表的编制方法主要包括四种：一是结合全生命周期分析的拆分方法，如拉特（Lutter）等[109]、沃尔顿（Wiedmann）等[110]以及其他文献，其编制思路并不适用于生产错综复杂的电力部门；二是基于价格数据的拆分方法，如苏（Su）等[111]，但由于无法获得省域电力公司和其他部门间的销售价格数据，导致该方法并不适用于电力部门；三是混合单元方法，如伦森（Lenzen）等[112-113]，但较大的能源和排放清单数据需求，加大了数据编制不确定性；四是以沃尔斯基（Wolsky）[114]和林德纳（Lindner）等[115]为首的权重拆分方法，由于其兼容了可获得的基础数据、可操作性强等特点，成为编制部门投入产出表的主流方法。

因此，本书借鉴沃尔斯基[114]和林德纳等[115]以及其他文献提出的部门投入产出表编制思路，将电力部门细分为 7 个子系统（输配电、火电、水电、核电、风电、光电和其他发电）来编制中国部门单区域投入产出表。与现有文献相比，本书采用的部门投入产出表编制框架可操作性强，基于电力部门调查数据的编制思路减少了数据不确定性。同时，相较于林德纳等[115]、马等[22]同样以中国电力部门投入产出表为研究对象的文献，本书基于中国近期公布的 2017 年全国单区域投入产出表将研究数据更新到 2017 年，在一定程度上缓解了投入产出表的时滞性产生的研究结果误差。

2.4.3　中国多区域投入产出表编制相关研究进展

多区域投入产出表（multi-regional input-output table，MRIOT）在分析省域间经济和环境影响等方面发挥了重要作用。中国各省域在生产结构、技术效率、资源禀赋等方面存在异质性，随着中国经济新常态以来经济增长由规模和速度型向质量和效益型转变，这种新的经济增长模式推动了中国新一轮经济结构和区域贸易格局的调整，应用研究需要拓展中国多区域投入产出表的年限，探究省域经济系统的变化特征。

考虑到难以获得完整的包含所有省域 MRIOT 的基础数据，较多学者展开了中国局部区域的 MRIOT 的编制工作。例如，国务院发展研究中心与日本东亚经济研究中心合作，通过数学推算编制了 1987 年中国三个区域的 MRIOT。刘强和冈本信广[116]结合 Leonief-Strout 引力模型和非调查方法编制了中国三个区域的 MRIOT，并将该方法引入 1997 年中国 MRIOT 的编制过程中。杨念[117]编制了包含中国四个区域（北京、上海、广东和国内其他地区）的 MRIOT。

于冲冲[118]借助非调查方法编制了中国包含四个区域（上海、江苏、浙江和国内其他地区）的 2012 年 MRIOT 等。郑（Zheng）等[119]以中国京津冀 13 个城市为研究对象，提出了省级 MRIOT 嵌套单个城市的编制思路。

同时，为满足对中国宏观经济分析和政策分析等工作需要，一些学术研究机构结合调查数据和非调查数据编制了包含 30 个省（或 31 个省）的中国 MRIOT，表 2－1 列出了现有主要的中国 MRIOT 编制情况。中国 MRIOT 的编制工作进展较慢。市村（Ichimura）和王（Wang）[120]编写了《中国经济区域间投入产出表》一书，系统阐述了 MRIOT 编制的方法论、数据来源等问题，并编制了包含七大区域的中国 MRIOT。日本经济研究所（IDE）[121]编制了中国八大区域 MRIOT。中国人民大学石敏俊教授团队[122]以中国 2002 年 MRIOT 为例，介绍了中国省级 MRIOT 的构建方法和数据结果。中国人民大学投入产出团队编制了 1978～2017 年中国时间序列投入产出表，并展开多项 MRIOT 编制的有关工作，为分析中国的宏观经济形势提供数据支撑。国家发展改革委国际合作中心首席经济师张亚雄教授团队编制了 2002 年和 2007 年中国八大区域 MRIOT[123]以及 2002 年中国 30 个省的 MRIOT[124]。国务院发展研究中心发展战略和区域经济研究部以李善同研究员为主的团队编制了中国 30 个省的 2002 年、2007 年和 2012 年 MRIOT[125－127]。中国科学院地理科学与资源研究所刘卫东研究员团队编制了中国 2007 年、2010 年和 2012 年 MRIOT[128－130]，并仍在努力编制 2017 年 MRIOT。中国碳核算数据库关大博教授团队编制了中国 30 个省 2012 年、2015 年和 2017 年 MRIOT，是目前公布的最新年份数据[131－132]。北京师范大学王亚菲教授团队以 1997～2011 年中国 30 个省 MRIOT 为例，详细介绍了中国 MRIOT 嵌入包含 185 个国家的 Eora 数据库的方法框架[133]。

表 2－1　　　　现有主要的中国多区域投入产出表

作者	时间范围（年）	空间范围	滞后年数	可靠性信息
市村和王[120]	1987	7 大区域	33	无
日本经济研究所[121]	2000	8 大区域	20	无

续表

作者	时间范围（年）	空间范围	滞后年数	可靠性信息
张和齐[123]	2002，2007	8 大区域	13 ~ 18	无
石等[122]	2002	30 个省	18	有
张等[124]	2002	30 个省	18	无
李等[125-126]	2002，2007	30 个省	13 ~ 18	无
刘等[128-130]	2007，2010，2012	30 个省	8 ~ 13	—
潘等[127]	2012	30 个省	8	无
米等[131]；郑等[132]	2012，2015，2017	30 个省	3 ~ 8	有
王等[133]	1997 ~ 2011	30 个省	9 ~ 23	详细

资料来源：笔者绘制。

这些研究成果为推进中国多区域投入产出表的编制贡献了巨大力量，通过梳理上述工作可以发现中国 MRIOT 的编制问题：（1）由于基础调查数据的不可获得性以及非调查数据的处理复杂性，编制 MRIOT 需要耗费大量的人力、物力和财力，且其公布年限通常存在一定的时滞，限制了投入产出相关领域的研究时效性[134]。根据现有公布的投入产出表，虽然有许多研究机构仍在努力更新中国多区域投入产出表，如中国碳核算数据库、中国科学院地理研究所等，但截至 2023 年，多数研究机构只将中国多区域投入产出表更新到 2012 年，仅中国碳核算数据库公布了中国 2015 年和 2017 年的多区域投入产出表，且开源共享。（2）现有关于多区域投入产出表编制的文献一直在增加，但是关于基础数据处理、编制框架的科学性检验、部门归并等方面尚存在分歧。为了更加准确地反映一国经济体内部区域间的贸易情况，需要对多种类型的编制方法进行对比分析。（3）投入产出表的应用研究范围受限，无法根据研究问题给出特定的投入产出模型形式。

基于上述问题以及基础数据的可获得性，本书拟综合采用多个研究机构 MRIOT 的编制思路，编制中国 2015 年 30 个省多区域投入产出表，基础数据为 2002 ~ 2015 年中国多区域投入产出表，并试图在基础数据、中间贸易流量矩阵、模型检验等方面有所改进，以期更新中国多区域投入产出表的年限，识别中国能源经济系统的新变化特征。

2.4.4 中国混合序列投入产出模型构建相关研究进展

能源问题以及能源相关的温室气体排放问题已经成为中国社会发展中的核心问题之一。从 20 世纪 70 年代早期开始，采用投入产出模型来探讨能源问题的研究就得到了广泛应用，一般有以下两种模型：一是价值型能源投入产出模型。即基于含能源实物量的价值型投入产出表，并通过价值单位的投入产出平衡方程与能源平衡方程相结合的方式来构建完全能源强度。这类模型的实践应用范围非常广泛[135]，常用来分析国际贸易中隐含碳[109,111]、居民消费对能源消耗和碳排放的影响[136]、结构变化对污染排放的影响[137]等问题。二是混合型能源投入产出模型。即基于混合型投入产出模型，以能源的实物单位计量表示投入产出平衡方程的能源部门流量，以价值单位计量表示非能源部门的流量。米勒和布莱尔[134]提出的混合型和价值型能源模型需要满足能量守恒条件，是该类模型的研究基础。例如，用于分析国际贸易或居民消费中的隐含碳问题[138-139]、能源消耗强度的影响因素[140-142]等。

然而，以王会娟等[143]为代表的学者通过比较主流投入产出模型，认为尽管混合型能源投入产出模型剔除了能源在各部门间使用的价格差异，但并不存在优于价值型投入产出表的能量守恒关系，且不存在列向模型，无法计算分析普通投入产出模型中的中间生产结构、最终使用结构等。对含能源实物流量的价值型能源投入产出模型而言，尽管该类型投入产出表可以实现一般价值型投入产出分析的行列平衡，但能源价格的差异较大，容易导致估计误差，并且价值型投入产出表对能源产品部门归类的严格要求增加了编制难度。

考虑到上述模型的编制复杂性和模型假设限制等条件，袁（Yuan）等[144]、格瓦拉（Guevara）和罗德里格斯（Rodrigues）[145]提出了能源经济混合序列投入产出模型，即以实物量将电力部门的能源消耗引入投入产出模型，构建包含价值量和实物量的投入产出混合模型，进而克服投入产出模型在应用研究上的固有缺陷，为政策研究输入创造接口。不同于混合型投入产出表将国民经济各产品部门分为能源部门和非能源部门的做法，该类模型的操作性更强，同时在一定程度上避免了投入产出表编制过程中的偏差。本书借鉴袁等[53,144]、格瓦拉（Guevara）和罗德里格斯（Rodrigues）[145]、蒋（Jiang）等[146]提出的混合序列投入产出模型，评估 2002 ~ 2015 年中国省域各类电力部门发电技术变动对碳排放的影响。

2.5　环境投入产出模型应用研究综述

环境投入产出模型在能源经济学领域的应用主要归纳为四类：碳排放核算、因素分解、产业链路径分析和其他类别（生命周期评估、政策模拟分析、环境网络分析和优化模型类）。

2.5.1　碳排放核算相关研究进展

目前，采用环境投入产出分析部门层面碳排放的核算方法主要包括三种：生产侧核算方法、消费侧核算方法和收入侧核算方法，这三种方法反映了个体在产业链参与位置的相对重要性。由于里昂惕夫逆矩阵和高士逆矩阵都能够完整地反映产业链上经济活动的累计效应，投入产出模型便成为核算环境压力所青睐的主流工具。生产侧核算方法测算了某个部门（或省域）的直接生产活动释放的碳排放[26]；消费侧核算方法测算了对某个部门（或省域）产品的最终需求累计导致的上游产生的碳排放[146-147]；收入侧核算方法测算了某个部门（或省域）增加值创造过程中导致的碳排放[148]。

这三种方法是从产业链的始端和末端来核算部门环境压力的。投入产出分析不仅可以识别产业链上始端和末端的碳排放压力，还可以识别中间生产环节的碳排放。对电力部门而言，基于中间传输侧的碳排放核算具有重要的现实意义。较多学者，例如赵等[10]、吴等[19]、梁等[29]均证实了中国电力传输碳排放的相对重要性。

目前环境压力核算研究大都基于价值型投入产出表，所关注的主要环境压力指标包括水[149]、二氧化碳[53]、细颗粒物[150]以及其他常规污染物。

2.5.2 因素分解相关研究进展

关于碳强度影响因素的研究方法，指数分解分析（index decomposition analysis，IDA）和结构分解分析（structural decomposition analysis，SDA）成为研究能源、环境领域的问题的广泛分析方法。SDA 方法基于投入产出数据进行操作，而 IDA 运用的是部门数据，这两种方法常被用于分析劳动力需求、能源需求、环境污染等指标的变化机理。

基于投入产出数据，结构分解分析方法能够识别区域间、部门间的间接经济联系，同时可以区分中间产品和最终产品，并能对贸易情况进行说明，在经济增长、贸易、资源环境、能源领域应用较为广泛。国内运用结构分解分析法研究中国碳强度的文献相对较晚。苏（Su）和洪（Ang）[151]提出一套新的乘法结构分解分析方法框架，可以从多角度（省域层面、部门层面、最终需求层面）研究碳强度变化的影响因素。王（Wang）等[152]分别对加法结构分解分析与乘法结构分解分析、乘法指数分解分析与乘法结构分解分析进行比较分析，进而识别乘法结构分解分析在碳强度分解上的优势。洪（Ang）等[153]基于投入产出分析研究省域碳排放变化和差异的影响因素，发现技术因素和结构因素在不同省域的作用差异较大。结构分解分析方法的劣势在于有较高的数据需求，分解形式不灵活。

与结构分解分析方法相比，指数分解分析方法的分解形式更灵活，且数据需求较低。常用的指数分解分析方法有拉斯佩雷斯（Laspeyres）、迪维西亚（Divisia）、帕斯卡（Paasche）、费希尔（Fisher）和马歇尔－埃奇沃思（Marshall-Edgeworth）等，目前应用最为广泛的是 Laspeyres 和 Divisia 方法。然而，Laspeyres 和 Divisia 法都存在分解残差，而且 Divisia 法还存在零值问题。基于这些模型缺陷，国外学者提出了很多改进方式，其中，洪[153]提出的对数均值迪氏分解（logarithmic mean divisia index，LMDI）法，不仅可以消除分解残差，而且解决了 Divisia 分解中的零值问题，已被广泛用于碳排放总量指标和强度指标的分解研究。李（Li）等[154]采用 LMDI 方法对中国 30 个省的碳排放进行了时空分解分析，发现经济规模、能源结构、产业结构是导致省域碳排放空间差异的主要因素。尽管指数因素分解法仅仅考虑与直接生产活动相关的温室气体排放，指数因素分解法的数据要求较低，且易于进行指标时间层面变化和空间层面差异的比较研究，故其使用更为广泛。

分解分析方法的形式主要包含加法形式和乘法形式。加法分解形式将指标的绝对变化分解为各驱动因素效应和残差项之和，通常适用于总指标的绝对变化（如总排放）；乘法分解将某指标的相对变化分解为各驱动因素效应和残差项的乘积，通常用于研究强度指标的相对变化。在分解强度指标（如排放强度）变化时，乘法分解结果相较于加法分解结果更便于解释[155]。

2.5.3　产业链路径相关研究进展

投入产出模型中的里昂惕夫逆矩阵可以反映出各产业链路径的累计效应，成为提取产业链路径的基础工具。结构路径分析通过引入泰勒级展开式来扩展里昂惕夫逆矩阵，进而提取出导致经济系统环境压力的主要产业链路径[156]。产业链路径可以描述从最终生产部门最终需求到起始生产部门的流量过程，如产业链路径“农业→食品→餐馆→消费者→消费需求”表示消费者的消费需求驱动食品生产，食品生产进一步驱动农业部门组织生产活动并产生环境压力。

图 2 - 1 展示了简化的四部门生产系统，其中部门 A 是上游起始部门，部门 B 既是上游部门也是中间部门，部门 C 是中间部门，部门 D 是最终生产部门，实线箭头表示部门间中间产品交易，虚线箭头表示产品进入了最终消费，箭头方向表示价值的流动方向；部门 A 和部门 B 存在双向的中间产品交易；假设每个部门均存在部门内中间产品交易。假设产业链为线性单向排列的部门链条，那么，图 2 - 1 所示四部门生产系统可以分解为表 2 - 2 中的 8 条线性产业链。以“金属制品业”为例，该部门生产的日用金属制品（如

剪刀、水龙头、螺丝刀等）直接供应消费者，产品位于相关产业链的下游；而该部门生产的钢材等金属制品，用于组织下游其他部门（如交通运输设备制造业、电气机械及器材制造业）的生产活动，产品处于相关产业链的中上游位置。

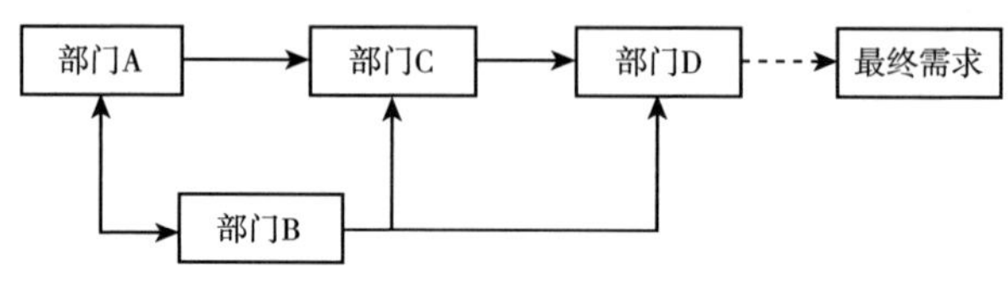

图 2－1　四部门产业链系统

资料来源：笔者绘制。

表 2－2　四部门生产系统所含产业链条

序号	产业链条
1	部门 D→最终需求
2	部门 C→部门 D→最终需求
3	部门 B→部门 D→最终需求
4	部门 A→部门 C→部门 D→最终需求
5	部门 A→部门 B→部门 D→最终需求
6	部门 B→部门 C→部门 D→最终需求
7	部门 A→部门 B→部门 C→部门 D→最终需求
8	部门 B→部门 A→部门 C→部门 D→最终需求

资料来源：笔者绘制。

结构路径分析分解出的产业链路径数量和计算量相当惊人。以中国 135 个部门 2007 年的投入产出表为例，仅自上向下排序在前的四个生产层包含了 3.3 亿个产业链路径[157]。庞大的计算需求在很大程度上阻碍了结构路径分析在能源环境与气候变化经济学领域的应用。为了克服计算复杂的问题，现有研究一般只选取涵盖较多环境压力的主要生产层作为分解对象。简言之，通过搜索关键生产层的关键产业链路径来筛选出导致主要环境压力的产业链环节。

在追溯碳排放和能源消费关键产业链传导路径方面，基于投入产出模型的结构路径分析成为一种主流的研究方法。目前，仅有少数研究使用结合投入产出模型的结构路径分析来提取导致经济系统环境压力的主要产业链路径。谢锐等[158]采用结构路径分析方法研究了 1995～2014 年中国碳排放变动的影响因素和关键路径，指出“非金属矿物制品业→中间部门→投资”和“电力部门→中间部门→投资”是驱动中国碳排放变化的关键路径。邵（Shao）等[159]发现中国各省域释放碳排放的关键部门是电力部门。杨（Yang）等[160]研究了上海“能源—碳—水”耦合关系的主要路径，指出电子产品制造业是最关键的传输部门。甄（Zhen）等[161]研究了 2012 年中国居民间接能源消费的主要路径，指出电力部门、仓储运输等部门是中国居民间接能源消费的最主要路径。冯（Feng）等[162]结合投入产出模型和结构分解分析，发现金属矿加工和制造业是能源和水产业链的主要部门。以上文献主要关注中国或者部分省域经济整体碳排放的关键产业链路径，鲜有文献深入探究产业链上某一部门的环境压力。

2.5.4　其他应用相关研究进展

1. 优化模型类

投入产出模型本身不具备择优功能，需要与优化理论、均衡理论等相结合，以制订既满足投入产出平衡关系，又能保证经济系统的增长效果的最优规划方案。

线性规划是典型的优化理论模型。线性规划与投入产出分析的结合需要解决三个关键问题：一是要在投入产出模型基础上增添目标函数；二是要在投入产出模型上增加变量个数或者将严格的等式形式变换为不等式形式，增加方程组的自由度；三是根据实际情况增添不等式组，构成可行解域，使模型解具有更多的选择性。考虑到经济系统内部的地域异质性，越来越多的研究利用多区域投入产出优化模型来探索部门层面温室气体减排的最优技术选择。例如，谭（Tan）等[163]提出了多区域投入产出模糊模型，在资源可用性和环境足迹约束下的生物质生产和贸易。何（He）等[164]结合多区域投入产出优化模型构建了能源弹性指标，研究随机能源生产中断和区域贸易壁垒下的能源弹性问题。

此外，一般均衡模型与投入产出分析相结合的政策类研究受到广泛关注，这些研究主要集中在对碳排放、碳强度、国内生产总值和部门产出的影响[165-166]；随着碳排放权交易市场逐渐被认可，优化模型被广泛应用于模拟不同覆盖行业与不同分配标准下的政策冲击对经济、环境的影响[167]，寻求找到适合的方式发展低碳经济。电力部门是国民经济发展中最重要的基础能源产业，是碳排放权交易的主要参与者，也是学者研究的重点领域。由于投入产出数据基础的限制，各类发电技术的研究也受到了限制。

2. 生命周期评估

生命周期评估常用来考察在产品生命周期内各生产环节释放的环境压力，一般可以分为三种：传统的基于过程的生命周期评估方法、投入产出生命周期评估方法和混合生命周期评估方法。

第一，传统的基于过程的生命周期评估方法是通过自下而上地收集产品在各生产环节的活动释放的环境压力[168]。但是在实际应用中，由于数据和计算难度的限制，该方法仅能向上追溯有限的产品类别在有限层的物质投入及相关的环境压力，不能全面反映经济系统的完整边界，容易引发“截断误差”，即忽略部分深层物质投入和相关环境压力所导致的评估误差[157]。第二，投入产出生命周期评估方法基于里昂惕夫逆矩阵来展开，可以考察部门间的投入产出关联，弥补了基于过程的生命周期评估方法的“截断误差”、系统边界不清晰等问题[169]。但是，该方法仅能反映生产部门的平均产出水平，无法体现各子产品全生命周期的影响。第三，混合生命周期评估方法弥补了上述研究的缺陷，一般根据生命周期评估来划分产品的生产环节并核算其直接物质投入，再根据混合型投入产出模型将各生产环节看作投入产出模型的子部门，计算各子部门全生命周期的环境影响。

2.6　本章小结

通过梳理以上文献，有如下发现：

（1）能源环境与气候变化经济学以经济学为主线，以能源生产、能源消费、环境污染和排放外部性为研究对象，综合运用环境经济学的外部性理论、公共经济学的公共物品理论、福利经济学与发展经济学交叉的碳权益与公平理论、产业经济学的产业关联等理论，重点分析气候变化及其治理的社会经济效应，比较不同减排策略及政策工具等，随着全球气候变暖以及环境污染受到越来越广泛的关注，能源环境与气候变化经济学逐渐成为一门新兴的热门学科。

（2）电力产业链全过程碳排放可以划分为生产侧、传输侧和消费侧三个环节。第一，碳排放核算清单是中央政府分配碳减排目标的重要依据。现有研究主要采用电力生产侧核算方法和消费侧核算方法来测算省域电力碳排放清单，而从电力产业链视角探究传输侧碳排放的研究明显不足。第二，电力碳排放影响因素研究多局限于生产侧视角的传统规模因素、技术因素和结构因素，忽略了电力传输侧和消费侧的电力交易因素的影响，对于像中国这样处于终端电气化水平不断增长、省域供需不平衡的大国而言，省域间电力交易因素的影响不容忽视。

（3）从电力生产侧碳减排来看，非化石能源发电对电力系统深度低碳化和中国减排目标的实现起着举足轻重的作用。目前电力生产侧碳减排的研究侧重于评估生产侧非化石能源发电技术的经济环境影响及技术可行性，但较少有研究深入探究各类非化石能源发电技术的空间减排效应差异。此外，缺乏对省域非化石能源发电投资影响的考虑，从非化石能源发电全生命周期视角全面探究投资阶段和运营阶段碳排放影响的研究不足。尤其是伴随非化石能源发电成本的大幅下降，忽视非化石能源发电在产业链上的投资特征，会高估非化石能源发电在全生命周期的减排潜力，进而削弱非化石能源发电的竞争力。

（4）从电力消费侧来看，电力需求侧管理工作大多数只是停留在执行政策上，尚未发挥需求侧管理的减排效果。从产业链视角来看，电力需求侧管理的落实单位是消费侧经济部门，现有研究未能全面评估电力消费侧驱动电力生产活动的产业链路径，长此以往，电力需求侧管理的实际碳减排效果并不能得到有效追踪，会阻碍电力需求侧管理的可持续性。此外，多数研究忽略了中国省域资源禀赋的差异，未给出具有省域特色的电力需求侧管理策略。

（5）从电力传输侧来看，现有文献多从微观视角对供应链上电力企业输配侧的碳减排效果进行仿真预测，较少有文献从宏观视角对产业链上电力部门传输侧碳减排策略进行全面探索。此外，电力传输侧是产业链电力交易的中间传输环节，现有关于电力交易的研究多聚焦跨省区电力交易中清洁电力消纳的策略问题，较少结合省域资源禀赋来探究跨省域间的电力交易“碳排放外溢”问题。

（6）投入产出分析在国内外经过近 70 年的应用和发展，并根据应用需要进行了各式各样的拓展，目前已形成庞大的应用体系，被广泛应用于碳排放核算、因素分解分析、产业链路径分析等领域。投入产出分析基础数据编制复杂导致了时间滞后问题，其部门归并假设导致了基础数据分辨率低的问题，模型不灵活等又限制了其实证研究范围，因此，投入产出分析的理论和方法仍需要进一步拓展。

为了弥补上述文献研究的不足，本书将电力产业链全过程（生产侧、传输侧和消费侧）纳入同一框架，核算电力部门全过程碳排放变化的影响因素；在电力生产侧，克服电力部门均质化假设的限制，探究中国非化石能源发电技术的碳排放影响，并结合省域资源禀赋挖掘电力结构优化的碳减排潜力；在电力传输侧和消费侧，追溯电力产业链上电力交易隐含碳的关键传输路径和节点，全面考虑中国省域资源禀赋的差异，给出具有省域特色的电力产业链需求侧管理策略；在数据基础和模型扩展上，丰富投入产出表的编制框架，包括部门投入产出表、多区域投入产出表和混合序列多区域投入产出表，基于此，拓展了其实证应用范围。

第 3 章

中国电力相关投入产出表编制分析

投入产出分析是产业经济学的主流研究方法。考虑到现有投入产出表的数据难获得、时间滞后、编制复杂等问题限制了其应用范围，本章编制了 2007～2017 年中国部门单区域投入产出表，以区分中国电力部门子系统的异质性以及其减排责任；编制了 2015 年中国多区域投入产出表，以追踪中国省域电力交易隐含碳变化的新特征，捕捉电力产业链上的高碳传输路径和传输节点；构建 2002～2015 年混合序列多区域投入产出模型，基于省域资源禀赋，以区分中国省域非化石能源发电对碳排放的影响差异，因地制宜挖掘省域非化石能源发电的碳减排潜力。

3.1 中国部门单区域投入产出表编制

本节以电力部门为研究对象，将电力部门拆分为六个生产部门（火电、水电、核电、风电、光电、其他发电等）和一个供给部门（输配电）。

3.1.1 基础数据来源与处理

部门投入产出表的编制基于两个假设条件：第一，中国各经济部门的电力消耗量与该部门所属六大电网公司的发电组合成比例，六大电网公司电价与中国部门电价一致。第二，六大电网公司的经济结构是异质的，故用省级电力结构计算电网公司电力结构更加合理。然而，省级电力结构可能接近其所属的电网结构，相比之下，电网间交易量并不那么重要（内蒙古除外）。因此，本节使用电网公司的电力结构来代替省级电力结构，并假设该电力结构短期内不变。

部门投入产出表的基础数据来源与处理情况如下：第一，2017 年中国单区域投入产出表和 30 个省单区域投入产出表来源于国家统计局。第二，部门归并。为了便于理解，将原始投入产出表“电力、热和水的供应部门”移动到部门 S24。原始投入产出表合并为 24 个部门（详见附表 2），经过拆分后的部门投入产出表包含 30 个部门。第三，省域归并。按照中国六大电网公司的地理构成进行归并省域归并，如附表 3 所示。第四，电力部门相关数据。中国发电量、电价数据、电源和电网投资额来自《中国电力年鉴》，中国电力部门运营维护成本和 2007 年电价数据取自林德纳（Lindner）等[115,170]的文献整理工作。然后根据现有基础数据，计算六大电网公司的发电构成，并预测中国 2012 年和 2017 年电价数据。第五，碳排放因子。非化石能源发电（水电、核电、风电、光电等）属于零排放能源，中国电力部门排放因子可以用来近似代替火电碳排放因子。中国部门碳排放因子取自中国碳核算数据库。

一般来说，考虑到下述章节时间尺度范围为 1997 ~ 2017 年，后续部门投入产出表的分解年限应与之匹配。本章并未对 1997 年和 2002 年投入产出表中电力子系统进行拆分，仅选择 2007 ~ 2017 年中国单区域投入产出表的原因如下：第一，2002 年 12 月，国家电力公司拆分为两大电网公司和五大发电集团，即国家电网、南方电网以及中国国电集团公司（国电）、中国华电集团公司（华电）、中国华能集团公司（华能）、中国大唐集团公司（大唐）和中国电力投资集团公司（中电投）。故 2002 年投入产出表的空间尺度和相关技术经济指标，与其他年份不一致，强行匹配容易导致计算误差。第二，2004 年 3 月出台了标杆上网电价政策，统一制定并颁布各省新投产机组的上网电价。因此，2004 年前的发电企业上网电价核算体系根据各发电厂发电成本进行差异化核算，与之后年份的核算标准存在差异。第三，基于现有文献梳理，现有可行的部门投入产出表的编制方法是在省级单区域投入产出表上，通过六大电网的区位熵来计算中国整体各发电类型的投入产出数值。1997 年基础经济数据的不可获得性限制了省级单区域投入产出表的估计准确性。因此，本节尚未考虑编制 1997 年国家层面的部门单区域电力部门投入产出表。

3.1.2　电力部门两子系统拆分步骤

考虑到基础数据的可获得性，本节借鉴沃尔斯基[114]和林德纳等[170]提出的权重方法，将 2007 年、2012 年和 2017 年中国单区域投入产出表的“电力及热力的生产和供应业”部门拆分为一个电力供应部门（输配电）和一个电力生产部门。其技术方法是引入产出权重和投入权重，分别计算共有部门所消耗的新部门产品数量和新部门消耗的共有部门/新部门的产品数量，如图 3－1 所示。

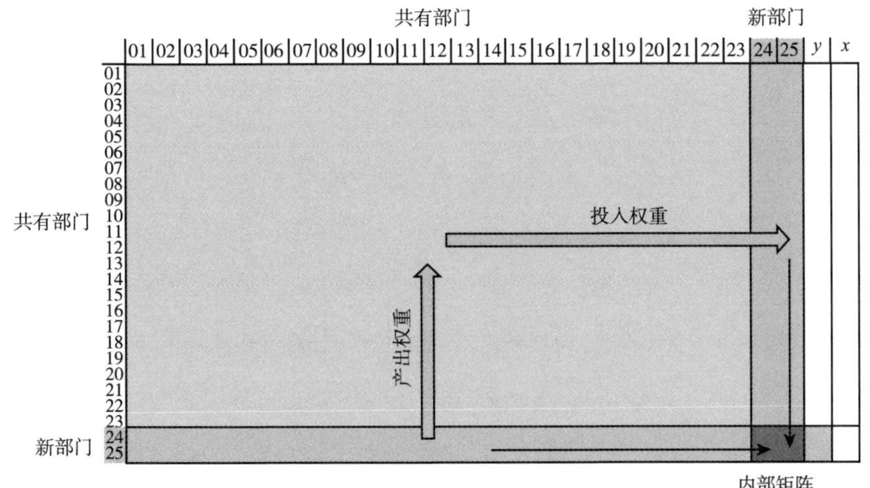

图 3－1　权重方法示意图

注：将除电力部门外的其他部门定义为“共有部门”，部门数量为 23 个；电力部门数量为 2 个，因此将原始矩阵直接消耗系数 24×24 扩展为 25×25。y 和 x 分别表示最终需求和产值。

资料来源：笔者绘制。

1. 整理权重因子

采用沃尔斯基[114]权重方法编制部门投入产出表，需要计算 23 ×2 个投入权重系数、23 ×2 个产出权重系数、4 个内部矩阵参数和 2 个最终需求系数，如图 3 –1 所示。该方法假设共有部门流向电力部门的投入权重、电力部门流向共有部门的产出权重，均与投资比例一样。本节基于《中国电力年鉴》公布的投资额来区分电源投资和电网投资比例。2017 年，中国电源投资（生产部门）和电网投资（供给部门）的占比分别为 45.9% 和 54.1% 。

2. 计算扩大矩阵的直接消耗系数 *A*

令矩阵 $\boldsymbol{a}$ 表示为原始矩阵的直接消耗系数，它是一个 $n \times n$ 的方阵，其里昂惕夫逆矩阵为 $\boldsymbol{I}^{-1} = (\boldsymbol{I} - \boldsymbol{a})^{-1}$。令矩阵 $\boldsymbol{A}$ 表示扩大矩阵的直接消耗系数，它是一个 $(n+1) \times (n+1)$ 的方阵，其里昂惕夫逆矩阵为 $\boldsymbol{L}^{-1} = (\boldsymbol{I} - \boldsymbol{A})^{-1}$。由于矩阵 $\boldsymbol{a}$ 包含的未知参数多于矩阵 $\boldsymbol{A}$，很难获得唯一的解，故通过设置过渡矩阵 $\boldsymbol{A}'$来简化计算。原始矩阵 $\boldsymbol{a}$、过渡矩阵 $\boldsymbol{A}'$与扩大矩阵 $\boldsymbol{A}$ 有相同的技术水平。$\boldsymbol{A} = \boldsymbol{A}' + \Delta$，具体计算如下：

$$
\begin{gathered}
A_{ij} = a_{ij} \\
A_{nj} = w_1 a_{nj}, A_{(N+2),j} = w_2 a_{nj} \\
A_{in} = A_{i,(N+2)} = a_{in} \\
\begin{pmatrix} A_{nn} & A_{n,(n+1)} \\ A_{(n+1),n} & A_{(n+1),(n+1)} \end{pmatrix} = a_{nn} \begin{pmatrix} w_1 & w_1 \\ w_2 & w_2 \end{pmatrix}
\end{gathered}
\tag{3.1}
$$

$$
\begin{gathered}
\Delta_{in} = w_2 \delta_i, \Delta_{i,(n+1)} = -w_1 \delta_i \\
\Delta_{(N+1),j} = \sigma_j = -\Delta_{(n+1),j} \\
\begin{pmatrix} \Delta_{nn} & \Delta_{n,(n+1)} \\ \Delta_{(n+1),n} & \Delta_{(n+1),(n+1)} \end{pmatrix} = \frac{1}{2}\delta_n \begin{pmatrix} w_2 & -w_1 \\ w_2 & -w_1 \end{pmatrix} + \sigma_n \begin{pmatrix} 1 & 1 \\ -1 & -1 \end{pmatrix} + \theta \begin{pmatrix} w_2 & -w_1 \\ -w_2 & w_1 \end{pmatrix}
\end{gathered}
\tag{3.2}
$$

式中，i、j 表示共有部门；$N+k$ 表示新部门；w_1 和 w_2 表示权重系数；Δ 表示 $\boldsymbol{A}$ 与 $\boldsymbol{A}'$ 的差。

3. 计算参数

采用随机游走算法判断参数的取值范围。当 $n=1$，2，…，23 时，σ_n 和 δ_n 的取值范围计算如式（3.3）和式（3.4）所示：

$$\max\{-w_2^{-1}a_{in}, -w_1^{-1}(1-a_{in})\} \leqslant \delta_n \leqslant \min\{w_1^{-1}a_{in}, w_2^{-1}(1-a_{in})\} \tag{3.3}$$

$$\max\{-w_1 a_{nj}, w_2 a_{nj}-1\} \leqslant \sigma_n \leqslant \min\{w_2 a_{nj}, 1-w_1 a_{nj}\} \tag{3.4}$$

当 $n=24$ 时，σ_n 和 δ_n 的取值范围计算如式（3.5）和式（3.6）所示：

$$\max\{-w_2^{-1}a_{nn}, -w_1^{-1}(2-a_{nn})\} \leqslant \delta_n \leqslant \min\{w_1^{-1}a_{nn}, w_2^{-1}(2-a_{in})\} \tag{3.5}$$

$$\max\{-w_1 a_{nn}, w_2 a_{nn}-1\} \leqslant \sigma_n \leqslant \min\{w_2 a_{nn}, 1-w_1 a_{nn}\} \tag{3.6}$$

矩阵 $\boldsymbol{A}$ 内部矩阵四个元素的关系为：

$$\begin{aligned}
-w_1 a_{nn} &\leqslant +\frac{1}{2}w_2\delta_n + \sigma_n + w_2\theta \leqslant 1 - w_1 a_{nn} \\
-w_1 a_{nn} &\leqslant -\frac{1}{2}w_1\delta_n + \sigma_n - w_1\theta \leqslant 1 - w_1 a_{nn} \\
-w_2 a_{nn} &\leqslant +\frac{1}{2}w_2\delta_n - \sigma_n - w_2\theta \leqslant 1 - w_2 a_{nn} \\
-w_2 a_{nn} &\leqslant -\frac{1}{2}w_1\delta_n - \sigma_n + w_1\theta \leqslant 1 - w_2 a_{nn}
\end{aligned} \tag{3.7}$$

式中，参数 θ 的取值范围为 $\theta_{\min} \leqslant \theta \leqslant \theta_{\max}$。其中：

$$\begin{aligned}
\theta_{\min} = (2w_1w_2)^{-1}\min\{&w_1 + (w_1 - 2w_1^2)a_{nn} - 2w_1\min(\sigma_n), \\
&w_2 + (w_2 - 2w_2^2)a_{nn} - 2w_2\max(\sigma_n)\} \\
\theta_{\max} = (2w_1w_2)^{-1}\max\{&-w_1 + (w_1 - 2w_1^2)a_{nn} - 2w_1\max(\sigma_n), \\
&-w_2 + (w_2 - 2w_2^2)a_{nn} - 2w_2\min(\sigma_n)\}
\end{aligned}$$

4. 倒推直接消耗系数矩阵

根据林德纳等[170]的公式推导结果得到$\boldsymbol{L}^{-1}=L^{-1}+L^{-1}\Delta(I-L^{-1}\Delta)^{-1}L^{-1}$。进一步地，引入参数，倒推扩大矩阵$\boldsymbol{A}$。

3.1.3 电力部门多子系统拆分步骤

本节借鉴林德纳等[115,170]等提出的部门投入产出分析方法，进一步将电力生产部门拆分为6个子系统，包括火电、水电、核电、风电、光电、其他发电等。不同于两子系统的拆分方法，该方法考虑了六大电网公司的技术异质性。为了区分共有部门和电力生产部门，令共有部门数量为$n=1$，…，23，电力生产部门数量为$N=1$，2，…，6。多子系统拆分的主要难题是计算未知参数，包括$N\times n$个投入权重系数，$N\times n$个产出权重系数、n^2个内部矩阵参数以及N个最终需求系数。

1. 投入权重系数

投入权重系数$\boldsymbol{\rho}_{i,k}=z^{*}_{i,N+k}/z_{i,N+1}$，可变形为：

$$\boldsymbol{a}_{i,N+1}=\frac{\boldsymbol{a}^{*}_{i,N+k}}{\boldsymbol{\rho}_{i,k}}\times\frac{x_{i,N+1}}{x^{*}_{i,N+k}} \tag{3.8}$$

式中，$N+k$表示第k个电力子系统，$k=1$，2，…，6；$N+1$表示原始投入产出表中未拆分的电力部门。为了区分扩展矩阵和原始矩阵，带$*$变量表示扩展矩阵数值。

本节采用发电运营维护成本和发电产值的加权平均数值来推算投入权重系数。值得注意的是，如果一些特殊部门的电力消耗类型单一，则其他非该部门消耗的电力类型权重系数则设置为0，特殊部门投入权重的设置见表3-1。

表3-1　中国六大电网公司电力结构　单位:%

分类	水电	火电	核电	风电	光电	其他发电
采矿业	0	100	0	0	0	0
石油、炼焦产品和核燃料加工业	0	10	0	0	0	90
燃气和水的生产和供应业	0	0	0	0	0	100
交通运输、仓储和邮政业	0	100	0	0	0	0

2. 产出权重系数

借鉴米勒和布莱尔[134]提出的区位熵理论，部门权重系数需要考虑区域电力结构和产业集群特征。具体理论思路如下：首先，按照六大电网公司的地理范围合并单区域投入产出表的省级产出，并与全国产出进行比较分析、做标准化处理；其次，整理六大电网的电力结构，并与原投入产出表中电力部门的向量相乘，得到扩展的六大电网电力产出数值；最后，合并同一电力类型下六大电网的电力产出数值，并计算与国家电力部门总投入量的比例关系，即产出权重。

具体计算过程如下：

第一步，计算区域产出权重系数。将30个省24个部门单区域投入产出表拆分为25个部门，分别计算共有部门（包括输配送部门）和6个电力生产子部门的区域产出权重，分别用$P_{i,(j)}$和$w_{k,(j)}$来表示。其中，$P_{i,(j)}$表示电网j共有部门i产出与全国共有部门i产出的比例关系，$w_{k,(j)}$表示电网j部门k的产出与全国部门k产出的比例关系。同时，存在如下运算关系：$\sum_{j=1}^{6} P_{i,(j)} = 1$和$\sum_{j=1}^{6} w_{k,(j)} = 1$。

第二步，计算扩展矩阵直接消耗系数矩阵$\boldsymbol{a}^*$。借鉴林德纳等[170]的研究成果，$\boldsymbol{a}^*_{N+k,i} \approx \frac{1}{x_i}\sum_{j=1}^{6} z_{N+1,i}\, w_{k,(j)} = \sum_{j=1}^{6} a_{N+1,i,(j)}\, P_{i,(j)} w_{k,(j)}$。

第三步，计算内部矩阵参数。将原始矩阵元素在扩展矩阵内部模块各元素间进行分割，即：

$$\sum_{k=1}^{n} w_k a_{i,N+k}^{*} = a_{i,N+1}$$

$$\sum_{k=1}^{n} a_{N+k,i}^{*} = a_{N+1,i} \tag{3.9}$$

$$\sum_{k=1}^{n} \sum_{k=1}^{n} w_k a_{N+k,N+k}^{*} = a_{N+1,N+1}$$

第四步，还原投入产出表。通过直接消耗系数矩阵倒推扩展矩阵的中间需求，并运用产出权重系数计算电力子系统的最终需求，构建了初始中国投入产出表，并采用双比例平衡法进行矩阵平衡。

第五步，将国家统计局公布的 42 个部门竞争性投入产出表进行归并和非竞争性处理，原始产值误差也会进行合并和同比例变化，计算结果仍与原始投入产出表一致。因此，只需检验投入产出表电力子系统的数值。将电力子系统产值进行合并，合并产值与中国实际数值的误差控制在 5% 范围内。

3.2 中国多区域投入产出表编制

基于基础数据的可获得性，本节拟拓展米等[131]的研究思路，编制了中国 2015 年 30 个省单区域投入产出表和多区域投入产出表，并采用三种比较分析方法验证本表的有效性。

3.2.1 基础数据来源与处理

本章编制的中国可比价多区域投入产出表包含 24 个部门、国内 30 个省区市（不包括西藏和港澳台地区），部门归并门类如附表 2 所示。本节使用了五类基础数据编制中国可比价多区域投入产出表，具体包括：2012 年省级单区域投入产出表、2003 ~ 2016 年生产者价格指数、2015 年外生数据（产值、增加值、最终消费、投资、出口和进口）和区域间货物流量以及碳排放。数据来源和处理过程详见表3－2。

表3－2 2015年中国多区域投入产出表编制数据说明

指标	调查数据	非调查数据
单区域投入产出表	国家统计局	国家统计局
生产者价格指数（*PPI*）	省级进口生产者价格指数、农业（AGR）、交通部门（TRW）、批发和零售部门（WHR）和服务业（SER）来自国家统计局；其他PPI取自《中国价格年鉴》	省级进口生产者价格指数、农业（AGR），交通部门（TRW）、批发和零售部门（WHR）和服务业（SER）来自国家统计局；其他PPI取自《中国价格年鉴》
2015年产值（*x*）	省级农业（AGR）产值来自中国工业企业数据库（EPS）；省级建筑产值来自国家统计局；其他部门的产值取自Wind数据库	（1）利用增加值/产值估测省级交通部门（TRW）、批发和零售部门（WHR）和服务业（SER）的产值；（2）采用插值法估算湖南、河南和山西产值
2015年增加值（*va*）	农业（AGR）、交通部门（TRW）、批发和零售部门（WHR）、建筑业（CON）和服务业（SER）增加值来源于国家统计局	工业增加值来源于Wind数据库，其他部门的增加值按2012年部门比例拆分法拆分
2015年最终消费（*FC*）和最终投资（*FI*）	省级总最终消费（FC）和最终投资（FI）来源于国家统计局，然后按照部门数值按结构拆分	省级总最终消费（*FC*）和最终投资（*FI*）来源于国家统计局，然后按照部门数值按结构拆分
2015年进口（*im*）和出口（*ex*）	省级20个部门AGR－PSG的进口数据来源于EPS，总省级进口来源于国家统计局	按2012年部门比例拆分法拆分建筑业（CON）－服务业（SER）的数据
2015年流入（*if*）和流出（*of*）	根据流出（*of*）－流入（*if*）＝增加值（*va*）最终投资（*FI*）－最终消费（*FC*）－出口（*ex*）＋进口（*im*）估算流出（*of*）－流入（*if*）的数值，然后按2012年部门比例拆分法拆分	根据流出（*of*）－流入（*if*）＝增加值（*va*）最终投资（*FI*）－最终消费（*FC*）－出口（*ex*）＋进口（*im*）估算流出（*of*）－流入（*if*）的数值，然后按2012年部门比例拆分法拆分
省域间交通	《中国交通运输年鉴》	《中国交通运输年鉴》
电力传输	《中国电力年鉴》	《中国电力年鉴》
碳排放	中国碳核算数据库	中国碳核算数据库

3.2.2 多区域投入产出表编制步骤

本节编制的中国多区域投入产出表形式如图 3 –2 所示。编制工作基于两种假设条件：第一，中间产品和最终产品的部门进口比例相同；第二，采用半调查法估计区域间贸易流量矩阵，假设同一部门内各种商品的数值相同。

<table>
<tr><td colspan="3" rowspan="3">分类</td><td colspan="7">中间需求</td><td colspan="6">最终需求</td><td rowspan="3">误差</td><td rowspan="3">总产出</td></tr>
<tr><td colspan="3">北京</td><td>…</td><td colspan="3">新疆</td><td colspan="2">北京</td><td>…</td><td colspan="2">新疆</td><td rowspan="2">出口</td></tr>
<tr><td>部门1</td><td>…</td><td>部门24</td><td>…</td><td>部门1</td><td>…</td><td>部门24</td><td>消费</td><td>投资</td><td>…</td><td>消费</td><td>投资</td></tr>
<tr><td rowspan="8">中间投入</td><td rowspan="3">北京</td><td>部门1</td><td colspan="3" rowspan="3">$Z_{i,j}$</td><td rowspan="3">…</td><td colspan="3" rowspan="3">$Z_{1,24}$</td><td colspan="2" rowspan="3">$Y_{1,1}$</td><td rowspan="3">…</td><td colspan="2" rowspan="3">$Y_{1,24}$</td><td rowspan="3">ex_1</td><td rowspan="3">err_1</td><td rowspan="3">x_1</td></tr>
<tr><td>…</td></tr>
<tr><td>部门24</td></tr>
<tr><td>…</td><td>…</td><td colspan="3">…</td><td>…</td><td colspan="3">…</td><td colspan="2">…</td><td>…</td><td colspan="2">…</td><td>…</td><td>…</td><td>…</td></tr>
<tr><td rowspan="3">新疆</td><td>部门1</td><td colspan="3" rowspan="3">$Z_{24,1}$</td><td rowspan="3">…</td><td colspan="3" rowspan="3">$Z_{24,24}$</td><td colspan="2" rowspan="3">$Y_{24,1}$</td><td rowspan="3">…</td><td colspan="2" rowspan="3">$Y_{24,24}$</td><td rowspan="3">ex_{24}</td><td rowspan="3">err_{24}</td><td rowspan="3">x_{24}</td></tr>
<tr><td>…</td></tr>
<tr><td>部门24</td></tr>
<tr><td colspan="2">进口</td><td colspan="3">im_1</td><td>…</td><td colspan="3">im_{24}</td><td colspan="8"></td></tr>
<tr><td colspan="3">增加值</td><td colspan="3">va_1</td><td>…</td><td colspan="3">va_{24}</td><td colspan="8" rowspan="2"></td></tr>
<tr><td colspan="3">总投入</td><td colspan="3">x_1</td><td>…</td><td colspan="3">x_{24}</td></tr>
</table>

图 3 –2 中国多区域投入产出表结构

资料来源：笔者绘制。

在图 3 –2 中，矩阵 $\boldsymbol{Z}^{rs}$ 表示中间产品需求，元素 $Z_{i,j}^{r,s}$ 代表省区 s 部门 j 对省区 r 部门 i 中间产品的需求；矩阵 $\boldsymbol{Y}^{rs}$ 表示最终产品需求，元素 $Y_{ik}^{r,s}$ 代表省区 s 最终需求（包括消费、投资和出口等三项）类型 k 对省区 r 部门 i 最终产品的需求；列向量 $\boldsymbol{ex}^r$ 表示出口贸易，元素 ex_i^r 代表省区 r 部门 i 的出口额；列向量 $\boldsymbol{im}^r$ 表示进口贸易，元素 im_i^r 代表省区 r 部门 i 的进口额；列向量 $\boldsymbol{err}^r$ 表示误差项，元素 err_i^r 代表省区 r 部门 i 的误差项；列向量 $\boldsymbol{x}^r$ 表示总产出（或总投入），元素 x_i^r 代表省区 r 部门 i 的总产出（或总投入）；矩阵 $\boldsymbol{Va}^r$ 表示增加值，元素 Va_i^r 代表省区 r 部门 i 的增加值（包括固定资产折旧、劳动者报酬、生产税净额和营业盈余等四项）；撇号表示矩阵转置；$diag(\ )$ 表示向量对角化。

具体编制流程如下：

1. 编制中国2015年30个省（西藏和港澳台地区除外）单区域投入产出表

以2012年省域竞争性单区域投入产出表的中间使用矩阵为基准表 $\hat{Z}_{t0}$，用双比例平衡法（RAS法）进行迭代估计，需要用替代效应 $\hat{\boldsymbol{r}}_i$ 和制造效应 $\hat{\boldsymbol{s}}_j$ 进行平衡处理，用产出 $\boldsymbol{x}$、消费 $\boldsymbol{FC}$、投资 $\boldsymbol{FI}$、进口 $\boldsymbol{im}$、出口 $\boldsymbol{ex}$ 和增加值 $\boldsymbol{va}$ 等外生参数形成列和控制向量 $\boldsymbol{Z}=\boldsymbol{x}-\boldsymbol{va}$ 和行和控制向量 $\boldsymbol{Z}=\boldsymbol{x}-\boldsymbol{FC}-\boldsymbol{FI}-\boldsymbol{ex}+\boldsymbol{im}$，进而计算得到2015年中间使用矩阵 $\hat{\boldsymbol{Z}}_{t1}$。将总产出、增加值以及RAS平减得到的中间需求和最终需求矩阵重新排列，最终得到新的竞争性投入产出表。具体如式（3.10）所示：

$$\hat{\boldsymbol{Z}}_{t1}=\hat{\boldsymbol{r}}_n\cdots\hat{\boldsymbol{r}}_2\hat{\boldsymbol{r}}_1\boldsymbol{A}_{t0}\hat{\boldsymbol{x}}_{t1}\hat{\boldsymbol{s}}_1\hat{\boldsymbol{s}}_2\cdots\hat{\boldsymbol{s}}_n=\hat{\boldsymbol{r}}\boldsymbol{A}_{t0}\hat{\boldsymbol{x}}_{t1}[\hat{\boldsymbol{s}}_j] \tag{3.10}$$

式中，$\hat{\boldsymbol{r}}_i$ 表示实际中间产出合计与估计值 $\hat{\boldsymbol{r}}_i\cdots\hat{\boldsymbol{r}}_1\boldsymbol{A}_{t0}\hat{\boldsymbol{X}}_{t1}\hat{\boldsymbol{s}}_1\cdots\hat{\boldsymbol{s}}_j$ 行和的比例关系；$\hat{\boldsymbol{s}}_j$ 表示中间投入合计与估计值 $\hat{\boldsymbol{r}}_i\cdots\hat{\boldsymbol{r}}_1\boldsymbol{A}_{t0}\hat{\boldsymbol{X}}_{t1}\hat{\boldsymbol{s}}_1\cdots\hat{\boldsymbol{s}}_j$ 列和的比例关系；带（^）表示估计值。

同时，根据估计产出与实际产出的差额来预设误差：

$$Diff.=\sum_{j=1}^{24}\left[\frac{\sum_{i=1}^{24}\hat{x}_{ij}-x_j}{x_j}\right]^2+\sum_{i=1}^{24}\left[\frac{\sum_{j=1}^{24}\hat{x}_{ij}-x_i}{x_i}\right]^2 \tag{3.11}$$

2. 将中国30个省的竞争型SRIO转化为非竞争型SRIO

竞争型投入产出表假定进口产品和国内产品是可以相互替代的，即具有竞争性。在竞争型投入产出表中，中间需求和最终需求没有区分进口产品和国内产品。由于进口产品的生产发生在国外，相应的碳排放也在国外，但却没有剔除相应的进口产品在中间投入的能源消耗量，故直接采用竞争型投入产出表容易高估各项最终需求对国内能源消耗的影响。非竞争型投入产出表则假定进口产品和国内产品的性能不同，不能互相替代，即具有非竞争性。在编制非竞争型投入产出表时，需要把总中间投入区分为中间进口投入与国内投入两方面。由此，越来越多的学者倾向剔除进口品的影响，即使用非竞争型投入产出表研究能源、产业、国际贸易等问题。

各部门产品供给的进口比例为：

$$p_i = \frac{im_i}{x_i + im_i} \tag{3.12}$$

国内直接消耗系数矩阵 $\boldsymbol{A}_d$ 和最终使用 $\boldsymbol{Y}_d$ 可以重新定义为：

$$\begin{aligned} \boldsymbol{A}_d &= \text{diag}(\boldsymbol{II} - \boldsymbol{P})\boldsymbol{A} \\ \boldsymbol{Y}_d &= \text{diag}(\boldsymbol{II} - \boldsymbol{P})\boldsymbol{Y} \end{aligned} \tag{3.13}$$

式中，向量 $\boldsymbol{II}$ 的所有元素为 1。新的非竞争性 SRIO 可以改写为：

$$\boldsymbol{x} = \boldsymbol{A}_d\boldsymbol{x} + \boldsymbol{Y}_d \tag{3.14}$$

式中，下标 d 表示非竞争性投入产出表数值。

3. 采用引力模型估计区域间贸易流量矩阵

区域间贸易流量是编制多区域投入产出表的核心工作。本节将所有经济部门划分为五大类：农业、工业、建筑业、电力和第三产业。采用区域间铁路运输货物数据来估计农业和工业的区域间贸易流量；参照李等[126]方法，采用区域间流入和流出方法来估计建筑和第三产业的区域间贸易流量；选取跨省域电力交易数据作为电力部门区域间贸易流量数据。

采用引力模型估计区域间贸易流量，这符合可获取的基础数据情况。计算农业和工业区域间贸易流量矩阵的标准引力模型如下：

$$t_i^{rs} = \frac{x_i^{rO} x_i^{Os}}{\sum_G x_i^r} q_i^{rs} \tag{3.15}$$

式中，t_i^{rs}表示 r 区域 i 部门向 s 区域 i 部门的贸易流量，是比例常数，x_i^{r0}是 r 区域 i 部门的总流出，x_i^{0s}是区域 s 部门 i 的总流入。$q_i^{rs}=(h_i^{rs}\times h_i^{00})/(h_i^{r0}\times h_i^{0s})$表示区域 r 到区域 s 部门 i 的摩擦系数。h_i^{rs}表示部门 i 产品从区域 r 到区域 s 的货物运输量，h_i^{r0}表示区域 r 部门 i 产品的总出货量，h_i^{0s}表示区域 r 部门 i 产品的总进货量，h_i^{00}表示部门 i 在所有区域间的货物运输量。

引入区域间贸易流量系数矩阵，投入产出关系式可以改写为：

$$\boldsymbol{CAx}+\boldsymbol{CF}=\boldsymbol{x} \tag{3.16}$$

式中，$\boldsymbol{C}=\begin{bmatrix} C^{11} & C^{12} & \cdots & C^{1s} \\ C^{21} & C^{22} & \vdots & C^{2s} \\ \vdots & \vdots & \vdots & \vdots \\ C^{r1} & C^{r2} & \cdots & C^{rs} \end{bmatrix}$，$C^{rs}=\begin{bmatrix} C_1^{rs} & 0 & \cdots & 0 \\ 0 & C_2^{rs} & \cdots & 0 \\ \vdots & \vdots & \vdots & \vdots \\ 0 & 0 & \cdots & C_{24}^{rs} \end{bmatrix}$，$C_i^{rs}=\dfrac{t_i^{rs}}{\sum\limits_s^G t_i^{rs}}$。

参考李等[126]的做法，将建筑业和第三产业的区域间贸易流量矩阵定义为：

$$t_i^{rs}=\frac{of_i^{r0}\,if_i^{0s}}{\sum\limits_G if_i^s} \tag{3.17}$$

式中，t_i^{rs}表示 r 区域 i 部门向 s 区域 i 部门的贸易流量，of_i^{r0}是 r 区域 i 部门的总流出，if_i^{0s}是区域 s 部门 i 的总流入。然后，采用广义双比例平衡法（GRAS 法）平衡区域间贸易流量矩阵。

4. 根据中国 2015 年 SRIO 调整编制的 MRIO

对总产出、增加值、出口和进口按照部门进行归并，具体如下：

$$\overline{e_i}=\frac{e_i}{\sum\limits_i e_i}\sum_j e_j^n \tag{3.18}$$

式中，$\overline{e_i}$表示调整后的变量值，包括产出、增加值、出口和进口。接下来，采用 GRAS 方法平衡区域间贸易流量矩阵。

5. 有效性检验

本节采用元素差异率和结构比例法验证新构建的2015年多区域投入产出表的有效性。为了评估元素差异，本节采用两种指标 STPE 和 Theil's U。STPE 指标用来衡量估计值标准化的总体精度[156]：

$$\text{STPE} = 100\sum_{i=1}^{n+1}\sum_{j=1}^{m+1}\left|\hat{e}_{ij} - e_{ij}\right| \Big/ \sum_{i=1}^{n+1}\sum_{j=1}^{m+1} e_{ij} \tag{3.19}$$

Theil's U 用来计算估计值与真实数据的相对误差，反映组内和组间差距对总数的贡献[171]：

$$\text{Theil's U} = \left[\sum_{i=1}^{n+1}\sum_{j=1}^{m+1}(\hat{e}_{ij} - e_{ij})^2 \Big/ \sum_{i=1}^{n+1}\sum_{j=1}^{m+1}(e_{ij})^2\right]^{1/2} \tag{3.20}$$

式中，e_{ij}指投入产出表中的元素数值，包括中间使用、最终使用和增加值。

然后，采用结构比例法比较了不同投入产出表中的关键子矩阵（包括中间使用、最终使用、出口、进口和产值）的比例关系。本节以三个广泛使用的投入产出数据库为比较对象，包括 EORA 数据库、中国国家统计局2015年中国单区域投入产出表和 CEADs 数据库公布的2015年 MRIO。以产值 x 为例，结构比例计算如下：

$$ratio_i = \frac{\sum_{r}^{G}\sum_{j}^{m} x_{ij}^{rs}}{\sum_{j}^{m} x_{ij}} \tag{3.21}$$

3.3 中国混合序列多区域投入产出模型构建

一般来说，没有区分省域层面各类发电技术类型的碳减排行动，将难以科学地评估各类发电技术的空间效应差异以及因地制宜挖掘省域碳减排潜力。评估电力结构优化的省域空间效应差异，需要对省域层面各类发电技术的特征进行细致描述。通常，部门投入产出表的编制方法是最科学、合理的选择，但是对多区域投入产出表来说，这将需要大量的基础数据，将各省域电力部门的非能源投入的使用分解为若干发电技术。从现有数据可获得性角度出发，该方法操作难度大、可实现性低。

本节借鉴袁等[144]、格瓦拉和罗德里格斯[145]、蒋等[146]提出的混合序列多区域投入产出模型，即采用实物量描述电力部门的能源消耗，用价值量描述经济发展水平，构建包含价值量和实物量的投入产出混合模型，以实物量将电力部门的能源消耗引入投入产出模型，进而突破投入产出模型在应用研究上的固有缺陷，为政策输入创造接口。值得注意的是，不同于混合型投入产出表将国民经济各产品部门分为能源部门和非能源部门的做法，该类模型操作性更强，同时在一定程度上避免了投入产出表编制过程中的偏差。

本节编制混合序列投入产出模型的目的是挖掘中国省域层面不同非化石能源发电扩张的碳减排潜力，实现电力结构优化的减排效用最大化，因此需要在环境拓展的多区域投入产出模型中分离出不同类型的非化石能源发电技术（水电、核电、风电和光电）。将非化石能源发电产生的碳排放划分为投资和运营两个阶段。在非化石能源发电投资阶段，通过分解最终需求以计算非化石能源发电投资产生的碳排放，非化石能源发电投资引致的碳排放变化如式（3.22）所示：

$$\Delta C_i = F_i \boldsymbol{L}_{ij} \Delta y_j^k = F_i \boldsymbol{L}_{ij} \hat{S}_j^k \times V_k \tag{3.22}$$

式中，F_i是部门 i 的碳排放系数，表示部门 i 单位经济产出的碳排放量；$\boldsymbol{L}_{ij} = (\boldsymbol{I} - \boldsymbol{A}_{ij})^{-1}$是里昂惕夫逆矩阵；$y$ 是最终需求向量，包括消费、投资和出口，本节仅考虑非化石能源发电的外生投资需求；S_j^k 是 k 类电力在 j 部门的最终需求占比，V_k 是 k 类电力的总最终需求量。

然后，通过分解碳排放系数计算非化石能源发电运营产生的碳排放，如式（3.23）所示：

$$
\begin{aligned}
C &= FLy \\
&= \sum_k \left(\frac{C_k}{G_k} \times \frac{G_k}{G} \times \frac{G}{D} \times \frac{D}{X}\right) \times L \times y \\
&= CG_k \times GG_k \times GD \times DX \times L \times y
\end{aligned} \tag{3.23}
$$

式中，G、D 和 X 分别表示电力生产量（即发电量）、电力消耗量和经济产出。r，i 和 k 分别表示省域、部门和电力类型的数量。非化石能源发电运营碳排放 C 可以分解为碳排放系数 F、里昂惕夫逆矩阵 L 和最终需求 y 三类影响因素。进一步，将碳排放系数 F 分解为碳强度效应（CG_k）、电力结构效应（GG_k）、电力传输效应（GD）和电力强度效应（DX）。

3.4 本章小结

部门投入产出模型可以规避部门均质化假设产生的归并误差，探究部门内部各产品（子部门）及与国民经济各部门的相互联系。多区域投入产出模型可以全面探究省域间和部门间的生产关联，尤其是中国经济进入新常态以来的中国新一轮省域经济结构和贸易格局发生调整，应用研究亟须新年份的多区域投入产出表来反映省域层面的新特征。混合序列多区域投入产出模型通过构建包含价值量和实物量的混合单元，以实物量将电力部门的能源消耗引入投入产出模型，进而突破投入产出模型在应用研究范围上的固有缺陷，为政策制定创造接口。

受限于基础数据的可获得性，本节拟结合现有多种投入产出编制的方法并作出改进，编制了 2007 ~ 2017 年中国部门投入产出表和 2015 年中国多区域投入产出表，并说明了 2002 ~ 2015 年中国混合序列多区域投入产出模型的构建思路。本节通过采用这三种不同类型的投入产出表，拟深入探讨产业链上电力部门及其子部门的减排责任、中国省域层面电力交易隐含碳的新传输变化、省域层面非化石能源发电扩张的碳排放影响。

第 4 章

不同核算框架下中国电力部门碳排放比较分析

电力部门既需要承担产业链上电力生产引致的“生产侧”减排责任，也需要承担电气化进程中的“消费侧”和“中间传输侧”减排责任。从产业链生产侧来看，电力为其他部门的发展提供了重要的能源支持，中国以化石燃料燃烧为主的火电生产方式释放了大量温室气体，成为中国生产侧碳排放的最大贡献部门[19]。从产业链消费侧来看，终端能源电气化是中国深度减排和能源系统低碳转型的主要手段[11]。2015 年中国电力在终端能源消费的占比为 21%，根据清华大学气候变化与可持续发展研究院的保守估计，2030 年中国电力在终端能源消费比例将超过 30%[46]。终端能源电气化的快速发展刺激了电力生产，进而引致消费侧碳排放。同时，电力生产与消费中心多数存在不平衡的矛盾，电力供需平衡依赖于大规模的电力输配，进而导致电力交易传输侧隐含碳问题[172]。消费侧减排责任和传输侧减排责任①均侧重管控产业链上由消费驱动的电力交易隐含碳传输，区别在于消费侧减排和传输侧减排分别侧重电力产业链的终端消费和中端消费。

从环境经济学视角来看，二氧化碳排放是由人类化石燃料燃烧所产生的

① 本书中提到的“传输侧”碳排放指在产业链上为满足最终需求的从电力生产侧到消费侧的中间传输过程中释放的碳排放。

副产品，二氧化碳通过吸收长波辐射释放热能而引发温室效应，产生人类社会经济发展非期望且带来不利影响的“负外部性”，因此有必要评估电力部门及其子系统经济活动的“负外部性”。从福利经济学和发展经济学的交叉视角来看，气候变化的部门影响具有非对称性，电力部门及其子系统需要承担不同的减排责任，基于碳权益公平来审视电力部门及其子系统经济活动的“负外部性”，以通过局部碳减排行动产生整体性的正外部性。从产业经济学来看，采用环境投入产出分析追溯电力部门与其他部门的产业关联、电力部门各子系统在电力产业链上的产业关联等，以判断电力部门在中国产业链上的碳排放角色。

在此背景下，本章结合单区域投入产出模型和结构路径分析模型，比较分析了电力部门与其他部门在中国产业链上的生产侧、消费侧和传输侧碳排放责任差异，然后基于编制的部门单区域投入产出表区分了电力部门内部各子系统的碳排放责任。

4.1 模型设定与数据处理

4.1.1 环境单区域投入产出模型

投入产出分析由美国经济学家瓦西里·里昂惕夫于 20 世纪 30 年代提出[173]，是产业经济学上研究经济系统内各部门投入与产出相互依存关系的主流方法。投入产出模型按照其所覆盖的经济系统数量，可以分为单区域投入产出模型（single-regional input-output，SRIO）和多区域投入产出模型（multiregional input-output，MRIO）。其中，单区域投入产出模型反映单一经济系统内部各行业之间的相互联系[170]为：

$$\boldsymbol{X} = \boldsymbol{AX} + \boldsymbol{y} = (\boldsymbol{I} - \boldsymbol{A})^{-1}\boldsymbol{y} = \boldsymbol{Ly} \tag{4.1}$$

式中，$\boldsymbol{X} = [X_i]$ 表示由最终需求向量 $y = [y_i]$（消费、投资和出口）引致的总产出向量；$\boldsymbol{A}=[a_{ij}]=[X_{ij}/X_j]$ 是直接需求系数矩阵或投入产出系数矩阵；a_{ij}表示直接消费系数；X_{ij}表示从部门 i 到部门 j 的产品流动；$\boldsymbol{L}=(\boldsymbol{I}-\boldsymbol{A})^{-1}=[l_{ij}]$ 是完全需求系数矩阵，又称里昂惕夫逆系数矩阵，反映了社会最终需求与总产出之间的对应关系；$\boldsymbol{I}$ 表示单位矩阵。

基于环境扩展的投入产出模型是在价值型投入产出表的基础上，引入相关的能源账户和环境账户发展起来的，进而量化环境和经济系统中各要素间的关系。令向量 $\boldsymbol{F}$ 表示碳排放强度，其元素 F_i^r表示地区 r 部门 i 单位产出的碳排放量，则该经济系统碳排放 $\boldsymbol{E}$ 表示如下：

$$\boldsymbol{E}=\hat{\boldsymbol{F}}(\boldsymbol{I}-\boldsymbol{A})^{-1}\boldsymbol{y} \tag{4.2}$$

4.1.2　拓展的结构路径分析模型

基于单区域投入产出模型，结构路径分析（structural path analysis，SPA）模型能够追踪既定最终需求（消费、投资和出口）驱动的产业链生产过程[174]，并考察释放碳排放的关键产业链路径。因此，结构路径分析是量化产业链上碳排放的适当且有效方法。对里昂惕夫逆矩阵 $\boldsymbol{L}$ 作泰勒级数展开，可以得到：

$$\boldsymbol{L}=\boldsymbol{I}+\boldsymbol{A}+\boldsymbol{A}^2+\cdots \tag{4.3}$$

式中，右侧的每一项代表一个生产层（production layer，PL），即 PLn 层隐含的生产量是 $(\mathrm{A}^*)^n$。利用此概念，最终需求驱动的产业链隐含的碳排放能够转化为不同生产层的不同部门的树状排放结构。将式（4.3）带入式（4.2），可以将总碳排放分解为不同生产层的碳排放：

$$\boldsymbol{E}=\boldsymbol{F}\times(\boldsymbol{I}-\boldsymbol{A})^{-1}\boldsymbol{Y}=\overbrace{FIY}^{E_{\mathrm{PL0}}}+\overbrace{FAY}^{E_{\mathrm{PL1}}}+\overbrace{FA^2Y}^{E_{\mathrm{PL2}}}+\overbrace{FA^3Y}^{E_{\mathrm{PL3}}}+\overbrace{FA^4Y}^{E_{\mathrm{PL4}}}+\cdots \tag{4.4}$$

$$\begin{gathered}E_{\mathrm{PL0}}=f_i y_i\\E_{\mathrm{PL1}}=f_i a_{ij} y_j\\E_{\mathrm{PL2}}=f_i a_{ij} a_{jl} y_l\\\cdots\end{gathered} \tag{4.5}$$

式中，右侧每一项代表一个生产层，生产层的数量表示涉及的中间生产环节，具体表达方式见式（4.5）。每个生产层包含相应步数的产业链路径，如 FA^2Y 生产层包含两步产业链路径，其某一个产业链路径代表某一部门经过两步到达另一部门（如 i—j—l）[156]。具体来说，E_{PL0} 表示由 i 部门最终需求直接驱动的 PL0 生产层 i 部门碳排放量，没有涉及中间生产环节，表示直接碳排放；E_{PL1} 表示由 j 部门最终需求引致的 PL1 生产层 i 部门的碳排放，表示涉及 1 次中间生产环节的间接碳排放；E_{PL2} 测度了部门 j 的最终需求经由一条三节点产业链（部门 i→部门 j→部门 l→最终需求）所拉动的 PL2 生产层部门 i 的碳排放，表示涉及 2 次中间生产环节的间接碳排放；其他项目遵循类似的解释[175]。

由式（4.4）和式（4.5）可知，结构路径分析模型将经济系统表现为树状结构，以最终需求为起点，不断向上追溯产业链的环境影响。随着传输节点的数量增长，生产层会呈指数增长，因此产业链条可以无限向上延伸。通过穷举所有碳排放高于阈值的产业链，并对产业链环境影响排序，可以识别出生产系统中产生碳排放较多的关键产业链。由于直接消耗系数矩阵 $\boldsymbol{A}$ 的所有元素均小于 1，随着产业链条的延伸，相应产业链条的环境影响会迅速衰减。

结构路径分析模型仅能核算产业链上传输的碳排放量，而不能测算中间生产环节传输节点的碳排放量。为了解决此难题，本章采用中介中间度模型（edge betweenness centrality，EBC）来拓展结构路径分析模型，识别产业链上碳排放量的关键传输节点。本章将中介中间度定义为所有经过某一组部门间的产业链所引致的上游碳排放之和。通过比较部门间中介中间度，可以测算并分析不同产业链环节对碳排放的相对重要性。根据哈纳卡（Hanaka）等[175]的定义，$b_i(l_1, l_2)$ 为所有经过部门 i 的交易且上下游分别有 l_1 和 l_2 个部门的产业链所释放的碳排放量。部门 i 的中介中间度 $b_i(l_1, l_2)$ 越高，表明该部门间交易所传输的碳排放越大，从而这一组部门间交易被认为是控制碳排放的关键产业链环节。图 4－1 所示为部门 i 中介中间度的示例，则 $b_i(l_1,l_2)$ 可以表示为：

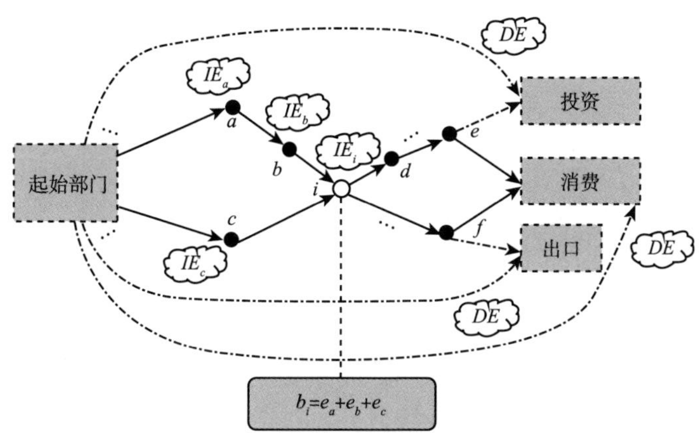

图 4－1　部门 i 中介中间度示例说明

注：本章考虑消费、投资和出口三类最终需求类型。从起始生产部门到最终消费部门的隐含碳包括直接碳排放（direct emissions，DE）和间接碳排放（indirect emissions，IE）分别由直线和虚线表示。b_i 是中介中间度；e_a、e_b、e_c 分别是图中各路径的间接碳排放。值得注意的是，中介中间度（即 b_i）测算仅适用于间接碳排放。

资料来源：笔者绘制。

$$
\begin{aligned}
b_i(l_1,l_2) &= \sum_{1\leqslant k_1,\cdots,k_{l_1}\leqslant n}\ \sum_{1\leqslant j_1,\cdots,j_{l_2}\leqslant n}(f_{k_1}\, a_{k_1k_2}\cdots\, a_{k_{l_1}i}\, a_{ij_1}\cdots a_{j_{l_2-1}j_{l_2}}y_{j_{l_2}}) \\
&= \sum_{1\leqslant k_1,\cdots,k_{l_1}\leqslant n}\left(f_{k_1}\, a_{k_1k_2}\cdots\, a_{k_{l_1}i}\sum_{1\leqslant j_1,\cdots,j_{l_2}\leqslant n} a_{ij_1}\cdots\, a_{j_{l_2-1}j_{l_2}}y_{j_{l_2}}\right) \\
&= \left(\sum_{1\leqslant k_1,\cdots,k_{l_1}\leqslant n}(f_{k_1}\, a_{k_1k_2}\cdots\, a_{k_{l_1}i})\right)\left(\sum_{1\leqslant j_1,\cdots,j_{l_2}\leqslant n}(a_{ij_1}\cdots\, a_{j_{l_2-1}j_{l_2}}\, y_{j_{l_2}})\right) \\
&= (fA^{l_1})_i(A^{l_2}y)_i \\
&= fA^{l_1}\,\boldsymbol{J}_iA^{l_2}y
\end{aligned}
\tag{4.6}
$$

式中，$\boldsymbol{J}_i$各分块方针的对角线元素为 1，其余元素为 0。进一步地，引入 $\boldsymbol{T}=\boldsymbol{LA}=\boldsymbol{AL}=\boldsymbol{A}+\boldsymbol{A}^2+\boldsymbol{A}^3+\cdots$，部门 i 的中介中间度 b_i可以表示经过部门 i 的产业链碳排放量，表示为：

$$
b_i = \sum_{l_1=1}^{\infty}\sum_{l_2=1}^{\infty} b_i(l_1,l_2) = \sum_{l_1=1}^{\infty}\sum_{l_2=1}^{\infty} fA^{l_1}\, J_iA^{l_2}y
$$

$$= \sum_{l_1=1}^{\infty}\left(fA^{l_1} J_i \sum_{l_2=1}^{\infty} A^{l_2} y\right) = \left(\sum_{l_1=1}^{\infty} fA^{l_1}\right) J_i \left(\sum_{l_2=1}^{\infty} A^{l_2} y\right)$$

$$= f\left(\sum_{l_1=1}^{\infty} A^{l_1}\right) J_i \left(\sum_{l_2=1}^{\infty} A^{l_2} y\right) = fTJ_i Ty \tag{4.7}$$

4.1.3 碳排放构成分解模型

一般来说，投入产出表将输配电和发电环节归并为电力部门，并假设各发电技术均采用电力部门的平均技术水平。然而，非化石能源发电的能源消耗明显不同于火电行业，不同发电技术的上游碳排放也存在较大差异。随着中国非化石能源发电的蒸蒸日上，有必要对原始投入产出表的电力系统进行拆分，追踪真实的电力部门碳排放源。因此，本章首先将 2007 年、2012 年和 2017 年中国单区域投入产出表的电力部门拆分为 7 个子系统，包括 1 个电力供应部门（输配电）和 6 个电力生产部门（水电、火电、核电、风电、光伏发电和其他发电），具体拆分过程详见 3.1 节；然后，基于拆分的电力部门子系统投入产出模型，将电力部门各子系统的碳排放分解为四部分，以识别各类发电技术的碳排放特征及减排责任。

假设 E 表示电力部门，N 表示 23 个非电力部门，则存在如下投入产出关系：

$$\begin{pmatrix} \boldsymbol{A}_{\mathrm{NN}} & \boldsymbol{A}_{\mathrm{NE}} \\ \boldsymbol{A}_{\mathrm{EN}} & \boldsymbol{A}_{\mathrm{EE}} \end{pmatrix}\begin{pmatrix} \boldsymbol{B}_{\mathrm{NN}} & \boldsymbol{B}_{\mathrm{NE}} \\ \boldsymbol{B}_{\mathrm{EN}} & \boldsymbol{B}_{\mathrm{EE}} \end{pmatrix}\begin{pmatrix} \boldsymbol{y}_{\mathrm{N}} \\ \boldsymbol{y}_{\mathrm{E}} \end{pmatrix} + \begin{pmatrix} \boldsymbol{y}_{\mathrm{N}} \\ \boldsymbol{y}_{\mathrm{E}} \end{pmatrix} = \begin{pmatrix} \boldsymbol{x}_{\mathrm{N}} \\ \boldsymbol{x}_{\mathrm{E}} \end{pmatrix} \tag{4.8}$$

式中，$\boldsymbol{A}$ 是直接消耗系数，$\boldsymbol{B}$ 是里昂惕夫逆矩阵，$\boldsymbol{x}$ 和 $\boldsymbol{y}$ 分别表示产出和最终使用。从生产侧视角来看，电力部门产出表示为：

$$\underbrace{(\boldsymbol{A}_{\mathrm{EN}}\boldsymbol{B}_{\mathrm{NN}} + \boldsymbol{A}_{\mathrm{EN}}\boldsymbol{B}_{\mathrm{EN}})\,\boldsymbol{y}_{\mathrm{N}}}_{\mathrm{EC}} + \underbrace{(\boldsymbol{A}_{\mathrm{EN}}\boldsymbol{B}_{\mathrm{NE}} + \boldsymbol{A}_{\mathrm{EE}}\boldsymbol{B}_{\mathrm{EE}})\,\boldsymbol{y}_{\mathrm{E}}}_{\mathrm{IC}} + \underbrace{\boldsymbol{y}_{\mathrm{E}}}_{\mathrm{DC}} = \boldsymbol{x}_{\mathrm{E}} \tag{4.9}$$

式中，EC 是外部构成，表示电力部门为了满足非电力部门最终需求组织的生产活动；IC 是内部构成，表示电力部门为了满足本部门最终需求组织的间接生产活动；DC 是直接需求构成，表示电力部门为了满足本部门最终需求组织的直接生产活动。

从消费侧视角来看，电力部门隐含碳包括直接和间接被非电力部门最终需求驱动的碳排放。因此，本章假设非电力部门只进行中间生产活动，为了满足电力部门最终需求的产出（包括电力部门和非电力部门的生产活动）转化为：

$$\begin{pmatrix} \boldsymbol{A}_{NN} & \boldsymbol{A}_{NE} \\ \boldsymbol{A}_{EN} & \boldsymbol{A}_{EE} \end{pmatrix}\begin{pmatrix} \boldsymbol{B}_{NN} & \boldsymbol{B}_{NE} \\ \boldsymbol{B}_{EN} & \boldsymbol{B}_{EE} \end{pmatrix}\begin{pmatrix} 0 \\ \boldsymbol{y}_{E} \end{pmatrix} + \begin{pmatrix} 0 \\ \boldsymbol{y}_{E} \end{pmatrix} = \begin{pmatrix} \boldsymbol{x}_{N}^{E} \\ \boldsymbol{x}_{E}^{E} \end{pmatrix} \tag{4.10}$$

式中，用来满足电力部门最终需求的电力部门产出 $\boldsymbol{x}_{N}^{E} = (\boldsymbol{A}_{NN}\boldsymbol{B}_{NE} + \boldsymbol{A}_{NE}\boldsymbol{B}_{EE})\boldsymbol{y}_{E}$ 又可表述为拉动构成（PC）；用来满足电力部门最终需求的非电力部门产出 $\boldsymbol{x}_{E}^{E} = (\boldsymbol{A}_{EN}\boldsymbol{B}_{NE} + \boldsymbol{A}_{EE}\boldsymbol{B}_{EE})\boldsymbol{y}_{E} + \boldsymbol{y}_{E}$。

EC 数值越高表示电力部门需要承担生产侧减排责任；***IC***、***DC*** 和 ***PC*** 数值越高，表示电力部门需要承担消费侧减排责任。但这三者存在差别，其中，***DC*** 数值越高，表示电力部门需要承担直接消费侧减排责任；***IC*** 数值越高，表示电力部门需求承担本部门生产导致的间接消费侧减排责任；***PC*** 数值越高，表示电力部门需求承担其他部门生产导致的间接消费侧减排责任。引入电力部门和非电力部门的碳排放系数 $\boldsymbol{c}_{E}$ 和 $\boldsymbol{c}_{N}$，电力部门的外部排放、内部排放、直接需求排放和拉动排放分别演化为：

$$\begin{gathered} \boldsymbol{EC} = \hat{\boldsymbol{c}}_{E}(\boldsymbol{A}_{EN}\boldsymbol{B}_{NN} + \boldsymbol{A}_{EN}\boldsymbol{B}_{EN})\hat{\boldsymbol{y}}_{E} \\ \boldsymbol{IC} = \hat{\boldsymbol{c}}_{E}(\boldsymbol{A}_{EN}\boldsymbol{B}_{NN} + \boldsymbol{A}_{EN}\boldsymbol{B}_{EN})\hat{\boldsymbol{y}}_{E} \\ \boldsymbol{DC} = \hat{\boldsymbol{c}}_{E}\hat{\boldsymbol{y}}_{E} \\ \boldsymbol{PC} = \hat{\boldsymbol{c}}_{N}(\boldsymbol{A}_{NN}\boldsymbol{B}_{NE} + \boldsymbol{A}_{NE}\boldsymbol{B}_{EE})\hat{\boldsymbol{y}}_{E} \end{gathered} \tag{4.11}$$

因此，有：

电力部门的生产侧碳排放：$\boldsymbol{PBE} = \boldsymbol{EC} + \boldsymbol{IC} + \boldsymbol{DC}$

电力部门的消费侧碳排放：$\boldsymbol{CBE} = \boldsymbol{PC} + \boldsymbol{IC} + \boldsymbol{DC}$

4.1.4　数据来源与处理

1. 数据来源

本章采用国家统计局编制的 1997 年、2002 年、2007 年、2012 年和 2017

年国家单区域投入产出表，该表覆盖 42 个产业部门。1997 ~ 2012 年中国碳排放清单选自中国碳排放核算数据库的“分部门核算碳排放清单”；基于单（Shan）等[176]提出的更接近中国能源现实的碳排放因子，采用 2006 年政府间气候变化专门委员会（IPCC）[177]分部门排放核算方法编制了 2017 年中国碳排放清单，涵盖 17 种能源类型。能源消耗数据来自《2018 年能源统计年鉴》。投入产出表不变价处理的价格指数取自 1998 ~ 2018 年《中国价格统计年鉴》和《中国统计年鉴》。

2. 数据处理

第一，本章将中国国家投入产出表中 42 个部门和中国碳核算数据库中的 45 个部门进行归并，得到 24 个部门，不同数据源的部门对应关系见附表 2。第二，国家统计局公布的投入产出表是竞争型，该类型投入产出表假定进口产品和国内产品是可以相互替代的，没有区分进口品和国内产品，容易高估最终需求对国内生产的影响，产生违背比较优势理论的“统计假象”，而非竞争型投入产出表则在国内产品中剔除了进口品的影响。本章借鉴米等[131]提出的方法将竞争型投入产出表转化为非竞争型投入产出表。第三，考虑到价格的可比性，采用双缩法将当年价投入产出表转化为 2017 年不变价格数据[178]。第四，各发电技术归并会带来“归并误差”问题，故本章将投入产出表的“电力及热力的生产和供应业”部门细分为 1 个电力供应部门（输配电）和 6 个电力生产部门（水电、火电、核电、风电、光电、其他发电），电力部门子系统的拆分过程详见 3. 1 节。

4. 2　电力部门碳排放角色比较分析

本节以中国整体部门层面的碳排放为研究对象，比较分析了电力部门与其他经济部门在三种核算框架下的碳排放角色差异，以期识别电力部门的碳减排责任。

4.2.1　生产侧碳排放比较分析

1997～2017年中国部门碳排放的变化趋势如图4－2所示。中国碳排放总量由1997年的2703百万吨增长到2017年9333百万吨。从生产侧碳排放（production-based emissions，PBE）视角看，对PBE贡献最大的三个部门依次是：电力（PSE）、金属冶炼和压延加工品（MES）和非金属矿物产品（NMM），其2017年碳排放占比分别为43%、18%和17%。剩余21个部门的碳排放较少，占比合计为12%左右。2002～2012年，电力部门（PSE）PBE快速增长，年均增长率达12.2%，这与2008年金融危机后中国采用粗放型经济增长方式快速实现经济复苏密切相关；自2012年后，中国实施了一系列环境保护措施，如关停高污染发电厂等，促使电力部门（PSE）PBE大幅下降，年均增长率约为1%。2002～2012年，非金属矿物产品（NMM）PBE保持高速增长，年均增长率为18.6%，但在2012年后增速放缓，年均增长率仅为4.7%。金属冶炼和压延加工品（MES）PBE在2012年前快速增长（年均增速约26.18%），而在2012年后其PBE保持年均1.15%的下降率，这归功于"新常态"时期淘汰落后产能的政策。

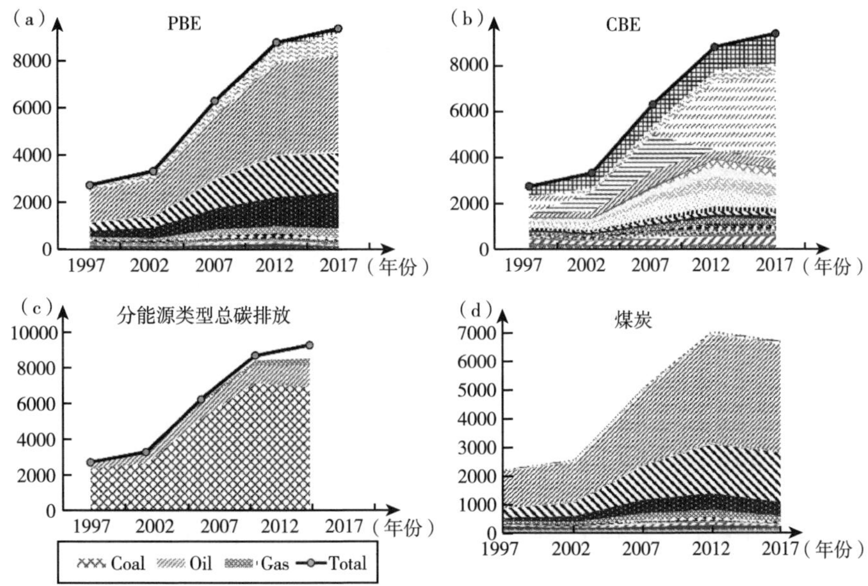

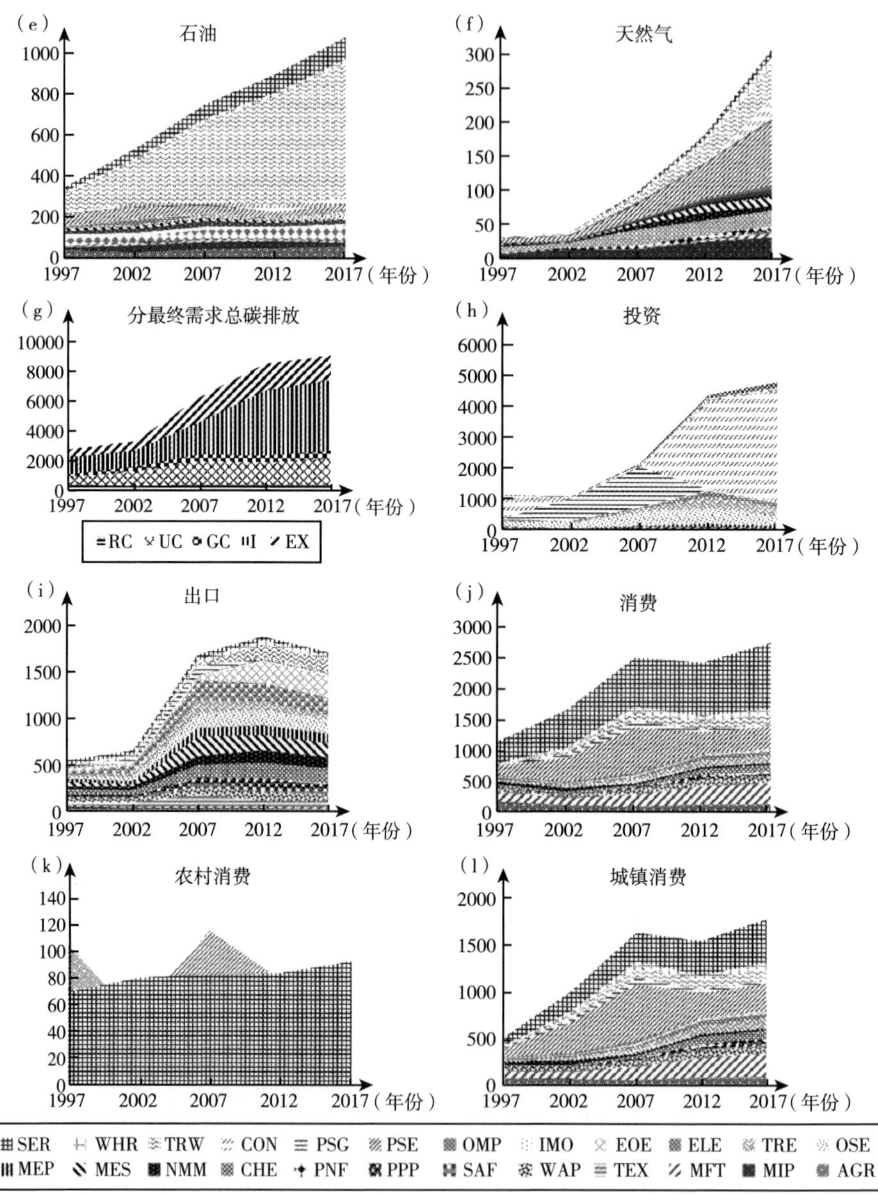

图 4-2　1997~2017 年中国部门碳排放变化趋势

注：图中，(a) 和 (b) 描述了生产侧碳排放（PBE）和消费侧碳排放（CBE）的变化趋势。(c) 揭示了按能源类型划分的部门碳排放量，其中三种能源（煤、石油和天然气）类型下的部门碳排放量分别见图 (d)~(f)。(g) 揭示了按最终需求类型划分的部门碳排放量，其中三种最终需求（投资 *I*、出口 *EX*、消费 *C*）下的部门碳排放量分别见 (h)~(j)。(k)~(l) 区分了农村消费（RC）和城镇消费（UC）的部门碳排放量。

资料来源：笔者绘制。

从能源结构视角来看，1997～2017 年煤炭消耗引致的碳排放在中国碳排放总量中的占比达 80% 以上，保持绝对主导地位。煤炭消耗引致的碳排放的主要贡献部门依次是电力（PSE）（56.42%）、金属冶炼和压延加工品（MES）（26.00%）、非金属矿物产品（NMM）（7.3%）。不同于与煤炭相关的碳排放的变化趋势，与石油相关的碳排放自 1997 年以来保持平稳增长态势，并于 2017 年达到 1262 百万吨。与石油相关碳排放的主要贡献部门占比差异变化较大。第一产业和第二产业的石油相关碳排放增速平稳，其中主要贡献部门是交通运输、仓储和邮政（TRW）（60.73%）；而服务业（SER）的石油相关碳排放快速增长，总占比达到 10%。天然气相关碳排放的变化趋势与石油一致，自 1997 年以来保持平稳增长态势，并于 2017 年达到 367 百万吨。其中，天然气相关碳排放的主要贡献部门是电力（PSE）（31.19%）、交通运输、仓储和邮政（TRW）（15.47%）和采矿业（MIP）（9.87%）。煤炭相关排放和与天然气相关排放的相反变化趋势，表明中国以清洁能源替代化石燃料的减排效果显著。但中国电力部门的能源消耗结构仍以传统能源消耗为主，这反映出中国电力部门节能减排的巨大潜力。

4.2.2　消费侧碳排放比较分析

投资是驱动中国碳排放增长的最大最终需求（52.09%），其次是消费（29.56%）和出口（18.35%）。从消费侧碳排放（consumption-based emissions，简称 CBE）视角来看，对 CBE 贡献最大的两个部门依次是：建筑业（CON）和服务业（SER），其 2017 年 CBE 总占比达到 52.71%，而其他部门 CBE 占比较低（不超过 48%），且绝大部分部门在 2012 年实现 CBE 达峰。其中，电力（PSE）CBE 占比约为 4%，但相较于其他部门，其消费侧碳排放总量排序仍然较高。建筑业（CON）CBE 在 2007 年后出现跳跃式增长，这与中国缓解金融危机的“四万亿”投资计划密切相关[179]，能源密集产业基础设施建设得到快速扩张，使得 2007～2017 年间建筑业（CON）CBE 增长了 3631 百万吨。服务业（SER）CBE 自 2002 年后快速增长，但截至2012年其CBE在中国CBE总量中的占比下降了8.01%，这主要归功于中国严格的碳排放控制措施以及居民节能环保意识的提高[180]。

从最终需求结构视角来看，中国最终需求驱动的碳排放变化趋势为由消费主导型（1997～2002年）到出口主导型（2002～2007年），再到投资主导型（2007～2012年）至新常态时期（2012～2017年）的消费主导型，如图4-2所示。投资是驱动中国碳排放增长的最主要的最终需求类型，2017年投资相关碳排放占比达到52.09%。投资相关碳排放最主要的贡献部门是建筑业（CON）。出口相关碳排放的占比约20%，其主要贡献部门是电力（PSE）。消费是驱动中国碳排放增长的第二大最终需求类型，2017年消费相关碳排放占比达到29.56%。消费被视为新常态下中国追求高质量经济增长和可持续性消费模式的第一要务[181]。1997～2017年，消费驱动的碳排放占比呈倒“N”型变化趋势，由于金融危机后期经济低迷、消费萎缩的影响，消费驱动的碳排放于2007年达峰，但在2012～2017年逐渐恢复增长态势，这与新常态时期中国居民环保意识的提高和对节能产品的偏好密不可分[182]。其中，城镇居民消费占比达到60%以上，成为中国发展低碳消费模式的主要关注点，尤其是城镇居民消费驱动的电力部门（PSE）碳排放占比达到13.12%。

4.2.3 传输侧碳排放比较分析

本章主要探讨了三个主要PBE贡献部门（电力（PSE）、金属冶炼和压延加工品（MES）和非金属矿物产品（NMM））的流出目的地和三个主要CBE贡献部门（交通运输、仓储和邮政（TRW）和服务业（SER））的流入来源，以更清晰地展示中国碳排放的产业关联。

1. 阈值选择

基于产品全生命周期理念，产业链传输节点可以分为起始部门、中间部门和最终部门三类，这三类传输节点构成了产业链传输网络体系。对于产业链中间部门，所有经过该部门的产业链的上游节点碳排放，称为传输碳排放，可以用于测度该部门所传输环境影响的规模；对于关键碳排放传输部门，可以从提高生产效率（亦即减少中间投入）的角度提出碳减排政策。

通过穷举所有碳排放高于阈值的产业链，并对产业链环境影响排序，可以识别出生产系统中产生碳排放较多的产业链。本章借鉴冯等[162]、梁等[172]等学者筛选关键传输路径的思路，筛选总贡献超过 50% 且具有代表性的产业链路径作为研究对象。图 4 – 3 展示了 2017 年消费、投资和出口分生产层的碳排放占比差异，由消费、投资和出口驱动的碳排放超过 80% 产生于 PL1 层及以上生产层，表明超过 80% 的碳排放产自上游部门的直接生产环节。在产业链所有生产层中，PL0 层到 PL4 层的碳排放占比超过 86%，PL1 层的碳排放占比最大，PL1 层以上生产层碳排放占比则逐渐减少。因此，本章选取在 PL0 层到 PL4 层中国碳排放总量中占比超过 0.1% 的产业链条作为关键产业链条，经过计算可整理得到 30 条满足条件的产业链路径。

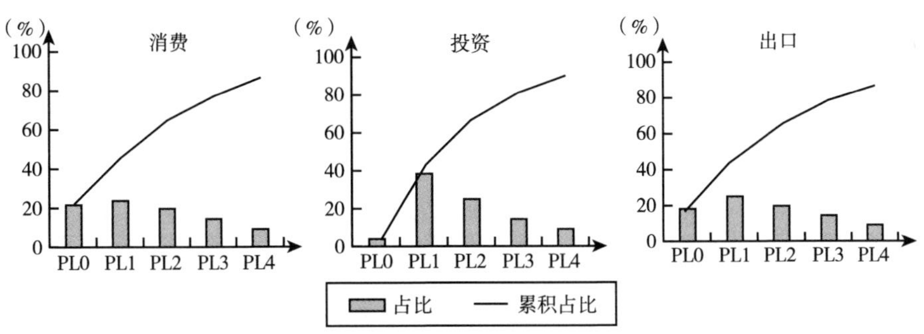

图 4 – 3　2017 年分生产层的消费、投资和出口驱动碳排放占比差异

资料来源：笔者绘制。

2. 碳排放关键传输路径比较分析

本节追踪了三类最终需求（消费、投资和出口）驱动的碳排放传输路径，选取了前 30 条传输路径。具体发现如下：

在消费驱动的碳排放关键传输路径中，41.54% 的碳排放量产生于满足其他部门的消费需求的生产活动，即最终部门非本部门的碳排放传输。消费驱动的碳排放的最大路径是“电力（PSE）→消费”[①]（8.98%），其次是“服务业（SER）→电力（PSE）→消费”（4.87%），可见电力部门（PSE）是消费驱动碳排放的主要起始生产部门和中间传输部门。

在投资驱动的碳排放关键传输路径中，95%的碳排放量产生于满足其他部门的投资需求的生产活动，即最终部门为非本部门的跨部门碳排放传输。其中，投资驱动的碳排放的最大传输路径是“建筑业（CON）→非金属矿物产品（NMM）→投资”（18.5%），其次是“建筑业（CON）→金属冶炼和压延加工品（MES）→投资”（6.9%），可见建筑业（CON）是投资驱动的碳排放的主要起始部门。

在出口驱动的碳排放关键传输路径中，非本部门的跨部门碳排放传输的碳排放量占比呈“W”型变化趋势，表明出口对四个时期经济政策变化具有敏感性，其2017年占比达到50.92%。其中，出口驱动的碳排放的最大路径是“批发和零售（WHR）→出口”（5.14%），其次是“金属冶炼和压延加工品（MES）→出口”（4.17%），其起始生产部门和最终部门主要是能源密集型部门。

3. 碳排放关键传输节点比较分析

部门层面生产侧碳排放、消费侧碳排放和传输侧碳排放（简称PBE、CBE和TBE）的比较结果见表4－1。不同最终需求类别驱动的传输节点变化如图4－4所示。根据比较结果，可以将中国的经济部门划分为三大类。

表4－1　　2017年部门层面碳排放核算比较

部门	PBE	CBE	TBE	部门	PBE	CBE	TBE
AGR	8	16	12	OSE	13	4	8
MIP	10	24	10	TRE	17	3	9
MFT	11	5	13	ELE	18	8	7

① “起始部门→中间部门→最终部门”表示碳排放传输方向由起始部门经过中间部门传输到最终部门。例如，“PSE→消费”是为了PSE部门为满足自身的消费需求而进行的直接生产活动；“SER→PSE→消费”是SER部门为满足PSE的消费需求而进行的生产活动。

续表

部门	PBE	CBE	TBE	部门	PBE	CBE	TBE
TEX	15	19	17	EOE	20	9	11
WAP	22	11	21	IMO	23	22	24
SAF	19	18	20	OMP	21	23	23
PPP	14	17	16	PSE★	1	6	2
PNF	7	20	18	PSG	24	21	22
CHE	5	10	4	CON	12	1	15
NMM	3	15	3	TRW	4	7	19
MES	2	13	1	WHR	9	12	14
MEP	16	14	6	SER	6	2	5

注：排序数值越小，表示碳排放量越大。PSE★表示本书的研究对象——电力部门。

资料来源：笔者绘制。

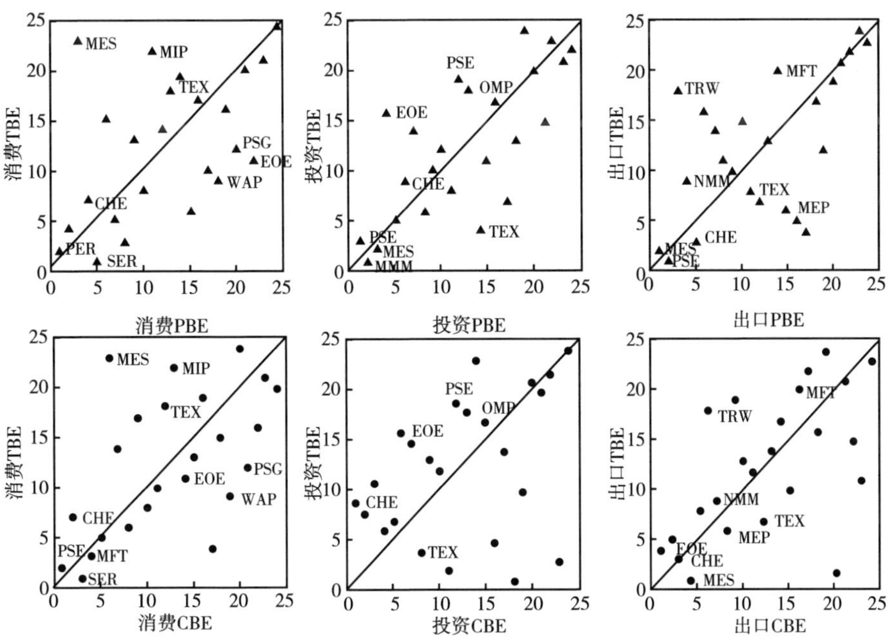

图 4－4　2017 年部门层面碳排放核算方法比较

注：图中纵轴表示 TBE 核算，第一行横轴表示 PBE 核算，第二行横轴表示 CBE 核算。

资料来源：笔者绘制。

第一类部门具有“三高属性”，即 PBE、CBE 和 TBE 排序均很高的部门，集中于电力部门（PSE）和服务业（SER）。作为“三高部门”，电力部门（PSE）和服务业（SER）需要同时承担中国生产侧、消费侧和传输侧的减排责任。根据图 4－5 展示的三种最终需求类型下的部门碳排放比较结果，电力部门（PSE）具有高 PBE 和高 TBE 特点，主要用于满足消费和投资需求，而其高 CBE 是为了满足消费需求。服务业（SER）的三高碳排放是由消费驱动的。

第二类部门具有“双高属性”，即 PBE 和 TBE 排序较高，而 CBE 排序较低的部门集中于高耗能行业，包括化学产品（CHE）、非金属矿物产品（NMM）和金属冶炼和压延加工品（MES）。这些部门需要承担生产侧和传输侧的减排责任。化学产品（CHE）的高 PBE 和 TBE 是由出口驱动的，而非金属矿物产品（NMM）的高 PBE 和 TBE 是由投资驱动的，而金属冶炼和压延加工品（MES）的高 PBE 和 TBE 与投资和出口均密切相关，如图 4－4 所示。这些部门通常使用来自上游部门的大量中间投入，故通过减少上游部门的碳密集型中间投入来提高生产效率，有助于实现产业链的绿色化。

第三类部门具有“单高属性”。交通运输、仓储和邮政（TRW）是唯一仅 PBE 排序较高的部门，其高 PBE 受到消费、投资和出口的共同驱动。通用和专用设备（OSE）是唯一 TBE 排序较高的部门，其资金密集型的行业特点决定了其高 TBE 是为了满足投资需求。建筑业（CON）、服务业（SER）、电气机械和器材（ELE）、通信设备、计算机和其他电子设备（EOE）等劳动密集型行业是 CBE 排序较高的部门。这些 CBE 高的部门在各类最终需求驱动下的侧重略有差异，如通信设备、计算机和其他电子设备（EOE）需要关注跨境“碳排放外溢”问题，建筑业（CON）需要加大绿色投资等。

此外，绝大多数部门在图 4－4 的位置是远离对角线的，表明其三种核算框架的碳排放排序都不明显，承担的碳减排责任较小。

4.3　电力部门子系统碳排放构成比较分析

本节比较分析了电力部门 7 个子系统（输配电、火电、水电、核电、风电、光电和其他发电）的碳排放构成特征及碳减排责任差异。其中，外部构成（EC）越高表明需要承担生产侧碳排放责任，直接需求构成（DC）、拉动构成（PC）和内部构成（IC）越高表明需要承担消费侧碳排放责任。

4.3.1　火电和输配电碳排放构成比较分析

对于电力部门整体的碳排放构成，外部构成（EC）贡献最大，达到 90% 以上。外部构成（EC）在 2007 ~ 2012 年间保持快速增长，2012 ~ 2017 年增长速度放缓。相较于电力碳排放的外部构成（EC），其他构成碳排放的占比在 7% 左右，且其贡献在 2012 年后持续下降。电力碳排放的直接需求构成（DC）贡献大于拉动构成（PC）和内部构成（IC）。电力碳排放的直接需求构成（DC）来源于电力部门用于满足自身最终需求的直接生产活动，如厂用发电机消耗、供水系统和输煤系统等辅助用电设施消耗等。

从电力部门各子系统来看，2017 年火力发电依然是中国电力部门碳排放的主要来源（87%），其次是输配电（12%）、水电（0.5%）、核电（0.2%）、风电（0.05%）、太阳能发电（0.03%）和其他类型。如图 4 - 5 所示，火电和输配电碳排放的主要构成是外部构成（EC），这说明火电和以火电为基础的输配电传输系统主要承担生产侧碳排放责任，其生产活动为其他行业提供能源动力支持，但以煤炭为主的能源消费结构引致了大量碳排放。作为中国深度减排的主力军，火电行业亟须调整装机规模，发挥现有存量煤电机组的灵活性潜力，适应非化石能源、储能技术等的发展需求。

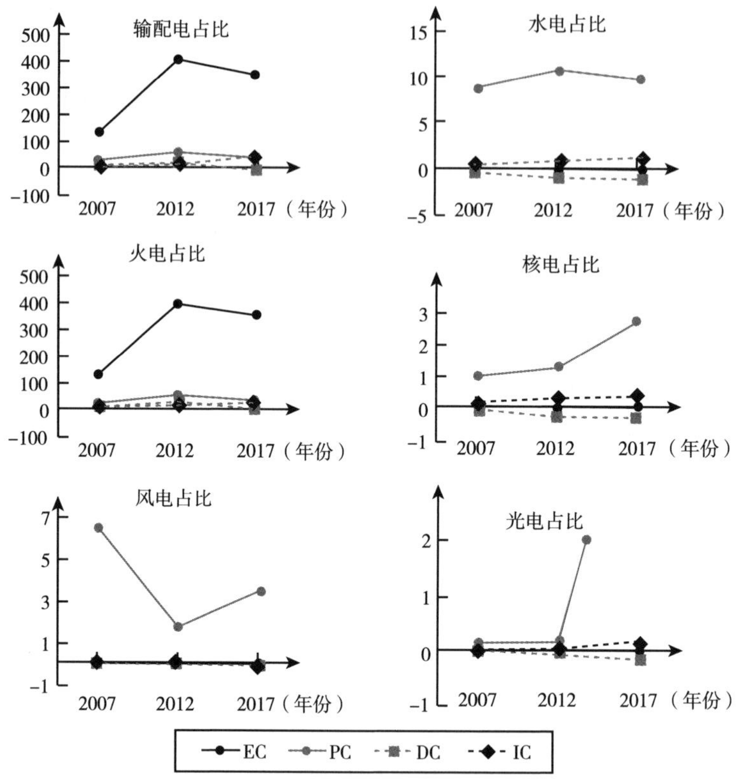

图 4-5 电力门子系统碳排放构成比较

资料来源：笔者绘制。

中国输配电碳排放保持增长态势，2007～2017 年输配电碳排放增长了 297%，成为中国电力部门节能减排的重要对象。输配电包括电力交易中电力输送、电能转换和电力分配环节，其持续增长的碳排放反映出中国电力部门在产业链上下游的兼容矛盾，包括非化石能源并网的矛盾、电网间电力交易的供需矛盾等。

4.3.2 非化石能源发电碳排放构成比较分析

在 2020 年气候雄心峰会上，习近平主席宣布提高中国 2030 年自主贡献目标，尤其是将风电和太阳能装机容量提高到 12 亿千瓦以上（目前两者相加在 4 亿千瓦左右)[①]，因此，非化石能源发电将成为中国实现碳减排目标的重要战略部署。如图 4 - 5 所示，相较于火电和输配电，非化石能源发电的碳排放责任与其投资特征、产业链生产关联密切。非化石能源发电碳排放的主要构成是拉动构成（PC），说明非化石能源发电需要承担消费侧碳排放责任，即非化石能源发电在生产过程中能够实现零排放，但非化石能源发电的建设成本较高，其他经济部门尤其是钢铁行业和交通仓储行业为满足非化石能源发电的基础装机设施建设而产生了大量碳排放，这与其装机容量增长密不可分。

水电和核电碳排放的主要构成是外部构成（EC），这标志着水电和核电在中国"电气化"进程中扮演重要的清洁发电角色，其电力生产主要用于满足下游经济部门尤其是建筑业和服务业的最终需求。2017 年，以建筑业（CON）、服务业（SER）为主的部门最终需求引致了 67% 水电和 74% 核电的电力生产侧碳排放，建筑业和服务业需要承担电力部门碳减排的消费侧责任。尽管水电和核电的供给角色越来越重要，水电的充足性问题、核电的安全性缺陷，导致这二者很难成为未来中国的第一大主力能源。

相比之下，风电、光电碳排放的主要构成是拉动构成（PC），2017 年其碳排放的拉动构成（PC）占比超过 60%，这意味着风电、光电主要承担消费侧碳排放责任，即其他经济部门尤其是钢铁行业和交通仓储行业为满足风电、光电基础装机设施建设需要产生了大量碳排放，这与以风电和光电为主的非化石能源装机迅速增长密不可分。2009 ~ 2019 年，风电和太阳能发电装机总量从逾 2 亿千瓦提高到近 8 亿千瓦，增加了近 4 倍，其中风电增长超过 10 倍，太阳能发电由于基数低，从 2009 年的 2 万千瓦增长到 2019 年的逾 2 亿千瓦，增长了约 1 万倍。风电和光电投资规模的不断增加，将促进风电、光伏等建设造价和发电成本的进一步下降，在风电和光电陆续实现平价上网后，其发电成本会逐步降低，甚至低于煤电发电成本，有望成为中国实现碳减排目标的主要动力来源。

---

① https：//www. cma. gov. cn/2011xwzx/2011xqxxw/dzygwyyw/202012/t20201213_568355. html.

4.4　本章小结

本章结合单区域投入产出模型和结构路径分析模型，基于三种碳排放核算框架（生产侧、消费侧和传输侧）全面比较分析了中国电力部门与其他部门的碳排放差异，揭示了中国电力部门在中国产业链上的碳排放角色；然后，基于部门投入产出表，比较分析了电力部门 7 个子系统的碳排放构成及减排责任异质性。

主要研究发现如下：

（1）与其他部门相比，电力部门是中国最大的碳排放生产来源，也是重要的碳排放传输部门和消费部门。从生产侧来看，中国电力部门的能源消耗结构仍以传统能源消耗为主，这从侧面反映出中国电力部门节能减排的巨大潜力。从消费侧最终需求结构来看，消费被视为新常态下中国追求高质量经济增长和可持续性消费模式的第一要务。电力部门是消费驱动碳排放的主要起始生产部门和中间传输部门。从传输侧来看，电力部门是消费驱动碳排放的主要起始生产部门和中间传输部门，消费驱动的碳排放的最大路径是“电力（PSE）→消费”，而投资和出口对电力部门碳排放传输的驱动作用不明显。电力部门具有“三高属性”。

（2）根据电力部门子系统异质性特征来看，电力部门子系统的碳排放差异较大，火电是中国电力部门碳排放的最主要来源。火电和输配电碳排放的主要构成是外部构成（EC），需要承担生产侧减排责任，其电力生产主要用于满足下游经济部门的最终需求。非化石能源发电驱动上游经济部门的生产活动，其碳排放的主要构成是拉动构成（PC），需要承担消费侧减排责任。其中，水电和核电碳排放的主要构成是外部构成（EC），这标志着水电和核电在中国“电气化”进程中扮演着重要的清洁发电角色，其电力生产主要用于满足下游经济部门的需求，尤其是建筑业（CON）和服务业（SER）的最终需求，需要承担生产侧减排责任；风电、光电碳排放的主要构成是拉动构成（PC），风电、光电需要承担消费侧碳排放责任。

第5章

中国省域电力碳排放及碳强度变化因素分析

根据第4章的研究发现，电力部门是中国最大的碳排放生产侧来源和重要的碳排放传输侧来源。对电力部门来说，电力低碳化需要同时兼顾碳排放绝对量目标以及碳强度①相对量目标。

考虑到中国电力产业链全过程的碳减排责任，有必要从电力生产侧、传输侧和消费侧全面探讨影响电力部门碳强度及碳排放变化的影响因素。本章借鉴单等[176]提出的更符合中国现实情况的碳排放因子核算中国省域电力部门碳强度和碳排放，并采用改进乘法 LMDI－Ⅱ方法识别中国省域2001～2015年电力部门碳强度和碳排放变化的影响因素，因地制宜提出省域电力部门碳减排的技术结构组合策略。

从产业经济学视角来看，实现碳减排目标需要根据电力部门在不同阶段的发展特征采取不同的绿色产业政策。本章根据电力碳强度和碳排放的变化趋势划分研究周期，识别不同研究周期下碳减排的主要影响因素及政策。从福利经济学和发展经济学的交叉视角来看，二氧化碳排放是人类经济活动中的一种基本的发展需求和权益。减缓气候变化的目标分为以温室气体排放总

① 本章将电力部门碳强度定义为单位发电量的二氧化碳排放量，与2014年发改委发布的《节能低碳技术推广管理暂行办法》电力部门碳强度指标的定义一致。为了方便与中国五年规划中的电力部门减排目标相比较，电力部门碳强度单位选用单位克/千瓦时，即 g/(kW·h)。

量的绝对指标为原则，以单位经济水平的温室气体排放相对指标为考核标准。本章兼顾电力碳强度和电力碳排放两个指标，以兼顾发展中国家的特殊国情。同时，气候变化的潜在区域影响具有非对称性，各省域在电力产业链上承担不同的减排责任（生产者、消费者或传输者），从区域公平的角度出发，需要识别电力产业链全过程各省域的碳减排策略，以通过局部碳减排行动产生整体性的正外部性。

5.1 乘法 LMDI 模型设定

5.1.1 改进的乘法 LMDI－Ⅱ模型

借鉴赵等[10]的定义，电力部门碳排放和碳强度分别表示为：

$$CE = C = \sum_{j,i} G_j \cdot \frac{T_j}{G_j} \cdot \frac{F_j}{T_j} \cdot \frac{F_{ij}}{F_j} \cdot \frac{C_{ij}}{F_{ij}} = \sum_{j,i} G_j \cdot p_j \cdot u_j \cdot m_{ij} \cdot e_{ij} \quad (5.1)$$

$$CIE = \frac{C}{G} = \sum_{j,i} \frac{G_j}{G} \cdot \frac{T_j}{G_j} \cdot \frac{F_j}{T_j} \cdot \frac{F_{ij}}{F_j} \cdot \frac{C_{ij}}{F_{ij}} = \sum_{j,i} s_j \cdot p_j \cdot u_j \cdot m_{ij} \cdot e_{ij} \quad (5.2)$$

式中，C、G、T 和 F 分别表示中国的碳排放量、发电量、火电发电量、火电能源消耗量；$j=1$，2，…，30 表示省域；i 表示能源消耗类型，包括煤炭、石油和天然气。电力碳排放可以分解为 5 个因素，包括 1 个规模因素（电力生产量）、2 个技术因素（火电效率 u_j 和碳排放系数 e_{ij}）和 2 个结构因素（电力结构 p_j 和能源结构 m_{ij}）。电力碳强度可以分解为 5 个因素，包括 2 个技术因素（火电效率 u_j 和碳排放系数 e_{ij}）和 3 个结构因素（电力地理结构 s_j，电力结构 p_j 和能源结构 m_{ij}）。其中，电力地理结构 s_j 表示省域 j 的发电量与中国发电总量的比例；电力结构 p_j 表示省域 j 火力发电量与省域 j 发电量的比例；火电效率 u_j 表示省域 j 单位火力发电量的能源消耗量；能源结构 m_{ij} 表示 i 类能源消耗在能源消耗总量中的占比；碳排放系数 e_{ij}，表示省域 j 单位能

源消耗 i 的碳排放量。

进一步，采用改进的乘法 LMDI - Ⅱ对基期和报告期电力碳排放和电力碳强度的变化量进行分解，分别表示如下：

$$D_{CE} = \frac{CE^{T}}{CE^{0}} = D_{G}^{T-0} \times D_{p}^{T-0} \times D_{u}^{T-0} \times D_{m}^{T-0} \times D_{e}^{T-0} \tag{5.3}$$

$$D_{CIE} = \frac{CIE^{T}}{CIE^{0}} = D_{s}^{T-0} \times D_{p}^{T-0} \times D_{u}^{T-0} \times D_{m}^{T-0} \times D_{e}^{T-0} \tag{5.4}$$

式（5.3）和式（5.4）中的每一项均表示在其他因素不变的情况下，某一因素的贡献。D 表示乘法算子。因素含义如表 5 - 1 所示，计算方法见表 5 - 2。

表 5 - 1　　变量含义

变量	定义
D_{G}^{T-0}	电力规模效应，代表发电量规模对 CE 的贡献。$D_{G}^{T-0} < 1$ 表示该省域发电量促使 CE 下降；反之亦然
D_{s}^{T-0}	电力地理结构效应，代表电力结构对 CIE（或 CE）变化的贡献。$D_{s}^{T-0} < 1$ 表示该省域发电量占比较小，促使 CIE（或 CE）下降；反之亦然
D_{p}^{T-0}	电力结构效应，代表化石能源发电和非化石能源发电占比变化对 CIE（或 CE）变化的贡献。$D_{p}^{T-0} < 1$ 表示非化石能源占比越大，电力结构越清洁，促使 CIE（或 CE）下降；反之亦然
D_{u}^{T-0}	火电效率效应，代表单位火电发电的化石燃料消耗量变化对 CIE（或 CE）变化的贡献。$D_{u}^{T-0} < 1$ 表示化石能源消耗量低，火电效率高，促使 CIE（或 CE）下降；反之亦然
D_{m}^{T-0}	能源结构效应，代表化石能源消耗结构变化对电力碳强度变化的贡献。$D_{m}^{T-0} < 1$ 表示煤炭消耗量低，能源消耗较清洁，促使 CIE（或 CE）下降；反之亦然
D_{e}^{T-0}	碳排放系数效应，代表单位能源消耗的碳排放量变化对 CIE（或 CE）变化的贡献。考虑到短期内技术不变，本章假设碳排放系数在研究期内不变，即 $D_{e}^{T-0} = 1$

表 5 - 2　　乘法 LMDI - Ⅱ表达式

变量	单阶段分解	多阶段分解
电力规模效应（D_G）	$D_{G}^{0,1} = \exp\left(\sum_{ij} w_{ij} \ln \frac{G_{i}^{1}}{G_{i}^{0}}\right)$	$D_{G}^{0,T} = \prod_{t=1}^{T} D_{G}^{t-1,t}$
电力地理结构效应（D_s）	$D_{s}^{0,1} = \exp\left(\sum_{ij} w_{ij} \ln \frac{s_{i}^{1}}{s_{i}^{0}}\right)$	$D_{s}^{0,T} = \prod_{t=1}^{T} D_{s}^{t-1,t}$

续表

变量	单阶段分解	多阶段分解
电力结构效应（D_p）	$D_p^{0,1}=\exp\left(\sum_{ij} w_{ij}\ln\frac{p_i^1}{p_i^0}\right)$	$D_p^{0,T}=\prod_{t=1}^{T}D_p^{t-1,t}$
火电效率效应（D_u）	$D_u^{0,1}=\exp\left(\sum_{ij} w_{ij}\ln\frac{u_{ij}^1}{u_{ij}^0}\right)$	$D_u^{0,T}=\prod_{t=1}^{T}D_u^{t-1,t}$
能源结构效应（D_m）	$D_m^{0,1}=\exp\left(\sum_{ij} w_{ij}\ln\frac{m_i^1}{m_i^0}\right)$	$D_m^{0,T}=\prod_{t=1}^{T}D_m^{t-1,t}$

注：本章采用 Sato-Vartia 指数权重，即 $w_{ij}=\frac{L(CIE_{ij}^0/CIE^0,CIE_{ij}^t/CIE^t)}{\sum_{ij}L(CIE_{ij}^0/CIE^0,CIE_{ij}^t/CIE^t)}$。其中，$L(A,B)=\frac{B-A}{\ln(B)-\ln(A)}$。

随着中国终端电气化水平的提高和省域间电力交易的发展，电力交易相关因素的角色越来越重要。然而，现有学术界关于电力部门碳强度（或碳排放）的研究仅停留在上述提到的传统规模、技术和结构因素，较少有文献对电力交易相关因素作深入探讨。基于此，本章通过引入三类电力交易相关因素，改进了高斯（Goh）等[183]等提出的乘法 LMDI – Ⅱ框架，这有助于识别跨省域电力交易变化对电力碳强度（或碳排放）的影响。式（5.1）和式（5.2）可以扩展为：

$$CE=C=\sum_{j,i}G_j\cdot\frac{V_j}{G_j}\cdot\frac{D_j}{V_j}\cdot\frac{G_j}{D_j}\cdot\frac{T_j}{G_j}\cdot\frac{F_j}{T_j}\cdot\frac{F_{ij}}{F_j}\cdot\frac{C_{ij}}{F_{ij}}$$

$$=\sum_{j,i}G_j\cdot v_j\cdot d_j\cdot a_j\cdot p_j\cdot u_j\cdot m_{ij}\cdot e_{ij} \tag{5.5}$$

$$CIE=\frac{C}{G}=\sum_{j,i}\frac{G_j}{G}\cdot\frac{V_j}{G_j}\cdot\frac{D_j}{V_j}\cdot\frac{G_j}{D_j}\cdot\frac{T_j}{G_j}\cdot\frac{F_j}{T_j}\cdot\frac{F_{ij}}{F_j}\cdot\frac{C_{ij}}{F_{ij}}$$

$$=\sum_{j,i}s_j\cdot v_j\cdot d_j\cdot a_j\cdot p_j\cdot u_j\cdot m_{ij}\cdot e_{ij} \tag{5.6}$$

式中，D_j和 V_j分别表示省域 j 的电力消耗量和 GDP。v_j表示省域 j 单位发电量的 GDP；d_j表示省域 j 电力消耗量与 GDP 的比值；a_j表示省域 j 电力生产量与消耗量的比值。一般来说，若 $a_j>1$ 则为电力净输出省域；反之，$a_j<1$ 表示电力净输入省域。式（5.3）和式（5.4）可以扩展为：

$$D_{CE} = \frac{CE^{\mathrm{T}}}{CE^{0}} = D_{G}^{\mathrm{T}-0} \times (D_{v}^{\mathrm{T}-0} \times D_{d}^{\mathrm{T}-0} \times D_{a}^{\mathrm{T}-0}) \times D_{p}^{\mathrm{T}-0} \times D_{u}^{\mathrm{T}-0} \times D_{m}^{\mathrm{T}-0} \times D_{e}^{\mathrm{T}-0} \tag{5.7}$$

$$D_{CIE} = \frac{CIE^{\mathrm{T}}}{CIE^{0}} = D_{s}^{\mathrm{T}-0} \times (D_{v}^{\mathrm{T}-0} \times D_{d}^{\mathrm{T}-0} \times D_{a}^{\mathrm{T}-0}) \times D_{p}^{\mathrm{T}-0} \times D_{u}^{\mathrm{T}-0} \times D_{m}^{\mathrm{T}-0} \times D_{e}^{\mathrm{T}-0} \tag{5.8}$$

电力效率效应（$D_{v}^{\mathrm{T}-0}$）代表单位发电量的经济效率，“新常态”下的经济增长模式要求兼顾经济效率和环境保护。电力消耗强度效应（$D_{d}^{\mathrm{T}-0}$）代表节电潜力，即在低碳经济政策下追求经济发展和电力消耗的脱钩关系。电力交易效应（$D_{a}^{\mathrm{T}-0}$）代表电力交易（或输配电损失）对电力碳强度（或电力碳排放）的影响，描绘了电力过剩或短缺情况。对于电力净输入省域（即 $a_j < 1$），需要承担电力交易“碳排放外溢”的减排责任。其他因素含义详见表5－1，即 $D_{v}^{0,\mathrm{T}} = \prod_{t=1}^{\mathrm{T}} D_{v}^{t-1,t}$，$D_{d}^{0,\mathrm{T}} = \prod_{t=1}^{\mathrm{T}} D_{d}^{t-1,t}$ 和 $D_{a}^{0,\mathrm{T}} = \prod_{t=1}^{\mathrm{T}} D_{a}^{t-1,t}$。

5.1.2　数据来源与处理

本章采用了2001～2015年①的五类数据基础：电力生产量、电力消费量、化石能源消耗量、与化石燃料相关的碳排放和GDP。

中国30个省（区市）火电、水电、风电、光电等的电力生产量、电力消费数据取自2002～2016年的《中国电力统计年鉴》，化石燃料消耗的原始数据来源于《中国能源统计年鉴》的省级能源平衡表，30个省（区市）GDP数据来源于国家统计局。本章考虑了三种类型的化石燃料：煤（原煤、精煤、型煤、焦炭、其他水洗煤、焦炉气、煤矸石、其他气体及焦化产品）、石油（原油、煤油、汽油、燃料油、柴油、液化石油气、炼厂气和其他石油）和天然气。本章基于《2006年IPCC国家温室气体清单指南》，借鉴了单等[176]的最新

---

①　本章的研究时间范围为2001～2015年。选择该时间范围是为了与国家的三个五年规划周期相一致，以便探究五年规划政策对碳强度变化的影响。

排放因子（见表5－3），测算2001～2015年30个省（区市）的碳排放。

表5－3　　碳排放因子

燃料种类	*NCV*（焦耳/万吨或10^8立方米）	*CC*（吨/TJ）	*O*（吨/吨）	*EF*（百万吨/万吨）
原煤	0.21	26.32	0.92	0.0183
洗精煤	0.26	26.32	0.92	0.0231
其他洗煤	0.15	26.32	0.92	0.0133
型煤	0.18	26.32	0.92	0.0160
焦炭	0.28	31.38	0.92	0.0296
焦炉煤气	1.61	21.49	0.92	0.1167
其他气体	0.83	21.49	0.92	0.0602
其他焦化产品	0.28	27.45	0.92	0.0259
原油	0.43	20.08	0.98	0.0310
汽油	0.44	18.9	0.98	0.0299
煤油	0.44	19.6	0.98	0.0310
柴油	0.43	20.2	0.98	0.0312
燃料油	0.43	21.1	0.98	0.0326
液化石油气	0.51	17.2	0.98	0.0315
液化天然气	0.47	20	0.98	0.0338
其他石油产品	0.43	20.2	0.98	0.0312
天然气	3.89	15.32	0.99	0.0216

注：$EF = NCV \times \left(CC \times \frac{44}{12}\right) \times O$。其中，*EF*表示碳排放系数；*NCV*表示低位发热量；*CC*表示单位热值含碳量；*O*表示碳氧化率。

资料来源：中国碳核算数据库（CEADS）。

5.2　省域电力部门相关指标分析

5.2.1　电力碳强度及碳排放统计分析

中国电力部门碳强度及发电量变化趋势如图5－1所示。2001～2015年中国电力碳排放和发电量呈逐渐增加趋势，其增长率分别为 269% 和 287.7%，这二者的不同增长率导致中国电力碳强度下降了 7.3%，由 2001 年的 565.6 克/千瓦时下降到 2015 年的 538.4 克/千瓦时。可以看出，中国电力部门碳强度初步完成了“550”的碳强度目标，碳排放与发电量的逐渐脱钩趋势证实了中国在结构和技术方面碳减排行动的有效性，但电力碳强度的下降幅度并不显著。伴随着中国电力生产量的快速增长，2001 ~ 2015 年电力需求量也逐年增加，且始终高于电力生产量。

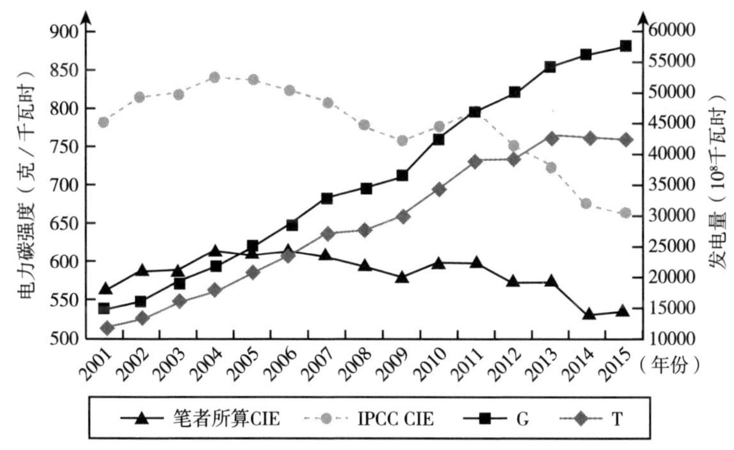

图 5 -1　中国电力部门碳强度及发电量变化趋势

注：CIE 表示电力碳强度；G 和 T 分别表示电力生产量和火电生产量。

资料来源：笔者绘制。

本章采用单等[176]提出的更符合中国现实情况的碳排放因子来核算中国省域电力碳排放和电力碳强度。本章核算的电力碳强度和碳排放的变化趋势与 IPCC 的估计值一致，但本章“十二五”期间电力碳强度的估计值比 IEA[184]的估计值低 25%，可见不同数据来源的碳排放因子差异较大，最大可达 40%[185]。由于单等[176]提出的碳排放因子更符合中国的实际燃料质量，故而被用作中国环境指标计算。

根据表 5 -4 和表 5 -5 中的电力碳排放和电力碳强度的变化趋势可以看出，30 个省域的电力碳排放均呈现出不同幅度的增长趋势。其中，北部沿

表 5-4　2001～2015 年中国省域电力碳强度变化趋势

单位：克/千瓦时

地区	2001 年	2002 年	2003 年	2004 年	2005 年	2006 年	2007 年	2008 年	2009 年	2010 年	2011 年	2012 年	2013 年	2014 年	2015 年
北京	965	933	721	818	763	782	672	644	619	626	517	509	504	490	470
天津	579	567	475	548	654	647	634	886	688	695	697	699	662	641	654
河北	683	665	686	708	734	756	749	898	890	952	950	919	1008	853	1146
山西	642	643	633	704	770	737	769	740	702	749	744	716	704	669	657
内蒙古	856	864	837	837	817	817	797	854	791	763	864	846	727	704	688
辽宁	651	683	660	876	706	794	790	765	787	811	814	796	814	820	820
吉林	712	860	779	866	851	799	812	869	808	649	741	713	664	692	698
黑龙江	780	737	768	832	766	788	739	759	703	726	719	733	601	643	618
上海	810	840	804	817	825	815	837	801	826	791	585	577	758	796	760
江苏	683	672	635	665	650	684	621	617	601	588	552	547	633	503	619
浙江	592	563	494	513	502	500	497	474	466	462	479	456	445	438	404
安徽	608	570	868	626	739	701	698	618	603	670	538	611	666	662	634
福建	275	339	390	440	359	346	400	410	436	396	494	430	529	485	376
江西	612	567	586	657	658	643	713	671	673	708	592	520	654	628	593
山东	514	589	678	716	720	676	683	685	660	778	753	775	722	686	670
河南	687	706	709	742	735	687	703	700	685	704	677	668	652	658	689
湖北	343	384	357	315	286	324	298	216	216	368	409	324	366	324	325

续表

地区	2001 年	2002 年	2003 年	2004 年	2005 年	2006 年	2007 年	2008 年	2009 年	2010 年	2011 年	2012 年	2013 年	2014 年	2015 年
湖南	350	348	403	443	398	478	488	417	398	499	563	476	462	434	434
广东	570	610	484	594	579	535	526	500	487	488	487	474	457	442	454
广西	295	303	300	451	423	385	443	320	336	412	467	434	452	403	364
海南	475	505	508	608	594	590	529	544	500	517	524	522	503	488	494
重庆	473	367	527	490	513	603	594	601	507	518	667	636	723	502	462
四川	330	378	383	392	394	429	392	320	303	229	290	241	247	198	165
贵州	381	346	446	480	527	535	515	481	490	504	479	414	428	359	312
云南	373	409	442	172	486	552	526	442	476	420	384	317	251	184	122
陕西	436	614	627	652	608	657	731	675	670	685	583	668	645	650	820
甘肃	378	453	511	474	416	414	428	430	393	434	438	422	382	357	359
青海	264	261	331	245	226	209	223	233	191	149	176	155	162	160	135
宁夏	649	653	658	680	633	631	642	671	664	655	675	635	617	590	567
新疆	655	697	681	693	661	634	623	581	620	563	567	603	561	545	520

资料来源：笔者绘制。

表 5－5　2001～2015 年中国省域电力碳排放变化趋势

单位：百万吨

地区	2001 年	2002 年	2003 年	2004 年	2005 年	2006 年	2007 年	2008 年	2009 年	2010 年	2011 年	2012 年	2013 年	2014 年	2015 年
北京	13	13	14	17	16	17	15	16	15	17	14	15	17	18	20
天津	13	15	15	19	24	24	25	26	28	39	43	41	41	40	39
河北	62	67	75	89	98	111	123	144	157	196	214	213	253	213	264
山西	46	54	61	76	101	113	135	132	131	161	174	182	186	177	161
内蒙古	40	45	54	68	86	116	146	176	178	198	271	283	259	272	270
辽宁	43	50	55	77	64	80	88	87	94	109	116	118	126	135	133
吉林	23	25	26	33	37	36	41	46	44	43	52	51	52	53	49
黑龙江	34	34	38	42	46	51	52	56	51	57	60	62	50	57	55
上海	47	51	55	58	61	59	62	64	65	75	60	56	73	63	62
江苏	67	75	85	103	138	174	176	178	179	206	217	227	274	219	274
浙江	44	44	54	63	73	88	103	101	105	119	134	130	131	126	120
安徽	24	27	48	38	48	51	61	68	80	98	89	110	131	135	131
福建	14	18	24	30	28	31	42	44	51	54	78	70	94	91	71
江西	13	14	19	25	25	28	35	33	35	45	44	40	57	55	58
山东	57	72	95	121	138	154	177	185	190	240	239	256	256	253	310
河南	54	62	73	95	104	109	131	138	142	161	176	173	187	180	176
湖北	20	23	28	35	37	43	46	38	39	74	86	73	82	77	77

续表

地区	2001 年	2002 年	2003 年	2004 年	2005 年	2006 年	2007 年	2008 年	2009 年	2010 年	2011 年	2012 年	2013 年	2014 年	2015 年
湖南	14	15	22	29	26	36	41	35	38	55	68	58	63	57	54
广东	81	93	91	127	132	132	142	134	130	153	180	173	177	174	172
广西	9	9	11	17	19	20	30	27	30	43	49	51	57	53	48
海南	2	3	3	4	5	6	6	6	7	8	10	11	12	12	13
重庆	8	7	11	13	13	17	22	24	22	25	36	35	46	34	32
四川	21	26	33	37	40	48	48	40	44	39	54	51	65	61	53
贵州	19	19	29	35	42	52	59	57	66	67	68	67	72	63	60
云南	13	15	21	9	30	42	48	46	56	57	60	55	55	47	31
陕西	18	21	26	32	33	38	47	52	56	71	69	82	97	105	108
甘肃	11	15	21	22	21	22	27	30	28	38	47	47	46	44	44
青海	4	4	4	4	5	6	7	8	7	7	9	9	10	9	8
宁夏	10	11	14	17	20	25	29	31	31	39	67	64	68	68	66
新疆	13	14	16	18	21	23	26	28	34	37	50	72	93	114	129

资料来源：笔者绘制。

海、中部、中部沿海、西北的电力碳排放明显高于全国平均水平，其中西北区域尤其是陕西和新疆的电力碳强度增幅较大。各省域电力碳排放呈现普遍增长趋势，然而各省域电力碳强度则表现出不同的变化趋势且差异较大。其中，2015 年东北、北部沿海和中部区域①的电力碳强度高于国家电力碳强度，且这三个区域大部分省域电力碳强度保持增加趋势。

5.2.2 电源结构统计分析

从电力结构方面来看，中国政府在《电力规划》中制定了电力装机目标[184]，根据《“十四五”可再生能源发展规划》，我国将为实现可再生能源高质量跃升发展，锚定碳达峰、碳中和目标，预计 2025 年可再生能源年发电量达到 3.3 万亿千瓦时左右，“十四五”期间，可再生能源发电量增量在全社会用电量增量中的占比超过 50%，风电和太阳能发电量实现翻番。尽管中国对非化石能源发电的大力支持使得火电占比下降了 7.2%，但在 2001～2015 年，火电在中国发电结构中仍然占据主导地位。天然气发电主要分布于天然气价格较低且需求较大的西北地区，以弥补煤炭供给减少造成的缺口，如青海（－34.1%）、内蒙古（－11.1%）等。水电主要来自水力资源丰富的西南地区，如云南（－72.82%）、四川（－59.44%）等。新增陆风装机容量主要集中在东北的辽宁（－14.9%）、黑龙江（－7.43%）等地区。

火电的主导地位取决于煤炭消耗在中国能源结构中的绝对优势地位，煤炭消耗约占化石燃料消耗总量的 96%，但在清洁能源的替代作用下煤炭占比正在逐渐下降。例如，中国在 2016 年推出了“煤改气”工程，以促进清洁供暖。2001～2015 年，中国火电能源强度下降了 8.9%，这与中国提高火力发电效率的努力息息相关。例如，中国计划到 2020 年将新增燃煤机组净煤

① 在本章，中国（不包含西藏和港澳台地区）被划分为八大区域：京津（北京和天津），东北（黑龙江、吉林、辽宁），北部沿海（河北和山东），中部沿海（上海、江苏、浙江），南部沿海（广东、福建、海南），西南（重庆、四川、广西、云南和贵州），西北（内蒙古、甘肃、青海、陕西和新疆）和中部（河南、山西、湖北、安徽、湖南和江西）。

耗率控制在300克/千瓦时以下，运行燃煤机组净煤耗率控制在310克/千瓦时以下，并在“十三五”时期淘汰20吉瓦以上的低效燃煤电厂等[185]。

5.2.3　电力地理结构统计分析

电力地理结构与非化石能源发电分布和输配电工程的扩建紧密联系。西北和西南分别拥有丰富的风力、天然气和水力资源，其清洁发电激增，以弥补煤电的电力供应缺口，如新疆发电量增长223.70%，内蒙古发电量增长117.46%等。输配电管道是实现跨区域电力交易的基础。目前，“西气东输”工程如火如荼展开，如西南能源基地向北部沿海、中部等输电，西北向北部沿海、中部沿海和东部沿海输电。其中，京津和沿海地区是电力净流入地区，西北和东北地区是电力净流出地区（见表5－6）。

表5－6　　2015年中国电力部门相关指标统计描述

地区	电力地理结构（%）		火电结构（%）		电力生产与消费比值（%）		火电效率（克/千瓦时）		煤炭占比（%）	
	2015年	AGR	2015年	AGR	2015年	AGR	2015年	AGR	2015年	AGR
北京	0.72	－0.18	97.86	0.00	0.43	0.16	225.60	－0.45	12.28	－0.87
天津	1.04	－0.29	98.84	－0.01	0.75	－0.27	328.67	0.12	86.58	－0.12
河北	4.02	－0.34	91.53	－0.08	0.72	－0.40	409.28	0.15	99.91	0.00
山西	4.27	－0.11	94.38	－0.03	1.41	－0.10	342.42	－0.06	97.79	－0.02
内蒙古	6.85	1.18	87.23	－0.11	1.54	－0.05	412.72	－0.11	99.88	0.00
辽宁	2.82	－0.37	82.09	－0.15	0.82	－0.20	414.12	0.16	99.81	0.02
吉林	1.23	－0.45	83.81	0.02	1.08	－0.20	435.92	－0.08	99.56	0.00
黑龙江	1.56	－0.47	89.83	－0.07	1.03	－0.10	369.90	－0.15	98.76	0.01
上海	1.43	－0.63	98.66	－0.01	0.58	－0.47	314.51	－0.05	90.66	－0.06
江苏	7.71	0.15	93.81	－0.06	0.87	－0.18	303.86	－0.19	93.88	－0.06
浙江	5.18	0.04	74.76	－0.11	0.84	－0.19	277.45	－0.24	92.84	0.01
安徽	3.59	0.33	96.46	0.01	1.26	－0.03	310.33	－0.11	99.94	0.00
福建	3.28	－0.03	58.9	0.39	1.02	－0.23	316.77	－0.09	92.74	－0.04
江西	1.71	0.17	81.16	0.09	0.90	－0.28	311.13	－0.30	99.03	0.00

续表

地区	电力地理结构（%）		火电结构（%）		电力生产与消费比值（%）		火电效率（克/千瓦时）		煤炭占比（%）	
	2015年	AGR	2015年	AGR	2015年	AGR	2015年	AGR	2015年	AGR
山东	8.04	0.07	97.08	0.00	0.90	-0.30	320.35	0.13	99.83	0.02
河南	4.46	-0.17	95.15	0.00	0.89	-0.23	338.44	-0.13	99.22	-0.01
湖北	4.12	0.03	43.72	-0.19	1.42	0.07	302.54	-0.12	98.81	-0.01
湖南	2.19	-0.20	56.66	0.20	0.87	-0.18	317.66	-0.21	99.81	0.01
广东	6.60	-0.31	75.32	-0.01	0.71	-0.35	303.95	-0.10	88.11	0.22
广西	2.31	0.17	41.24	0.04	0.99	-0.02	316.72	-0.22	99.22	-0.01
海南	0.45	0.51	91.41	0.40	0.94	-0.25	290.13	-0.25	89.80	0.07
重庆	1.19	-0.01	65.89	-0.14	0.78	-0.11	316.63	-0.07	97.61	-0.02
四川	5.59	0.31	13.37	-0.59	1.61	0.35	414.49	-0.23	96.5	0.00
贵州	3.37	0.02	55.46	0.01	1.64	-0.09	307.94	-0.19	99.02	-0.01
云南	4.45	0.83	10.81	-0.73	1.77	0.48	434.56	-0.15	99.94	0.00
陕西	2.3	-0.20	91.98	0.42	1.08	-0.93	367.17	0.00	99.75	0.00
甘肃	2.14	0.05	57.49	-0.06	1.12	-0.01	328.54	-0.02	99.72	0.02
青海	1.01	0.01	20.94	-0.34	0.87	-0.37	350.67	-0.23	98.08	-0.02
宁夏	2.03	1.00	87.99	-0.07	1.33	0.18	343.72	-0.10	99.99	0.00
新疆	4.32	2.24	83.38	0.09	1.15	-0.01	333.13	-0.28	99.12	0.05
全国	—	—	73.75	-0.07	0.97	-0.06	336.78	-0.09	96.82	0.01

注：AGR表示2001~2015年年均增长率。
资料来源：笔者绘制。

5.3 省域电力部门碳排放变化影响因素分析

中国电力部门碳排放在2001~2015年间增加了269%，按照电力部门碳排放的变化趋势将研究周期划分为两个阶段：2001~2013年（碳排放高速增长阶段）和2013~2015年（碳排放低速下降阶段）。中国八大区域在2001~2013年均促进了中国电力部门碳排放的增加，而在2013~2015年则促进了电力碳排放的下降。电力效率效应和能源结构效应是中国电力部门碳排放下降的主要促进因素，其他因素促进了电力部门碳排放的增加，见表 5－6。

5.3.1　促进省域电力碳排放增长的因素分析

1. 电力效率效应 D_v

电力效率代表单位发电量的 GDP。电力效率效应是促进中国电力部门碳排放增长的最重要因素，2001～2015 年其贡献约为＋81.85%，是八大区域电力部门碳排放增长的共同驱动因素，如图 5－2 所示。其中，中部区域尤其是安徽和河南受电力效率效应的影响较大，2002～2015 年间其电力部门碳排放增长了 15%。中部区域位于中国腹地，“中部崛起”战略刺激了中部区域的经济发展需求，进而促使电力生产得到大规模扩张，释放大量与能源相关的碳排放。

2. 能源结构效应 D_m

能源结构效应是电力部门碳排放增长的第二大促进因素，2001～2015 年促进中国电力部门碳排放增长了＋8.03%，且在研究周期内相对稳定，这反映出煤炭在中国能源消耗结构中的主导地位长期稳定。从省域层面来看，除了京津和中部地区外，区域的电力部门碳排放增长与能源结构效应的促进作用密不可分，其中，北部沿海电力碳排放受到的促进作用最大，约＋5%。相反，能源结构效应抑制了京津和中部区域电力部门碳排放的增长，但抑制作用不显著，如图 5－2 所示。

5.3.2　抑制省域电力碳排放增长的因素分析

1. 电力规模效应 D_G

电力规模效应是电力部门碳排放增长的最重要抑制因素，2001～2015 年导致中国电力部门碳排放下降了 31%，其碳减排作用在 2013 年达到最高点。

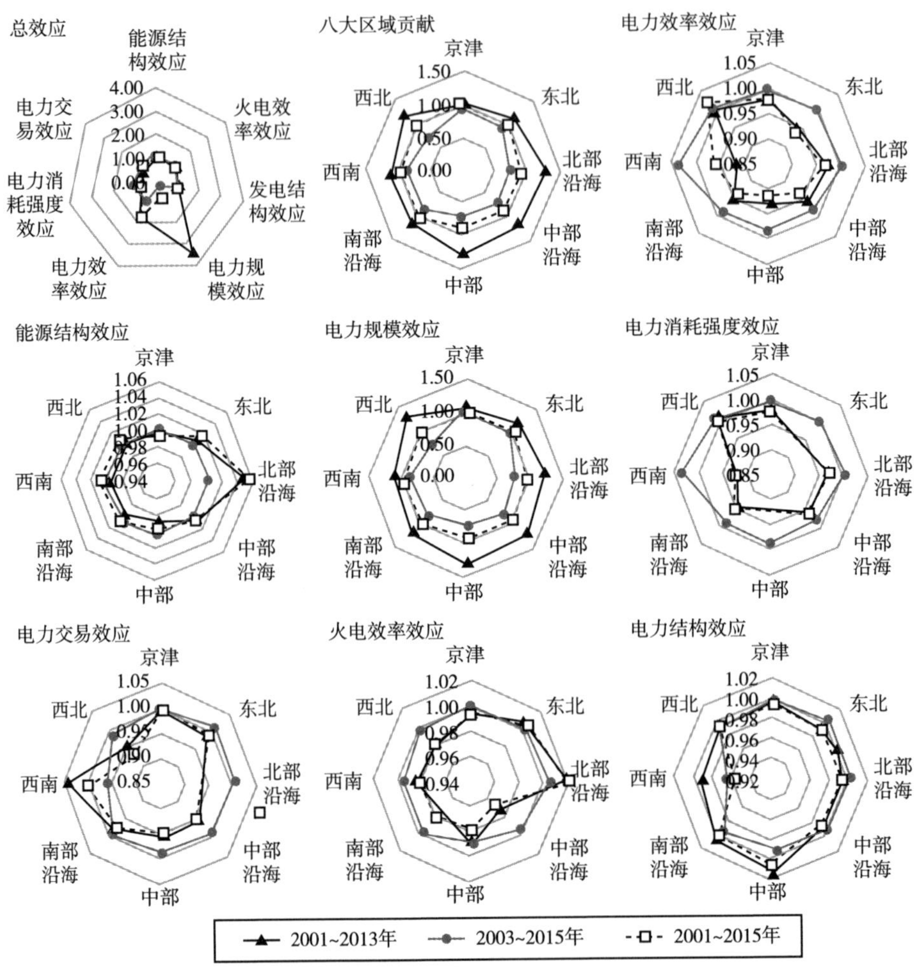

图 5－2　2001～2015 年区域电力碳排放变化的影响因素

资料来源：笔者绘制。

从省域层面来看，2001～2013 年电力规模效应是 30 个省域电力碳排放增长的共同主导因素，尤其是在中部和西北区域的碳排放增长贡献分别达到30%；但在 2013～2015 年，电力规模效应促进电力部门碳排放下降的作用愈加显著，尤其是在北部沿海和中部区域，如图 5－2 所示。由表 5－1 可知，2013～2015 年火电发电量大幅下降，非化石能源发电大幅增长，如浙江核电、湖北水电、青海水电等逐渐投入运营。电力规模效应促进碳排放下降的作用表明电能替代的减排成效显著。

2. 电力消耗强度效应 D_d

电力消耗强度代表单位 GDP 的电力消耗量。电力消耗强度效应是抑制中国电力部门碳排放增长的重要因素，2001 ~ 2015 年其贡献约为 - 30%，是除西北外的七大区域电力部门碳排放下降的共同促进因素，如图 5 - 2 所示。一方面，电力消耗强度效应对电力部门碳排放增长的抑制作用表明中国经济增长速度快于电力消耗速度，“终端电气化”仍有巨大的增长空间，依赖于非化石能源发电的替代，碳减排成效显著；另一方面，这表明中国产业链中端和终端以及居民的节能意识增强了。2013 ~ 2015 年，电力消耗强度效应抑制中国电力部门碳排放增加的作用出现一定反弹，导致中国电力部门碳排放增加了 0.3%，这主要出现在西南和西北区域。作为中国经济欠发达区域，西南和西北电力消耗强度效应的减排抑制作用与落后的经济发展水平有关。

3. 电力交易效应 D_a

电力交易代表电力生产量与电力需求量的比例关系，或电力交易中输配电损问题。电力交易效应是抑制中国电力部门碳排放增长的最重要因素，2001 ~ 2015 年其碳减排贡献约为 23.72%，是除西南外七大区域电力部门碳排放下降的共同驱动因素，如图 5 - 2 所示。然而，电力交易效应促进电力部门碳排放下降的作用在 2013 ~ 2015 年间有所减弱，其碳减排贡献由 2001 ~ 2013 年的 18% 下降到 2013 ~ 2015 年的 7%。这种减弱的碳减排作用主要发生在京津的北京、东北的辽宁和黑龙江、北部沿海的山东。其中，黑龙江的电力生产量明显高于电力需求量，其粗放型的电力生产活动会释放大量碳排放；北京、辽宁和山东的电力生产量低于电力消费量，依赖于电力交易来满足电力需求缺口，其电力交易效应的减排抑制作用离不开电力交易过程中的输配电损。

4. 火电效率效应 D_u

火电效率表示单位火电发电量的能源消耗量。火电效率效应抑制了中国电力部门碳排放的增长，2001～2015 年其减排贡献约为 8%，这种抑制碳排放增长的作用出现在除东北和北部沿海外的六大区域，如图 5－2 所示。从东北和北部沿海来看，辽宁、河北、山东是中国传统高能耗产业聚集大省，其电力生产技术水平落后，单位火电发电的能源消耗量明显高于全国平均水平。较低的火电发电效率，导致其电力生产过程会释放更多的碳排放。

5. 电力结构效应 D_p

电力结构用火电发电量在中国发电总量中的占比来表示。电力结构效应是除中部区域外的七大区域电力部门碳排放下降的共同原因，如图 5－2 所示。尽管电力结构效应在电力部门碳排放下降上持续发挥积极作用，但其减排贡献并不显著，2001～2015 年仅促进中国电力部门碳排放下降了 7%。从省域层面来看，西南区域受电力效应的影响最大，2001～2015 年碳排放减少了 4%。电力结构效应的减排潜力并未得到充分挖掘，随着中国大规模非化石能源发电技术投入运营，非化石能源发电的替代作用将显著加强，未来有望成为中国电力部门碳减排的重要战略。

5.4 省域电力部门碳强度变化影响因素分析

考虑到“电力碳排放”绝对指标并不能兼顾电力供给和碳排放的关系，故本节以“电力碳强度”相对指标为研究对象，识别省域电力碳强度变化的影响因素。

5.4.1 电力碳强度总阶段变化影响因素分析

2001～2015 年中国 30 个省域电力碳强度变化的影响因素见表 5－7，

2001～2015年中国电力碳强度下降了7.3%，这主要归功于电力经济效率效应、电力交易效应、火电效率效应、电力结构效应和电力地理结构效应，而电力效率效应和能源结构效应抑制了电力碳强度的下降。电力减排绩效较差的省域（即电力碳强度增加的省域）具有较大的减排潜力，应成为中国未来减排的重点。综合考虑2001～2015年省域电力碳强度的变化趋势，减排绩效较差的省域主要分布在东北、中部、南部沿海、西南和西北，其电力碳强度变化的影响因素差异较大。

表5-7　　2001～2015年30个省域电力碳强度变化影响因素

区域	省（区市）	能源结构效应	火电效率效应	电力结构效应	电力地理结构效应	省级总效应	区域总效应
京津	北京	0.9958	0.9765	0.9999	0.9912	0.9638	0.9558
	天津	1.0014	1.0023	0.9997	0.9883	0.9917	
东北	辽宁	1.0251	1.0080	0.9954	0.9797	1.0077	1.0296
	吉林	1.0044	0.9974	0.9986	0.9950	0.9954	
	黑龙江	1.0005	0.9946	0.9947	1.0370	1.0264	
北部沿海	河北	1.0105	1.0063	0.9923	0.9798	0.9886	0.9611
	山东	1.0015	0.9962	1.0009	0.9736	0.9722	
中部沿海	上海	1.0005	0.9931	0.9969	0.9730	0.9637	0.9217
	江苏	1.0003	0.9973	0.9997	0.9568	0.9542	
	浙江	1.0061	0.9925	0.9979	1.0058	1.0022	
南部沿海	福建	1.0001	0.9923	0.9965	1.0016	0.9905	1.0066
	广东	1.0057	0.9960	1.0001	1.0095	1.0113	
	海南	1.0021	0.9987	1.0046	0.9994	1.0049	
中部	山西	1.0084	0.9873	1.0030	1.0054	0.9889	0.9889
	安徽	1.0063	1.0032	0.9998	1.0028	1.0121	
	江西	1.0058	0.9945	1.0000	0.9926	0.9930	
	河南	1.0048	0.9980	0.9956	1.0002	0.9986	
	湖北	1.0078	0.9940	1.0034	0.9940	0.9990	
	湖南	0.9962	0.9970	1.0001	0.9890	0.9826	

续表

区域	省（区市）	能源结构效应	火电效率效应	电力结构效应	电力地理结构效应	省级总效应	区域总效应
西南	广西	1.0100	0.9946	0.9992	1.0032	1.0069	1.0079
	重庆	0.9994	0.9914	1.0105	1.0127	1.0139	
	四川	1.0066	0.9965	0.9948	1.0012	0.9991	
	贵州	1.0063	0.9954	0.9884	1.0029	0.9927	
	云南	1.0002	0.9950	1.0004	0.9997	0.9954	
西北	内蒙古	1.0072	0.9976	0.9797	1.0132	0.9975	1.0605
	陕西	1.0109	1.0018	1.0109	0.9925	1.0162	
	甘肃	1.0007	0.9997	0.9988	1.0012	1.0003	
	青海	1.0001	0.9965	0.9959	0.9996	0.9921	
	宁夏	1.0016	0.9963	0.9972	1.0267	1.0217	
	新疆	1.0002	0.9885	1.0035	1.0401	1.0318	
中国		1.1329	0.8844	0.9588	0.9655	0.9275	

资料来源：笔者绘制。

能源结构效应是这些减排绩效较差省域电力碳强度增加的主要共同原因。尽管中国政府已经宣布了许多促进能源转型的措施来控制电力碳排放，但中国以煤炭为主的能源系统大大限制了其减排贡献，且能源结构转型政策的减排效果有一定的滞后性。预计在未来，随着中国对非化石能源发展的支持力度增大，比如非化石发电补贴、“煤改气”工程等，能源结构效应在减少省域电力碳强度的贡献将逐渐加强。

电力地理结构效应、火电效率效应和电力结构效应促进减排绩效较差省域的电力碳强度增加。具体来说：第一，电力地理结构效应导致了西北和西南大部分省域电力碳强度的不断提高，西北和西南是中国电力净流出区域，其电力供应扩大满足了其他区域经济发展需求，同时也造成本地区电力生产过程中的碳排放增加。第二，火电效率效应对电力碳强度下降的负面影响，与发电机组能量转换效率、规模、运行时间等情况不佳紧密关联。第三，尽管非化石能源发电在电力结构中的替代作用增强，比如浙江等沿海地区天然气发电、湖北水力发电等，但非化石能源发电投资周期长、建设慢，其电力结构优化的减排效果具有滞后性。

关于与电力交易相关的影响因素见表5-8，其表现如下：一是电力效率效应导致减排绩效较差省域电力碳强度的增加，虽然这些省域实施了许多减排措施，但在对经济效益和环境成本的权衡上仍侧重经济发展速度，轻视环境质量。二是电力消耗强度效应是导致大部分减排绩效较差省域电力碳强度下降的主要原因。虽然中国终端电气化水平不断上升，但随着中国阶梯电价的出台和居民环保意识的增强，经济发展和电力消耗脱钩进程加速。三是电力交易效应有助于大部分减排绩效较差省域的电力碳强度下降。东北、西北和中部地区拥有丰富的清洁电力资源，是中国主要的电力净输出区域。由于电力市场价格竞争后经济利益的驱动，省域间电力交易可能会大大促进非化石能源技术的部署，特别是基于间歇性风能和光伏。对于南部沿海等电力净输入区域，电力交易是碳强度下降和“碳排放外溢”增加的主要原因。

5.4.2 电力碳强度分阶段变化影响因素分析

根据电力碳强度的变化趋势，可以将研究阶段划分为四个阶段：快速增长阶段（2001~2004年）、快速衰退阶段（2004~2009年）、缓慢增长阶段（2009~2011年）和转型阶段（2011~2015年）。

1. 快速增长阶段（2001~2004年）

表5-8显示了四阶段减排绩效较差省域电力碳强度变化的影响因素。中国电力碳强度在2001~2004年增加了6.4%，其中，火电效率效应、电力结构效应、能源结构和电力效率效应促进了电力碳强度的增加，而电力交易效应、电力地理结构效应和电力消耗强度起阻碍作用。减排绩效较差省域主要分布在东北、中部、西南、西北和沿海地区。西北、西南和中部的电力碳强度增长与能源结构效应和火电效率效应相关，而东北的电力碳强度增长与火电效率效应和电力地理结构效应相关。电力交易相关因素在各省域作用差异较大。具体分析如下：

表 5－8　　2001～2015 年电力交易相关因素贡献分析

区域	省（区市）	电力效率效应					电力消耗强度效应					电力交易效应				
		2001～2004 年	2004～2009 年	2009～2011 年	2011～2015 年	2001～2015 年	2001～2004 年	2004～2009 年	2009～2011 年	2011～2015 年	2001～2015 年	2001～2004 年	2004～2009 年	2009～2011 年	2011～2015 年	2001～2015 年
京津	北京	1.0030	1.0209	1.0070	0.9967	1.0277	0.9890	0.9887	0.9932	0.9940	0.9655	1.0089	0.9900	0.9988	1.0095	1.0071
	天津	1.0005	1.0261	1.0005	1.0163	1.0438	0.9951	0.9903	0.9929	0.9905	0.9692	1.0046	0.9892	1.0066	0.9935	0.9938
东北	辽宁	1.0003	1.0226	1.0097	1.0062	1.0391	1.0007	0.9855	0.9927	0.9908	0.9699	0.9993	0.9914	0.9977	1.0031	0.9916
	吉林	1.0107	1.0233	1.0048	1.0130	1.0527	0.9932	0.9850	0.9929	0.9888	0.9605	0.9969	0.9920	1.0027	0.9985	0.9901
	黑龙江	1.0092	1.0091	1.0104	1.0046	1.0337	0.9910	0.9948	0.9903	0.9959	0.9723	0.9999	0.9963	0.9991	0.9993	0.9946
北部沿海	河北	1.0039	1.0160	1.0061	1.0103	1.0367	0.9986	1.0020	0.9939	0.9927	0.9873	0.9975	0.9832	1.0000	0.9978	0.9786
	山东	1.0005	1.0113	1.0097	0.9977	1.0193	1.0027	0.9832	1.0089	1.0011	0.9957	0.9967	1.0057	0.9817	1.0015	0.9855
中部沿海	上海	1.0110	1.0242	0.9985	1.0211	1.0557	0.9954	0.9921	0.9956	0.9911	0.9744	0.9934	0.9844	1.0058	0.9893	0.9731
	江苏	1.0002	1.0062	1.0025	1.0077	1.0167	1.0020	0.9973	0.9966	0.9939	0.9898	0.9978	0.9966	1.0007	0.9980	0.9932
	浙江	1.0005	1.0021	1.0034	1.0059	1.0120	0.9998	1.0017	0.9970	0.9959	0.9944	0.9999	0.9962	0.9995	0.9982	0.9939
南部沿海	福建	1.0011	1.0045	1.0015	1.0060	1.0132	1.0004	0.9998	0.9982	0.9945	0.9929	0.9986	0.9959	1.0002	0.9992	0.9939
	广东	1.0000	1.0179	1.0024	1.0094	1.0299	1.0065	0.9890	0.9938	0.9952	0.9845	0.9942	0.9931	1.0037	0.9955	0.9865
	海南	0.9984	0.9990	1.0026	1.0024	1.0025	1.0033	1.0066	0.9971	1.0001	1.0069	0.9984	0.9947	1.0004	0.9975	0.9909
中部	山西	1.0055	1.0073	1.0085	1.0035	1.0250	0.9936	0.9947	0.9932	0.9967	0.9784	1.0010	0.9980	0.9983	0.9998	0.9970
	安徽	0.9990	0.9990	1.0065	1.0055	1.0101	0.9995	0.9989	0.9936	0.9973	0.9894	1.0001	1.0024	0.9989	0.9973	0.9987
	江西	0.9978	1.0186	0.9977	1.0016	1.0157	1.0034	1.0572	0.9395	0.9979	0.9945	0.9989	0.9285	1.0668	1.0004	0.9897
	河南	0.9993	1.0126	1.0079	1.0151	1.0353	0.9869	1.0077	0.9927	0.9891	0.9764	1.0140	0.9799	0.9993	0.9962	0.9892
	湖北	0.9954	1.0051	1.0050	1.0061	1.0116	0.9960	0.9997	0.9968	0.9941	0.9866	1.0092	0.9952	0.9985	0.9997	1.0025
	湖南	0.9991	1.0087	1.0019	1.0077	1.0175	0.9973	0.9974	0.9985	0.9944	0.9875	1.0035	0.9933	0.9997	0.9979	0.9943

续表

区域	省（区市）	电力效率效应					电力消耗强度效应					电力交易效应				
		2001 ~ 2004 年	2004 ~ 2009 年	2009 ~ 2011 年	2011 ~ 2015 年	2001 ~ 2015 年	2001 ~ 2004 年	2004 ~ 2009 年	2009 ~ 2011 年	2011 ~ 2015 年	2001 ~ 2015 年	2001 ~ 2004 年	2004 ~ 2009 年	2009 ~ 2011 年	2011 ~ 2015 年	2001 ~ 2015 年
西南	广西	1. 0028	0. 9992	1. 0064	1. 0042	1. 0125	0. 9989	0. 9980	0. 9967	0. 9945	0. 9881	0. 9989	1. 0031	0. 9974	1. 0012	1. 0005
	重庆	1. 0007	1. 0081	1. 0067	1. 0070	1. 0227	0. 9952	0. 9976	0. 9960	0. 9908	0. 9797	1. 0041	0. 9942	0. 9976	1. 0018	0. 9978
	四川	1. 0002	1. 0076	1. 0019	0. 9973	1. 0070	1. 0012	0. 9925	0. 9983	0. 9969	0. 9889	0. 9986	0. 9993	0. 9996	1. 0059	1. 0034
	贵州	1. 0004	1. 0062	1. 0092	1. 0074	1. 0234	0. 9984	0. 9937	0. 9957	0. 9903	0. 9783	1. 0012	1. 0000	0. 9948	1. 0022	0. 9981
	云南	0. 9983	0. 9983	1. 0020	0. 9989	0. 9975	1. 0014	0. 9960	0. 9983	0. 9961	0. 9918	0. 9999	1. 0054	0. 9996	1. 0052	1. 0101
西北	内蒙古	1. 0006	1. 0071	1. 0026	1. 0004	1. 0107	1. 0003	0. 9899	0. 9992	1. 0036	0. 9930	0. 9990	1. 0034	0. 9982	0. 9960	0. 9967
	陕西	1. 0091	1. 0155	1. 0030	1. 0114	1. 0396	1. 0559	0. 9920	0. 9943	0. 9943	1. 0355	0. 9399	0. 9926	1. 0023	0. 9958	0. 9311
	甘肃	1. 0000	1. 0062	0. 9994	1. 0039	1. 0096	0. 9994	0. 9976	0. 9970	0. 9969	0. 9909	1. 0004	0. 9962	1. 0036	0. 9991	0. 9993
	青海	1. 0041	1. 0007	1. 0017	1. 0020	1. 0085	1. 0015	0. 9979	1. 0009	0. 9979	0. 9982	0. 9951	1. 0018	0. 9975	1. 0001	0. 9945
	宁夏	0. 9977	1. 0116	0. 9877	1. 0064	1. 0034	1. 0059	0. 9896	1. 0002	0. 9949	0. 9906	0. 9964	0. 9993	1. 0120	0. 9986	1. 0063
	新疆	1. 0042	0. 9976	0. 9990	0. 9766	0. 9773	0. 9792	1. 0245	0. 9995	1. 0207	1. 0234	1. 0171	0. 9782	1. 0014	1. 0034	0. 9996
中国		1. 0547	1. 3365	1. 1118	1. 1630	1. 8225	0. 9898	0. 9399	0. 8447	0. 8779	0. 6899	0. 9616	0. 7988	1. 0619	0. 9816	0. 8007

资料来源：笔者绘制。

第一，在2005年前，西北、中部、西南和一些沿海省份电力碳强度的增加与火电装机容量的大幅扩张相关。例如，自2000年以来，湖北和山西成为主要的电力净输出省域，随着电力短缺和火电效率的改善，其电力碳强度预计在未来会下降。

第二，火电效率效应驱动西北、西南、中部和沿海等减排绩效较差省域的电力碳强度增长，为了应对国内严重的电力短缺，关停小火电机组的进程被暂停，甚至更多的燃煤机组被重新运行，这严重损害了燃煤机组的利用效率。火电效率降低与中国加入WTO后电力需求激增、火电装机容量反弹等有关。

第三，能源结构效应对电力减排绩效较差省域电力碳强度的增长起促进作用，这离不开煤炭在能源消耗中的主导地位。加入WTO为中国注入了新的经济增长动力，但2001~2004年中国的经济发展方式仍然是以煤炭为主的粗放型发展模式，在此种经济发展模式下，煤电的大规模扩张会释放更多的碳排放。

第四，电力地理结构效应与省域间电力交易政策、电力需求量等息息相关。中国跨省域间电力交易规模不断增加。自2000年起，水力资源丰富的吉林和湖北向北部和东部地区输送了大规模电力，山西也将煤电输送到东部区域。巨大的电力需求导致这些省域的电力生产不断攀升，进而导致与能源相关的碳排放增加。

第五，东北、西南和西北的电力碳强度增长是由电力效率效应驱动的，而中部和沿海地区的电力碳强度增加则离不开电力交易效应和电力消费效应。东北和西北是中国主要的电力净输出区域，其以煤电为主的发电模式需要消耗大量的化石燃料，有限的技术水平和发电效率促进了电力碳强度的增加。此外，西南拥有丰富的水力资源和清洁的水电，但西南地区特殊的地理条件限制了其输配电网建设，导致电力生产剩余、输配电损失严重等问题。

在沿海区域尤其是广东和海南，居民低碳环保意识增强，逐渐增加节电意识。电力交易效应导致了中部地区电力碳强度的增加。中部地区作为净电力输出地区，为满足其他区域的电力需求而组织电力生产。尽管中部地区发电类型较为清洁，但其电力供给过剩、电力需求短缺，导致了严重的输配电损和不必要的碳排放。因此，平衡电力供需关系的关键是控制厂用电能源消耗和输配电损耗。

2. 快速衰退阶段（2004 ~ 2009 年）

由表 5 - 8 可知，2004 ~ 2009 年中国电力碳强度减少了 6.3%，这主要归因于火电效率的改善。电力经济效率效应、电力结构效应和能源结构效应驱动中国电力碳强度的增加，电力交易效应、节电潜力效应、电力地理结构效应和火电效率效应驱动中国电力碳强度的下降。其中，西北和东北电力碳强度的增加主要归因于能源结构和电力地理结构效应，而西南和沿海区域电力碳强度的增加则受能源结构、电力结构和电力地理结构的驱动。具体分析如下：

第一，能源结构效应在降低电力碳强度上起阻碍作用，这意味着中国经济增长模式仍是以化石燃料为主的粗放型模式，尤其在西北和东北等发展中省域。自 2006 年以来，中国超过美国成为全球最大的碳排放国，这促使中国加大对电力部门化石燃料的管理力度。天然气储量较丰富的省份，如四川、陕西等，其能源结构效应在促进电力碳强度下降方面的作用更加明显。

第二，电力地理结构效应是东北和西部地区电力碳强度增长的主要贡献因素，这与中国“西电东送”工程关系紧密。“西电东送”工程将过剩的电力供给输往电力短缺的东部区域，满足东部地区日益增长的电力需求，同时增加了西部地区的电力生产量及与能源消耗相关的碳排放；东北地区电力地理结构效应促进了电力碳强度增加的原因亦然。

第三，“十一五”规划以来，中国政府出台了许多促进清洁能源发展的扶持政策，如《可再生能源中长期发展规划》《中华人民共和国可再生能源法》等，为清洁发电创造了有利条件，如四川和云南水电、内蒙古陆风、海南核电等。

第四，2004 ~ 2009 年，中国提出了一系列节能减排目标，并且采取了强有力的管控手段，包括关停低效燃煤机组、提升现役机组效率等，全面推动了大部分省域火电效率的提升，发电效率对电力碳强度下降的贡献有望继续加强。

第五，2004～2009 年，减排绩效较差省域电力碳强度的增加离不开电力交易相关因素的驱动。中国振兴“东北老工业基地”“西部大开发战略”等国家战略为东北、西南和西北的经济发展带来了契机。在此背景下，东北、西南和西北的电力生产量远远超过电力需求量，进而导致了大量的输配电损。同时，经济发展速度落后于电力发展速度，较低的电力经济效率效应又推动了电力碳强度的上升。在中国沿海发达省域，大量电力需求与经济发展需求相匹配，从而发挥了节电潜力效应的减排效果。

3. 缓慢增长阶段（2009～2011 年）

从表 5－8 可以看出，2009～2011 年中国电力碳强度增长了 3.3%，电力结构效应、火电效率效应、电力地理结构效应、电力经济效率和电力交易效应促进了电力碳强度的增长，而能源结构和节电潜力效应则促进了电力碳强度的下降。电力减排绩效较差省域主要分布在东北、西北、西南和中部区域。具体分析如下：

第一，2001～2009 年能源结构效应导致电力碳强度的增加，而在 2009～2011 年促进了电力碳强度的下降，这反映出 2002 年电力市场改革和 2006 年清洁发电政策下能源结构优化的碳减排作用具有一定的滞后性。能源结构效应对降低电力碳强度的抑制作用主要集中在能源资源丰富的省份，如吉林、云南、重庆、陕西等。

第二，2009～2011 年，电力地理结构效应导致西北和西南电力碳强度的增加。在跨省电力传输中，“西北→华东”，“西北→华中”和“西南→华中”的电力传输容量较大且持续增长。此外，“西电东送”电网传输工程的发展，为西北和西南电力的对外输送提供了渠道，进而刺激了西北和西南电力生产及隐含碳的增长。

第三，电力作为经济发展的基础能源，对提高人民生活水平和服务经济发展至关重要。随着金融危机后期中国的经济复苏，电力需求激增，中国不得不暂停“关停低效燃煤电厂”项目和清洁电力项目，这极大地损害了火电效率效应和电力结构[33]。

第四，电力效率效应是导致东北、西南和中部区域电力碳强度增长的主要贡献因素。这三个区域分别依仗振兴“东北老工业基地”“西部大开发”“中部崛起”等国家战略来实现经济发展，但其粗放型的经济发展模式是以牺牲环境成本为代价的。西北电力碳强度增长离不开电力交易规模扩大带来的电力生产量增多，进而促进了与能源相关碳排放的增长。此外，西北作为主要的电力净输出区域，以煤电为主要发电类型，但单位发电量的化石燃料消耗量较大，导致电力碳强度的增加。以煤电为主的电力传输系统阻碍了清洁电力消纳，进而增加了电力盈余。

4. 转型阶段（2011 ~ 2015 年）

由表 5 - 8 可知，2011 ~ 2015 年中国电力碳强度下降了 10%，这主要归功于能源结构效应、电力经济效率和节电潜力效应的促进作用，而火电效率效应、电力地理结构效应和电力交易效应对电力碳强度的下降起阻碍作用。具体分析如下：

第一，自 2011 年以来，能源结构效应在降低电力碳强度的贡献开始显现。值得注意的是，虽然清洁能源大规模扩张，如“十二五”期间燃气发电装机容量增长了 20.1%，但其体量仍远低于煤炭消耗量。这就意味着在一些资源丰富、经济发展较快的省份存在清洁能源发展的技术瓶颈。例如，浙江面临大型天然气短缺，不得不推迟天然气推广的项目。由此可见，能源结构对电力碳强度降低的负面作用并不稳定。

第二，这些省域电力需求增长率大幅下降，这与其 2014 年后经济模式转向以服务业和低碳消费为导向的发展模式密不可分。对于一些电力装机容量较高的省（区），如山东、内蒙古、四川、浙江等，其电力需求的下降会促使电力生产的动力不足，促使电力交易效应阻碍了电力碳强度下降。

第三，在 2011 ~ 2015 年，清洁电力装机容量大幅增长，电力结构效应对降低电力碳强度的贡献在增加。例如，光伏发电装机容量年均增长

168.9%，风力发电装机容量年均增长34.1%，西南地区凭借丰富的水利资源优势加大了水电站扩建。尤其是，湖北在三峡大坝水电站工程发挥了枢纽作用[186]，内蒙古和吉林逐渐成为中国主要的风力发电基地等。同时，火电装机规模依然在缓慢增长，年均增长率为6.9%。

第四，2011~2015年中国火电发电效率下降了4.5%，尽管如此，通过引入整体煤气化联合循环、超临界超低排放压力锅炉循环技术等新技术，火电效率效应仍有助于电力碳强度的下降。除了技术设备的改进，电力企业大量引进人才，通过其先进的管理经验和技术水平等促进了火电发电效率的提高，如辽宁。但对于一些经济发达或资源丰富的省域，虽然中国已经实施了一系列减排措施，减排量仍然落后于电力供给的发展速度，其电力效率效应仍然较低。

第五，2011~2015年，北京、辽宁、重庆和新疆电力碳强度增长的主要驱动因素是电力交易相关效应。对于电力净输入省域，其进口电力隐含的碳排放是为了满足区域内的电力需求；对于电力净输出省域，其电力输出导致本省域碳排放增加。因此，跨省域电力交易产生的“碳排放外溢”越来越明显。新疆拥有丰富的光伏和风力资源，但以火电为主的电网输配系统限制了清洁电力的消纳，造成大规模的“弃风弃光”现象。对于电力净输入省域（如北京、辽宁和重庆），其快速的经济发展需要大量的电力消耗，但其电力传输量远远超过电力需求量，造成电力过剩现象。此外，电力交易对一些气候参数因素（如降水、风速等）等较为敏感，这增加了清洁电力的不稳定性。

5.4.3 省域减排技术结构组合策略分析

2001~2015年减排绩效较差省域的地理位置的变化如下：集中于华南（2001~2004年）、散布于西部（2004~2009年）、集中于西部（2009~2011年）和散布于全国（2011~2015年）。实现中国碳强度减排目标的行政单位是省域，因此有必要对这些减排绩效较差省域的关键影响因素，实行针对性的技术结构组合策略。

如图5-3所示，根据电力碳强度增加的影响因素将30个省域单位划分为四大类：Ⅰ：T^t+T^e+S、Ⅱ：T^t+T^e+2S、Ⅲ：$2T^e+2S$和Ⅳ：T^e+S。Ⅰ：T^t+T^e+S省域，包括辽宁、陕西、天津和江苏，其电力碳强度的增加是由两种传统技术效应（火电效率效应和电力效率效应）和一种结构效应（即火电效率效应D_u和能源结构效应D_m）导致的。Ⅱ：T^t+T^e+2S，包括广东、内蒙古和贵州，其电力碳强度增长是由两种混合技术效应（火电效率效应和电力效率效应）和三种结构效应（即火电效率效应D_u、能源结构效应D_m和电力地理结构效应D_s）导致的。Ⅲ：$2T^e+2S$，包括15个省域，导致其电力碳强度增长的主要因素是两种电力交易相关技术效应（即电力效率效应和电力交易效应）和两种结构效应（即能源结构效应D_m和电力地理结构效应D_s）。Ⅳ：T^e+S，包括8个省域，其电力碳强度增加与电力效率效应和一种结构因素（即能源结构效应D_m和电力地理结构效应D_s，或能源结构效应D_m和电力结构效应D_p）相关。目前，学术界对电力交易效应的研究较少，本章的省域减排策略分类丰富了目前中国碳减排策略的研究。

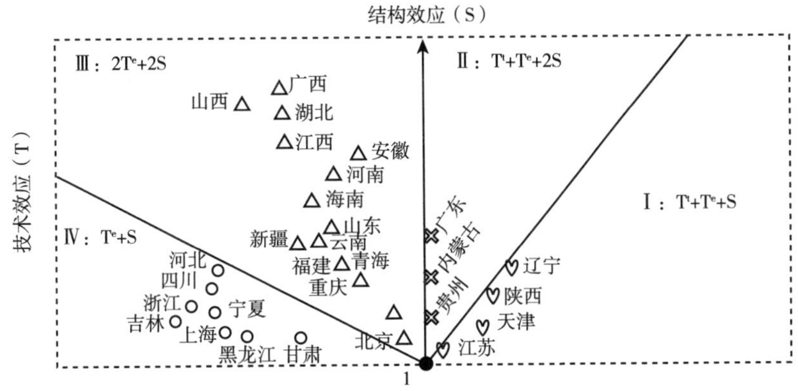

图5-3　不同技术结构组合减排策略下的省域分类

注：本章技术因素（T）包括传统技术因素（火电效率）和电力交易相关因素（电力经济效率效应，节电潜力效应和电力交易效应）。结构因素（S）包括三类因素：电力结构效应（D_p），电力地理结构效应（D_s）和能源结构效应（D_m）。

资料来源：笔者绘制。

西北、西南、中部、东北和沿海区域 18 个省域的电力碳强度保持增长态势，其中，西北和东北的碳减排关注点应该放在能源结构转型上，而西南和沿海区域的碳减排重点应该放在电力结构和电力地理结构的改善上。此外，西北和西南清洁电力资源丰富，应该扩大输配电网建设，增强以煤电为主的输配电网灵活性，增强对清洁电力的消纳能力。关于电力交易相关因素，减排绩效较差省域应该注意权衡经济效益和环境成本。尽管中国已经实行了一系列的碳减排措施，但中国电力生产与经济增长仍存在较强的耦合关系，其减排效果仍待改善。

5.5 本章小结

本章兼顾了电力碳排放和电力碳强度两个指标，采用改进的乘法 LMDI－Ⅱ方法识别中国 30 个省域 2001～2015 年电力全过程（生产侧、消费侧和传输侧）碳强度和碳排放变化的影响因素，包括传统规模、技术、结构类和电力交易类因素，据此提出省域电力部门碳减排的技术结构组合策略。主要研究结论如下：

（1）本章采用单等[176]提出的更符合中国现实情况的碳排放因子核算了中国省域电力部门碳强度和碳排放。尽管本章估计的电力碳强度下降趋势和碳排放增加趋势与 IPCC 的估计一致，但中国“十二五”期间电力碳强度的估计值比 IEA 的估计值低 25%，可见不同数据来源的排放因子差异较大，最大可达到 40%。

（2）中国电力碳强度下降的主要贡献因素是电力经济效率效应、电力交易效应、火电效率效应、电力结构效应和电力地理结构效应，而电力效率效应和能源结构效应抑制了电力碳强度的下降。相反，能源结构效应和电力效率效应导致了中国电力部门碳排放的下降，其他因素导致了电力部门碳排放的增长。值得注意的是，电力交易效应和电力结构效应的碳减排作用并未得到充分挖掘。各省域电力部门碳强度时空变化的影响因素差异较大，有必要根据省域电力碳强度增加的原因提出针对性的技术结构组合策略。

(3) 中国减排绩效较差的省域主要分布在西北、东北、西南和南部沿海，这些省域是中国未来电力部门减排需要优先管控的省域。为实现电力碳强度减排目标，有必要根据产业政策取向来调整省域碳强度增长的影响因素。例如，提倡技术转移来提高发电效率，支持能源转型和电力结构转型，增强输配电网灵活性以适应清洁电力入网需求和缓解电力交易供需不平衡问题等。

| 第6章 |

中国省域非化石能源发电“碳回报”分析：生产侧视角

中国非化石能源进入快速发展期，2002~2015年非化石能源发电的累计装机容量增长了3倍[187]，中国已成为世界最大的非化石能源发电国。同时，中国非化石能源发电面临诸多障碍导致其碳减排潜力未能得到充分挖掘，包括非化石能源发电运行机制不完善，电力系统的灵活性不足；非化石能源发电成本仍偏高，竞争优势不足；大规模非化石能源发电的并网运行仍薄弱，与化石能源发电协调发展的技术管理体系尚未建立等。

非化石能源发电扩张一般分为投资阶段和运营阶段，非化石能源发电在不同阶段的“碳回报”有较大差异。“碳回报”即非化石能源扩张对电力部门碳排放的影响，包括碳排放减少（“碳收益”）和碳排放增加（“碳损失”）两类。具体来说，在非化石能源发电的初期基础设施建设、运输和装配过程中，非化石能源发电的投资需求会增加产业链上游的高碳生产活动，进而导致碳排放增加，即非化石能源投资一般会产生“碳损失”；在非化石能源发电投入运营后，非化石能源发电对化石能源发电的替代作用加强，电力结构低碳化会抵消掉由化石能源发电产生的碳排放，导致碳排放下降，即非化石能源发电运营会产生“碳收益”。由于非化石能源发电机组寿命较长，其投资的长期影响会渗透进发电运营阶段，尤其是各省域资源禀赋和发展水平表现出较强的不均衡性特征，故有必要区分省域层面非化石能源发电全阶段的

“碳回报”。

从产业经济学视角看，发挥非化石能源发电技术的减排潜力需要基于省域资源禀赋不同类型发电技术的产业布局。从公共经济学视角来看，碳排放作为一种公共物品，具有“非竞争性”和“非排他性”特征。由于公共物品提供的“搭便车”行为，导致了碳减排进程举步维艰。如何支持非化石能源发展是新时期能源环境与气候变化经济学的研究重点，也是中国实现能源转型和碳减排目标的重要战略部署。中国公布了非化石能源的发展目标，非化石能源发电需要落实到省域层面。中国省域电力资源禀赋差异较大，非化石能源发电的减排效果也参差不齐，有必要评估各类非化石能源发电技术在省域层面的碳排放影响，以发挥省域非化石能源发电潜力、促进省域碳减排协作。因此，本章基于省域资源禀赋差异，结合混合序列投入产出模型和反事实情景分析，识别了中国省域非化石能源发电技术扩展的“碳回报”问题以及省域间非化石能源发电投资“碳损失”的溢出效应。

6.1　模型设定与数据处理

6.1.1　模型设定

1. 反事实情景设定

学术界用于评估非化石能源发电扩张对碳排放影响的常用方法有两种：一种是自下而上的过程分析，聚焦非化石能源基础设施建设过程中的碳排放；另一种是自上而下的投入产出分析，评估整个产业链经济活动的环境影响。过程分析相对易于理解，但过程分析以直接碳排放为研究对象，往往忽略了上游产业的间接碳排放；相反，投入产出分析不仅可以识别产业链上的直接和间接碳排放，而且可以探究各产业链间的生产关联。基于混合序列多区域投入产出模型，本章基于情景设置中的反事实情景分析思路，量化了

2002～2015 年历史情境下中国非化石能源发电扩张的投资净碳效应和运营净碳效应。

反事实情景分析的核心思想是不以事实为基础，而以推理需求为基础提出反事实的假设条件，进而估计这一假设对经济环境产生的影响，不同于常见的预见未来可能发生情景的思路。运用反事实情景分析可以在一定程度上克服参数设置带来的估计误差，更真实地反映现实情景的实际影响。在反事实情景分析模型下，假设目标年没有发生非化石能源发电扩张，则需要用火电技术（煤炭、石油和天然气）替代历史情景下新增非化石能源发电装机和新增非化石能源发电量，除此之外，其他因素（发电规模、碳强度、非化石能源装机等）与目标年参数一致，以通过反事实情景下的碳排放量与历史情景下的碳排放差额来判断省域非化石能源扩张对碳排放影响的目的。因此，在反事实情景下，假设电力结构发生变化，新增非化石能源发电量被火电替代，即用上年的电力结构代替目标年电力结构；火电装机容量和发电量除了包括历史情景下的原有数值，还应纳入目标年的新增非化石能源装机容量和发电量。在反事实情景下，新增火电装机容量 m_1^{cfa} 和火电发电量 g_1^{cfa} 分别如式（6.1）和式（6.2）所示：

$$m_1^{cfa} = m_1^{fa} + \frac{\sum_{k=2}^{5} m_i^{fa} \times h_k}{h_1} \tag{6.1}$$

$$g_1^{cfa} = g_1^{fa} + \sum_{k=2}^{5} m_i^{fa} \times h_k \tag{6.2}$$

式中，“cfa” 和 “fa” 分别表示反事实情景和历史情景。m_k 表示新增发电技术 k 的装机容量；$k=1$，2，3，4，5，分别表示火电、水电、核电、风电和光电技术；h_k 表示 k 种发电技术的年度使用小时数，即 k 种发电技术发电量 g_k 与其装机容量 m_k 的比例。

2. 非化石能源发电投资净碳效应

非化石能源发电的投资净碳效应，指非化石能源发电在设施建设、运输和装配等环节增加的碳排放，属于电厂运营前产生的碳排放，即与产业链关联的“碳损失”。基于最终需求驱动的投入产出模型，非化石能源发电投资引致的碳排放变化如式（6.3）所示：

$$\Delta C_i = F_i \boldsymbol{L}_{ij} \Delta y_j^k \tag{6.3}$$

式中，F_i是部门 i 的碳排放系数，表示部门 i 单位经济产出的碳排放量；$\boldsymbol{L}_{ij} = (I - A_{ij})^{-1}$是里昂惕夫逆矩阵；$\Delta y$ 是最终需求向量的变化量、投资和出口，本章仅考虑非化石能源发电的外生投资需求。

考虑到本章仅关注非化石能源发电的最终需求 y 中投资需求变化的影响，故仅核算了投资变化 Δy 引致的碳排放变化。考虑到将部门单区域投入产出表的编制思路（见 3.1 节）应用到部门多区域投入产出表层面，存在数据基础难获得、编制难度大等阻碍，鲜有文献对中国多区域投入产出表的电力部门进行子系统拆分来区分各类发电技术的异质性。因此，为了区分发电技术异质性，本章基于混合序列多区域投入产出模型思路（见本书 3.3 节），将非化石能源发电投资规模及其对其他经济部门的影响视作外生变量，并对新增的非化石能源发电投资 Δy 进行二次分解，即 $\Delta y_j^k = \hat{S}_j^k \times V^k$，通过引入各类发电技术投资结构来区分不同发电技术投资对碳排放变化的影响。其中，V^k表示非化石能源发电技术 k 的新增投资总额；$\hat{S}_j^k$ 表示部门 j 在非化石能源发电 k 投资总额中的份额。本章假设 $\hat{S}_j^k$ 在研究周期内不变，式（6.3）可以改写为：

$$\Delta C_i = F_i L_{ij} \hat{S}_j^k \times V_k \tag{6.4}$$

进一步，非化石能源发电投资引致的碳排放可以划分为两种类型：区域内效应和区域间溢出效应。区域内效应描述了受本区域内非化石能源投资影响的本区域碳排放变化，用 ΔC_i 对角线数值表示；区域间溢出效应描述了受其他区域非化石能源投资影响的本区域碳排放变化，用 ΔC_i 非对角线数值表示。

非化石能源的投资净碳效应，属于二次差分的概念，表示为目标年历史情境下发生非化石能源投资的碳排放量与反事实情景下没有发生非化石能源投资的碳排放量差额。引入式（6.1）和式（6.2）中关于反事实情景下的火电装机容量m_1^{cfa}，则非化石能源投资净碳效应 ΔC_{inv} 表示为：

$$\Delta C_{inv} = \sum_r \sum_k cp_{r,k} \times m_{r,k}^{fa} - \sum_r \sum_k cp_{r,k} \times m_{r,k}^{cfa} \tag{6.5}$$

式中，ΔC_{inv}表示投资净碳效应，即历史情境下新增非化石能源发电投资的碳排放变化与反事实情境下无新增非化石能源发电投资的碳排放变化差额；$cp_{r,k}$ 是碳强度，表示区域 r 发电技术 k 单位装机容量的碳排放量。

3. 非化石能源发电运营净碳效应

非化石能源发电运营的净碳效应，描述了非化石能源电力投入运营后，由于非化石能源发电替代化石能源发电而减少的碳排放，会产生电力结构优化的“碳收益”。非化石能源发电运营相关的碳排放如下式所示：

$$\begin{aligned} \boldsymbol{C} &= \boldsymbol{FLy} \\ &= \sum_k \left(\frac{\boldsymbol{C}_k}{\boldsymbol{G}_k} \times \frac{\boldsymbol{G}_k}{\boldsymbol{G}} \times \frac{\boldsymbol{G}}{\boldsymbol{D}} \times \frac{\boldsymbol{D}}{\boldsymbol{X}} \right) \times \boldsymbol{L} \times \boldsymbol{y} \\ &= \boldsymbol{CG}_k \times \boldsymbol{GG}_k \times \boldsymbol{GD} \times \boldsymbol{DX} \times \boldsymbol{L} \times \boldsymbol{y} \end{aligned} \tag{6.6}$$

式中，$\boldsymbol{G}$、$\boldsymbol{D}$ 和 $\boldsymbol{X}$ 分别表示电力生产量、电力消耗量和经济产出。r、i 和 k 分别表示省域、部门和电力类型。非化石能源发电运营碳排放 $\boldsymbol{C}$（$2r \times r_i$ 矩阵）可以分解为碳排放系数 $\boldsymbol{F}$、里昂惕夫逆矩阵 $\boldsymbol{L}$ 和最终需求 $\boldsymbol{y}$ 三类影响因素。进一步地，将碳排放系数 $\boldsymbol{F}$ 分解为碳强度效应（$\boldsymbol{CG}_k$）、电力结构效应（$\boldsymbol{GG}_k$）、电力传输效应（$\boldsymbol{GD}$）和电力强度效应（$\boldsymbol{DX}$）。其中，碳强度效应（$\boldsymbol{CG}_k$）为 $2r \times 2r_k$ 矩阵，表示发电技术 k 单位发电量的碳排放量；电力结构效应（$\boldsymbol{GG}_k$）为 $2r_k \times 2r$ 矩阵，表示各省域发电技术 k 在区域总发电量中的占比；电力传输效应（$\boldsymbol{GD}$）为 $2r \times r$ 矩阵，表示各省域电力生产量与电力消耗量的比例，表示省域层面电力供需及输配电的匹配情况；电力强度效应（$\boldsymbol{DX}$）为 $r \times r_i$ 矩阵，表示各省域生产单位经济产出的电力需求量。

本章引入下标“2”对子矩阵进行扩充，以区分省域内和省域间的生产关联。投入产出表和碳排放系数二次分解中均包含了电力部门，为了避免重复计算，本章将电力强度效应（$\boldsymbol{DX}$）和里昂惕夫逆矩阵 $\boldsymbol{L}$ 中电力部门相关数值设置为0。然后，采用逐步计算方法，分别核算在各省域最终需求变动驱动下非化石能源运营引致的碳排放变化。在反事实情景下，假设新增的非化石能源发电由化石能源发电量代替，电力结构发生变化，进而导致非化石能源运营碳排放发生变化。因此，净碳效应 ΔC_{ope} 指历史情景与反事实情景下非化石能源发电运营相关的碳排放差额，属于二次差分的概念，如下式所示：

$$\Delta C_{ope} = CG_k \times GG_k^{fa} \times GD \times DX \times L \times y - CG_k \times GG_k^{cfa} \times GD \times DX \times L \times y \tag{6.7}$$

4. 非化石能源发电“碳回报”

一般来说，非化石能源发电投资会导致碳排放增加（$\Delta C_{inv} > 0$），而非化石能源发电投入运营后，电力结构清洁化会促进碳排放下降（$\Delta C_{ope} < 0$）。基于全生命周期视角来看，非化石能源发电引致的碳排放包括投资相关碳排放和运营相关碳排放，因此将非化石能源发电的“碳回报”定义为投资净碳效应和运营净碳效应的合计影响，如式（6.8）所示：

$$\Delta C = \Delta C_{inv} + \Delta C_{ope}$$
$$当\begin{cases}\Delta C > 0,存在“碳损失” \\ \Delta C < 0,存在“碳收益”\end{cases} \tag{6.8}$$

当“碳回报”$\Delta C = \Delta C_{inv} + \Delta C_{ope} > 0$，即非化石能源扩张会导致“碳损失”，表示非化石能源发电一般处于大规模投资阶段，需要从产业链上游的材料投入等环节进行严格的环境管理，降低隐含碳；当“碳回报”$\Delta C = \Delta C_{inv} + \Delta C_{ope} < 0$，即非化石能源发电扩张会带来“碳收益”，表示非化石能源发电投入运营表现出显著“发电低碳化”碳减排效应，则可以扩大非化石能源发电的投资规模，促进碳减排良性循环。

6.1.2　数据处理

本章以非化石能源迅速扩张的2002～2015年为研究时间范围。非化石能源发电技术主要包括水电、风电、光伏发电、生物质发电、海洋能发电和地热发电等，由于数据限制，本章仅研究四种主要的非化石能源发电技术，包括水电、核电、风电和光电。中国30个省（区市）火电、水电、风电、太阳发电等电力生产量取自《中国电力统计年鉴》的“全国分地区发电量”，30个省（区市）分部门的电力消耗量来源于《中国电力统计年鉴》的“中国分地区全社会用电量分类统计”，30个省（区市）新增装机容量来源于《中国电力统计年鉴》的“中国分地区新增发电装机容量统计”。各类发电技术投资规模数据和发电小时数来源于《中国电力统计年鉴》和《中国电力部门年度发展报告》，分行业发电技术投资份额占比借鉴袁等[144]的参数。中国省域碳排放清单采用中国碳核算数据库分部门核算数据。

2002年、2007年和2012年中国多区域投入产出表来源于国务院发展研究中心。该表覆盖中国30个省（区市）（西藏和港澳台地区除外）和37个经济部门。为了拓展研究周期，本章编制了2015年中国多区域投入产出表，编制过程和数据检验详见4.2.1中国多区域投入产出表编制。为了减少价格波动的影响，本章以2007年为基期，采用双倍平减方法对2002~2015年现价多区域投入产出表进行平减处理。价格平减指数来自《中国价格年鉴》和《中国统计年鉴》，其中缺省值采用当年国家平均水平数值。根据研究需要，本章将所有经济部门归并为24部门（详见附表2）。为了更好地适应电网公司的投资特征，不同于按照行政区域原则的划分方法，本章按照中国六大电网的地理构成对30个省（区市）进行归并，如附表3所示。

6.2 非化石能源发电扩张分析

6.2.1 电力结构分析

从中国各发电技术的生产量构成来看，如图6-1所示，火电发电量在中国发电总量中占据绝对主导地位，2015年火电发电量占比达到73%，随着非石化能源发电的替代作用增强，2002～2015年火电发电量占比呈下降趋势，2015年火电发电量占比相较于2002年下降了11%。非化石能源发电量在中国发电总量中的占比低于27%，但其占比持续增加，2015年非化石能源发电占比相较于2002年增长了54%。其中，水电作为中国主要的非化石能源发电形式，2002～2015年其发电量占比较稳定，约17%；核电和风电发电量占比次之，分别约为3%和3%，核电和风电发电量占比在2007年后快速增长，其中，风电在一系列利好政策的支持下开始大规模发展，而核电自2012年以来更加突出安全高效，建设速度放缓；在分布式光伏项目、地面光伏电站等一系列密集支持项目的推动下，光电自2011年进入规模化稳定发展阶段，但其发电规模依然很低，2015年比重不足0.7%。

如图6－1所示，从各发电技术的地理分布特征来看，火电和风电的开发地域相对分散。2015年，火电发电量排名前五的省域分别是山东、江苏、内蒙古、广东和河南，其比重合计约41%；自2003年开始全国产业化发展阶段，风电发电量排名前五的省域分布于华北和西北，包括内蒙古、河北、

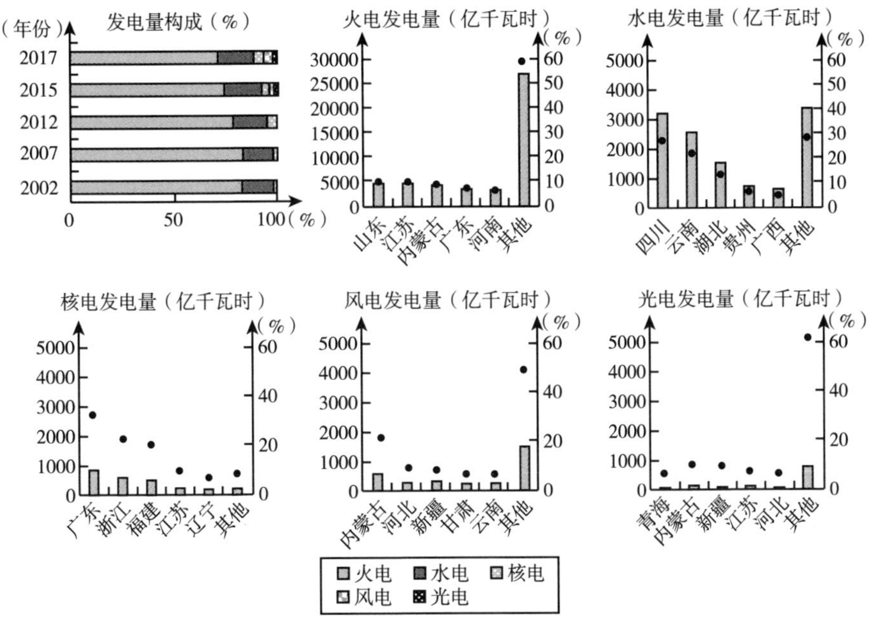

图6－1　按发电技术类型划分的发电量结构分析及省域差异

资料来源：笔者绘制。

新疆、甘肃和山东，其比重合计约52%。水电、核电和光电的开发区域相对集中，这与其资源密集型特征相关。领跑中国核电发展的地区是华南和华东，包括广东、浙江、福建、江苏和辽宁，其核电发电量占比超过99%；水电发电量排名前五的省域分布于华中和华南，包括四川、云南、湖北、贵州、广西，其比重合计约70%；光电发电量排名前五的省域集中于西北，包括青海、甘肃、新疆、内蒙古、宁夏，其比重合计约72%，随着大量光伏企业应运而生，目前中国光伏产量已经达到世界领先水平，预计未来光伏发电将释放巨大的节能减排潜力。

6.2.2 新增投资分析

如图6－2所示，2002～2015年，中国新增装机容量保持增长趋势，并于2015年创历年新高，其中非化石能源发电装机占比达到45.82%。2015年，全国基建新增发电装机容量1.13亿千瓦，是历年新投产发电装机最多的一年。其中，火电新增装机呈波动式增长，2015年火电新增装机0.61亿千瓦，较2002年增长了380%，全年新投产百万千瓦级机组16台，主要分布于福建、湖北、安徽、浙江和广西。水电新增装机较平稳，2015年新增装机0.13亿千瓦，比2002年增加了8%，新增水电发电能力集中于贵州、陕西、云南、内蒙古和安徽。其中，新投产大型水电站项目主要包括云南金沙江观音岩水电站3台机组和云南金沙江梨园水电站1台机组等。核电新增装机自2012年后快速增长，2015年新投产6台机组合计0.06亿千瓦，集中于辽宁、浙江、福建、海南、广东，分别为辽宁红沿河一期、浙江秦山一期、福建宁德一期、福建福清一期、海南昌江一期以及广东阳江各1台机组。风电和光电新增装机快速增长，成为中国未来碳减排潜力较大的非化石能源发电类型。随着“弃风”“弃光”情况的改善，中国各省域加紧“抢装促增长”，中国于2015年成为首个累计并网风电容量达到1亿千瓦的国家。新增并网风电、并网光伏发电于2015年分别达到0.22亿千瓦和0.11亿千瓦，均创年度新增新高，集中于内蒙古、新疆、河北、青海和陕西。

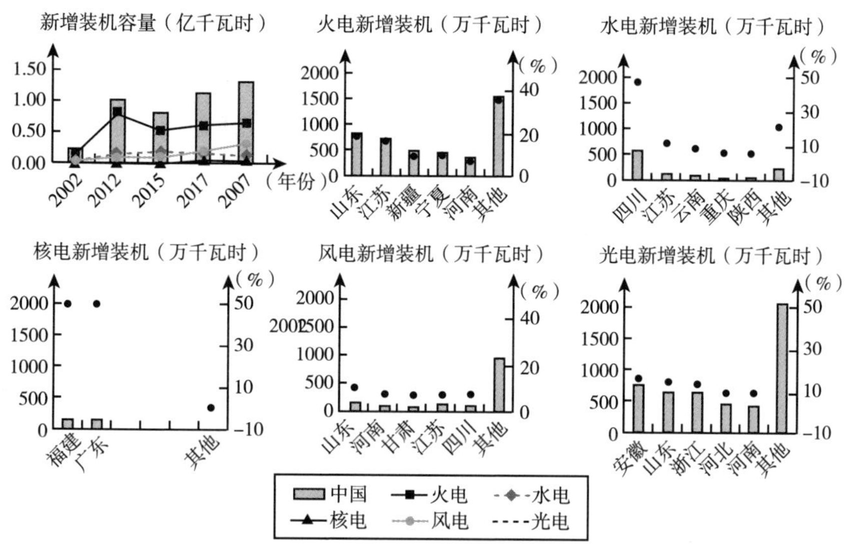

图 6－2　按发电技术类型划分的新增装机结构分析及省域差异

资料来源：笔者绘制。

如图 6－3 所示，2002～2015 年，中国发电投资规模保持增长趋势，并于 2015 年创历年新高，其中，非化石能源投资规模占比达到 70%。从中国各发电技术投资规模来看，火电投资规模在 2007 年达峰，之后开始下降，火电投资的地域分布相对分散，浙江、新疆、重庆、安徽和北京的火电投资总占比达到 55%。水电投资规模在 2012 年达峰，之后开始下降，水电投资的地域相对集中且有较强的资源密集型特征，云南、四川、吉林、新疆和浙江的水电投资总占比达到 85%。核电投资规模在 2012 年达峰，之后开始下降，核电投资的地域分布相对集中，广东、江苏、福建、海南和浙江的核电投资总额占比达到 91%。2011 年日本福岛核泄漏事故直接导致了世界核电业界的集体刹车，中国也加大在建在运核电项目的安全大检查，2012 年将“安全高效发展核电”写入“两会”政府工作报告，这大大降低了核电投资热度。

2002～2015 年，风电投资规模持续快速增长。值得注意的是，根据国家能源局的统计数据显示，我国“弃风限电”现象从 2010 年左右开始显现，当年弃风率为 10%；2012 年达到高峰，弃风率超过 17%，此后开始逐年下降。2017 年上半年，风电弃风电量 235 亿千瓦时，同比减少 91 亿千瓦时，弃风率同比下降了7个百分点，弃风限电形势明显好转①。光电投资规模持续快速增长，2015年相较于2002年增长了218亿元，光电投资规模主要分布于甘肃、新疆、内蒙古、云南和山西，其贡献达到70%。值得注意的是，随着各项利好政策的推出，中国新增光伏装机容量快速增长，但由于全国装机量分配不均匀，造成电力供给侧和消费侧的地域不匹配；由于光伏等非化石能源的增长速率高于中国整体用电量增长速率，光电行业将面临投资基金告急的风险。

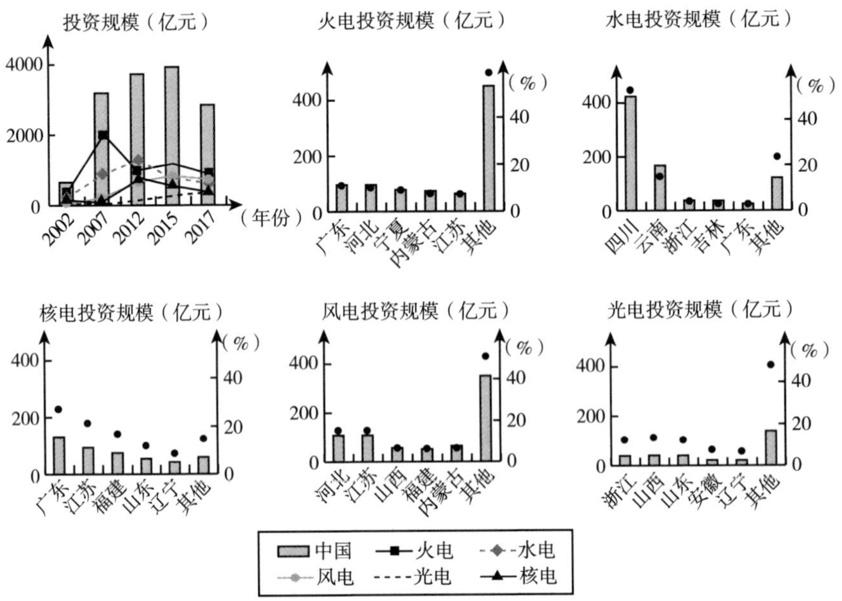

图6-3　按发电技术类型划分的投资规模结构分析及省域差异

资料来源：笔者绘制。

6.3　非化石能源发电的“碳回报”分析

6.3.1　全国层面“碳回报”分析

本节将非化石能源扩张引致的碳排放分为投资相关碳排放和运营相关碳

① http://www.nea.gov.cn/2017-08/22/c_136545890.htm.

排放。投资相关碳排放是指非化石能源发电技术在设备原材料、运输及发电设备建造等环节释放的碳排放，而非化石能源发电作为零碳电源，通过替代煤电等高排放化石能源发电，可以降低电力生产过程中的运营相关的排放，故将非化石能源电力替代减少的碳排放定义为运营相关碳排放。本节通过核算“历史情景”与“反事实情景”下非化石能源发电的两种净碳效应合计，来评估非化石能源发电技术全生命周期扩张对碳排放的影响。

2002～2015年中国非化石能源发电的投资净碳效应和运营净碳效应如图6－4所示。2002～2015年，中国非化石能源发电的投资净碳效应大于0，而运营净碳效应小于0，且运营净碳效应的绝对量远远大于投资净碳效应，可见中国非化石能源发电技术投资产生的碳排放可以被电力结构“清洁化”产生的碳排放抵消掉，进而产生显著的“碳收益”。这种“碳收益”呈现“N”型曲线的波动，2012年中国非化石能源扩张带来的“碳收益”创历年新高。值得注意的是，不考虑非化石能源发电投资活动的碳排放效应，会高估非化石能源发电的碳减排作用。2002～2015年中国非化石能源发电的投资净碳效应呈现“先升后降”的趋势，2007年投资净碳效应达到顶点，比2002年增加了2%，之后快速下降，直至2015年投资净碳效应比2002年减少了64%，这意味着中国非化石能源发电投资逐渐“清洁化”。2002～2015年中国非化石能源发电的运营净碳效应同样呈现“先升后降再升”的“N”型波动，这种运营净碳效应于2012年达到碳减排的最大值，之后有所反弹，2015年非化石能源发电运营的净碳效应比2002年增加了121%，这意味着中国电力结构“清洁化”的整体碳减排作用在加强。

在2012年前四种发电技术扩张的“碳收益”由大到小排序是核电＞水电＞风电＞光电，2012年后“碳收益”由大到小排序是“水电＞核电＞风电＞光电”。因此，在所有清洁能源品种中，水电的可持续减排能力最强，其在中国碳减排工作中的贡献是最大的。核电发展更加注重高效安全原则。风电和光电投资具有设备技术水平高、投资规模大、造价成本高、收益回报期长等特点，尽管短期内风电和光电的碳减排效果并不显著，但长期来看其碳减排潜力是最大的。

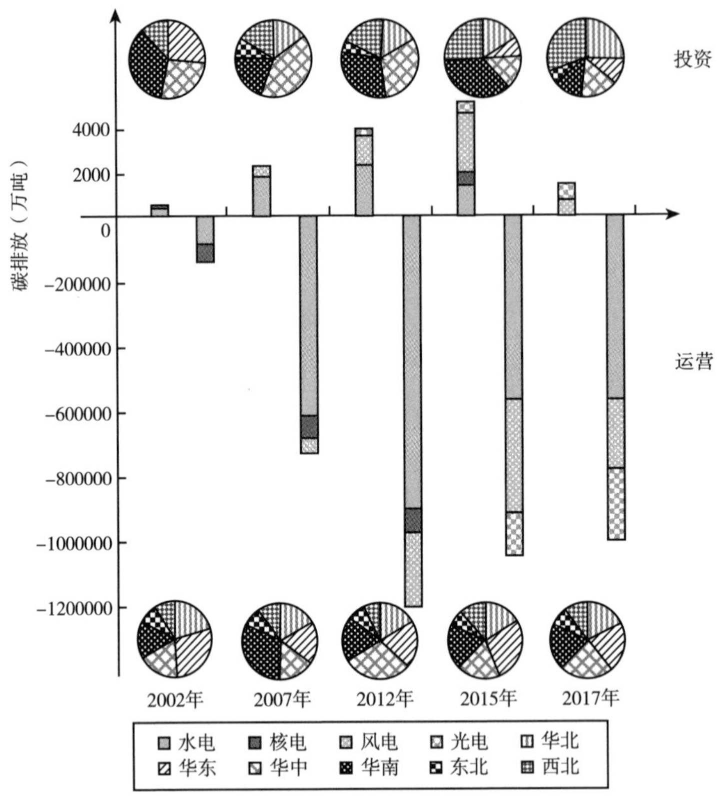

图6-4　中国非化石能源发电的投资净碳效应和运营净碳效应

注：饼图表示投资净碳效应的结构占比。

资料来源：笔者绘制。

从各发电技术类型来看，核电和光电的投资净碳效应均小于运营净碳效应的绝对量，存在“碳收益”。中国核电和光电投资净碳效应在2012年前处于近零状态；2012年后快速增长，但其在中国投资相关碳排放中的占比仍然较低，2015年比值分别为4.7%和0.71%。核电和光电运营净碳效应绝对量的变化趋势略有差异，核电运营净碳效应呈波动式增长，而运营净碳效应绝对量呈直线快速增长。因此，核电投资的“碳收益”呈波动式缓慢快速增长，而光电投资的“碳收益”呈直线快速增长。考虑到非化石能源投资设备的使用周期以及电力结构优化的长期性，光电投资的“碳收益”将长期发挥作用。

从总体上来看，水电扩张和风电扩张均产生了“碳收益”，但是二者在研究时期内表现出一定程度的“碳损失”。水电投资净碳效应的比重最高，2002～2012 年的比重均超过 90%，水电投资净碳效应呈逐年下降趋势，更加“清洁化”。水电运营净碳效应绝对量总体呈现增加趋势，但受到新能源发电快速发展等因素的影响，水电新增装机容量逐渐下降，导致 2012～2015 年水电运营碳效应快速下降。因此，水电投资和运营的共同作用导致 2007 年水电扩张产生了 8654 万吨的“碳损失”。2002 年，中国风电行业开启产业化发展进程，产生了 107 万吨风电投资净碳效应和 46 万吨的运营净碳效应绝对量，故出现 61 万吨的“碳损失”。自 2002 年中国风电产业化发展以来，中国通过实施风电特许权招标项目、《中华人民共和国可再生能源法》等，大力扶持和鼓励风电制造业的发展，使国内风电市场的发展进入一个高速发展的阶段，导致风电扩张的运营净碳效应绝对量远远大于投资净碳效应；2012 年左右，中国风电行业出现了严重的弃风限电问题，并且伴随风电产业的蓬勃发展愈演愈烈，严重影响了风电的消纳和风电行业的运营，导致“碳收益”有一定下滑，但中国加紧改善“弃风”情况，风电投资和运营回暖，风电扩张的“碳收益”依然显著，并将对中国碳减排工作长期发挥贡献。

6.3.2 省域层面“碳回报”分析

中国六大电网非化石能源扩张“碳回报”的时间变化和空间差异见表 6－1。中国六大电网公司非化石能源扩张均产生了显著的“碳收益”，其“碳收益”均呈现波动增长态势，除了西北电网外均于 2012 年出现“碳收益”的峰值，西北电网非化石能源投资的“碳收益”则处于持续增长趋势。2015 年，华北电网的非化石能源发电扩张产生的“碳收益”在中国“碳收益”总值中的比重最大，高达 20%，其次是华东和西北约 19% 左右，然后华中和华南是 16%，东北的“碳收益”最小，只有 10%。六大电网非化石能源发电扩张“碳收益”的差距在逐渐缩小，2002 年六大电网中“碳收益”

最高与最低区域的差异达到25%，而2015年“碳收益”的区域差异最大值只有11%。这表明中国非化石能源发电市场逐渐趋向成熟平稳，规模化投资稳定，电力结构“清洁化”的作用相继显现。根据表6-2所示2015年按发电技术划分的“碳收益”贡献可以看出，水电、核电、风电和光电在中国各电网“碳收益”中的贡献平均值分别为48%、23%、22%和7%。水电依然是中国各省域减排绩效中最重要的非化石能源发电类型，核电在保证“高效安全”的原则下平稳增长，各省域风电和光电显著增长，将在中国未来碳减排工作中发挥巨大潜力。

表6-1　中国六大电网“碳回报”比较分析

电网公司	2002年		2007年		2012年		2015年	
	碳回报（万吨）	占比（%）	碳回报（万吨）	占比（%）	碳回报（万吨）	占比（%）	碳回报（万吨）	占比（%）
华北	-7032	26	-2940	27	-36173	17	-15156	20
华东	-7740	29	-2812	26	-40287	19	-14426	19
华中	-5904	22	-1843	17	-64646	30	-12573	16
华南	-1485	6	-3233	30	-33713	16	-12153	16
东北	-3292	12	106	-1	-22831	11	-7586	10
西北	-1232	5	-101	1	-14510	7	-14720	19

资料来源：笔者绘制。

表6-2　2015年分发电技术的“碳收益”占比分析　单位：%

电网公司	水电	核电	风电	光电
华北	49	23	21	7
华东	49	22	22	7
华中	48	23	22	7
华南	47	24	23	7
东北	48	23	22	7
西北	46	25	22	7

资料来源：笔者绘制。

中国省域层面非化石能源发电投资净碳效应和运营净碳效应的变化及差异情况见表6-3。2015年西北电网五省“碳收益”绝对量由高到低排序为

表 6-3　省域“碳回报”变化比较分析

单位：万吨

区域	省份	2002年			2007年			2012年			2015年		
		运营净碳效应	投资净碳效应	碳回报	运营净碳效应	投资净碳效应	碳回报	运营净碳效应	投资净碳效应	碳回报	运营净碳效应	投资净碳效应	碳回报
华北	北京	-1366	0	-1366	-809	0	-809	-7723	0	-7723	-4438	3	-4435
	天津	-1242	0	-1242	-557	0	-557	-10602	0	-10602	-1657	0	-1657
	河北	-1533	0	-1533	-672	0	-672	-5679	0	-5679	-3118	40	-3078
	山东	-2693	0	-2693	-701	375	-327	-9172	330	-8842	-3016	86	-2930
	山西	-745	0	-745	-575	0	-575	-3691	0	-3691	-3268	160	-3108
	内蒙古	0	548	548	0	0	0	0	365	365	0	52	52
华东	安徽	0	248	248	0	204	204	0	276	276	0	42	42
	福建	-1542	157	-1384	-634	156	-478	-9145	0	-9145	-1463	59	-1404
	上海	-1886	0	-1886	-719	0	-719	-9533	0	-9533	-5394	0	-5394
	江苏	-2232	0	-2232	-915	143	-772	-12026	0	-12026	-2644	29	-2615
	浙江	-2597	111	-2486	-1117	69	-1048	-9860	0	-9859	-5247	193	-5055
华中	湖北	-1357	113	-1244	-623	564	-58	-25633	438	-25195	-2495	71	-2424
	湖南	-1440	621	-819	-548	715	168	-8733	413	-8320	-2401	96	-2305
	江西	-1122	445	-677	-676	0	-676	-5539	416	-5123	-1437	81	-1356
	河南	-1287	0	-1287	-590	124	-466	-10415	0	-10415	-1300	19	-1281

续表

区域	省份	2002 年			2007 年			2012 年			2015 年		
		运营净碳效应	投资净碳效应	碳回报	运营净碳效应	投资净碳效应	碳回报	运营净碳效应	投资净碳效应	碳回报	运营净碳效应	投资净碳效应	碳回报
华南	重庆	-1099	0	-1099	-627	0	-627	-8462	424	-8039	-2539	1	-2538
	四川	-1279	501	-778	-675	492	-182	-7869	315	-7554	-2756	88	-2668
	广东	-1809	366	-1443	-2226	0	-2226	-12363	0	-12363	-3186	47	-3139
	广西	-1062	262	-800	-906	340	-567	-5149	264	-4885	-2277	68	-2209
	海南	-1047	257	-790	-1521	490	-1031	-8563	1	-8562	-1936	456	-1480
	贵州	-456	1085	628	-438	1074	636	-4077	771	-3306	-1703	21	-1682
	云南	-1006	1927	920	-841	795	-45	-5032	436	-4596	-3832	189	-3643
东北	辽宁	-1269	107	-1162	-680	148	-533	-9257	310	-8947	-2580	65	-2515
	吉林	-1209	0	-1209	-501	1219	718	-9140	400	-8740	-2048	25	-2023
	黑龙江	-1163	241	-922	-500	421	-79	-5408	264	-5145	-3203	156	-3048
西北	陕西	-1020	699	-321	-450	0	-450	-5830	1	-5829	-2518	191	-2327
	甘肃	-748	403	-345	-571	559	-12	-2791	593	-2199	-3113	352	-2761
	青海	-588	710	122	-673	518	-155	-1962	679	-1283	-5532	199	-5333
	宁夏	-302	0	-302	-440	0	-440	-1883	3	-1880	-2153	502	-1651
	新疆	-1012	627	-385	-225	1181	956	-4365	1047	-3318	-2705	57	-2648

青海 > 甘肃 > 新疆 > 陕西 > 宁夏，五省“碳收益”较 2002 年的增长率均超过 450%。在 2007 年之前，除青海和新疆外西北电网绝大部分省份发挥了电力结构“清洁化”的碳减排效果；青海和新疆由于处于非化石能源产业化投资起步阶段，尤其是青海水电、新疆水电和风电项目，导致青海和新疆非化石能源投资净碳效应显著高于运营净碳效应绝对量，分别于 2002 年和 2007 年产生了 122 万吨和 956 万吨的“碳损失”。自 2007 年以来，西北电网电力结构“清洁化”的减排效果更加显著，非化石能源运营净碳效应绝对量显著高于投资净碳效应，抵消了大规模非化石能源投资带来的碳排放，产生显著的“碳收益”。据专家预测，西北电网非化石能源扩张势必会在中国实现碳减排目标的进程中发挥巨大作用。

华北电网非化石能源投资净碳效应显著低于运营净碳效应绝对量，导致 2002 ~ 2012 年“碳收益”快速增长，2012 年比 2002 年增长了近 29141 万吨；但 2012 ~ 2015 年，由于水电消纳以及风电“弃风”问题，华北电网“碳收益”有一定下滑。2015 年华北电网五省（市）“碳收益”绝对量由高到低排序为北京 > 山西 > 河北 > 山东 > 天津。其中，山西“碳收益”增长最快，2015 年“碳收益”较 2002 年增长了 317%，其次是北京较 2002 年增长了 225%。值得注意的是，在 2002 ~ 2015 年，除了内蒙古，其他五省均表现出显著的“碳收益”。内蒙古依托丰富的非化石能源，大力推动非化石能源发电规模化发展，如 2012 年前水电扩张和 2012 年后风电、光电扩张，导致投资净碳效应显著高于运营净碳效应绝对量，出现“碳损失”，但随着风电和光电项目逐渐投入运营，电力结构“清洁化”的减排效果开始增强，“碳损失”逐渐降低。

华东电网非化石能源投资净碳效应显著低于运营净碳效应绝对量，产生“碳收益”，即非化石能源发电投资产生的碳排放被电力结构“清洁化”的减排量抵消，且继续发挥减排作用。2015 年华东电网五省（市）“碳收益”绝对量由高到低排序为：上海 > 浙江 > 江苏 > 福建 > 安徽，其中，上海“碳收益”增长最快，较 2002 年增长了 186%，其次是浙江较 2002 年增长了 103%。除了安徽，其他省份（福建、上海、江苏和浙江）在 2002 ~ 2007 年和 2012 ~ 2015 年“碳收益”增速放缓，而 2007 ~ 2012 年“碳收益”快速增长，这主要归功于水电和风电项目的平稳运营，减少了火电释放的碳排放。安徽非化石能源发电的投资净碳效应高于运营净碳效应绝对量，产生“碳损失”且在2002～2012年居高不下，这与水电的投资规模扩张有关；2012年后，随着水电项目的运营效益显现，“碳损失”大幅下降。

华南电网和华中电网拥有丰富的水利资源，在2002～2015年其非化石能源发电的投资净碳效应持续下降，运营净碳效应绝对量持续增加，导致华南电网和华中电网的绝大多数省份的投资净碳效应低于运营净碳效应绝对量，出现“碳收益”，这种“碳收益”在2012年达到峰值，这是水电扩张带来的电力结构“清洁化”的福利。2015年华南电网五省（区）“碳收益”绝对量由高到低排序是“海南>贵州>广西>广东>云南”，省域间“碳收益”差异较大。其中，广西非化石能源扩张的“碳收益”增长最快，2015年较2002年增长了176%，其次是广东较2002年增长了117%。值得注意的是，2002～2007年贵州非化石能源扩张一度产生“碳损失”，之后扭亏为盈；云南在2002年的非化石能源发电扩张同样产生“碳损失”，随着非化石能源发电投入运营，电力结构优化产生“碳收益”。2015年华中电网六省（市）“碳收益”绝对量由高到低排序是“四川>重庆>湖北>湖南>江西>河南”，省域间“碳收益”差异较小。四川非化石能源扩张的“碳收益”增长最快，较2002年增长了243%，其次是湖南较2002年增长了182%。但是，湖南在2007年的非化石能源发电扩张活动导致了168万吨的“碳损失”，这与水电运营效果不佳有关。

东北电网非化石能源发电扩张产生的“碳收益”在中国“碳收益”总值中的比重最小。尽管如此，东北三省非化石能源发电扩张的减排绩效表现良好，2002～2015年间，黑龙江、辽宁和吉林的“碳收益”分别增长了231%、117%和67%。值得注意的是，吉林在2007年的非化石能源发电扩张产生的“碳损失”与水电消纳、风电产业化发展有关。

6.3.3 技术层面“碳回报”分析

从各非化石能源发电技术类型视角来看，非化石能源发电扩张的“碳收益"贡献由高到低排序为水电 > 核电 > 风电 > 光电。水电扩张带来的"碳收益"在中国非化石能源扩张"碳收益"中的贡献最大，2015 年达到 48%。水电扩张的"碳收益"最大贡献来源于华北和华东，2015 年其水电扩张带来的"碳收益"在中国水电总扩张"碳收益"中的合计贡献达到 39%，但水电扩张的"碳回报"处于剧烈波动状态，甚至在 2007 年出现了"碳损失"。例如，华北的内蒙古和华东的安徽在 2002 ~2015 年一直保持较高的水电"碳损失"。

2002 年风电和光电扩张产生了较小的"碳损失"，而 2015 年的合计"碳收益"贡献约 29%，可以预见，随着风电和光电的大规模投入运营，其电力结构"清洁化"的碳减排福利将愈加显著，风电和光电成为中国实现碳减排目标的最具潜力的清洁能源类型。2015 年，西北和华北对陆风扩张的"碳收益"贡献较大，华东对海风扩张的"碳收益"贡献最大，这三个电网风电扩张带来的"碳收益"在中国水电总扩张"碳收益"中的合计贡献达到 57%。西北、华北和华东对光电扩张的"碳收益"贡献较大，其对中国光电扩张"碳收益"的合计贡献达到 58%。但是，光电投资回报期周期长、投资风险大等特点，使光电扩张中容易出现"弃光"问题，进而削减光电开发商的投资热情。随着光电扩张的大规模展开，预计其"碳收益"将会出现一定幅度的下滑，但总体来看，光电的碳减排潜力仍然巨大。

六大电网对核电扩张的"碳收益"贡献差异较小，平均贡献约 17% 左右，中国核电扩张存在以下几方面挑战：2011 年福岛核事故后，中国暂停审批核电项目，核电项目审批更加严格，核电发展规模受限；全球三代技术建设缓慢，中国继续在此基础上开发拥有自主知识产权的核电技术、打破技术壁垒等这些挑战限制了核电的快速增长及碳减排潜力。

6.4　投资净碳效应省域间溢出效应分析①

随着中国非化石能源发电的稳步扩大和高质量发展，非化石能源投资不

① 本节中涉及的数据资料系笔者整理自各电网公司公布的官方数据。

仅会造成本省域的“碳损失”，同时会通过产业链生产关联将“碳损失”溢出到其他省域[188]，如图6－5所示。本节关注的电网间溢出效应表示由其他电网非化石能源发电投资引起的本电网碳密集型产品生产，进而导致碳排放增加。因此，有必要严格管控电力产业链上游材料投入环节的碳密集型生产活动，降低隐含碳。

水电投资“碳损失”的溢出效应集中于东北电网和华南电网，其投资溢出效应在中国2015年总溢出效应中的贡献达到53%，这种投资溢出效应在逐渐减少，2015年东北电网和华北电网投资溢出“碳损失”比2002年分别减少了81%和89%。东北电网水电投资“碳损失”的溢出方向集中于华南电网，华南电网通过向东北电网输送先进的水电设施，导致本区域制造业碳排放增加。2015年，东北电网水电投资导致华南电网增加了520万吨的碳排放，占东北电网总投资溢出效应的83%。东北电网向华南电网的溢出效应在大幅下降，2015年投资溢出效应比2002年减少了447%。华南电网水电投资“碳损失”的溢出方向集中于华中电网，这与华中电网为满足华南电网的投资续期而输送碳密集型材料有关。2015年，华南电网水电投资导致华中电网增加了145万吨的碳排放，占华中电网总投资溢出效应的89%。华南电网向华中电网的溢出效应在大幅下降，2002～2015年投资溢出效应减少了907%。此外，华东电网水电投资导致东北电网的大量碳排放增加，并于2007年达到溢出效应的峰值，约为1148万吨，2007～2015年间大幅下降，降至2015年的257万吨。东北电网具有丰富的钢铁资源，华东电网的水电投资需求刺激了东北钢铁生产，进而导致大量碳排放的释放。

核电投资的碳排放溢出效应集中于华中电网和华东电网，其投资溢出效应在中国2015年总溢出效应中的贡献达到76%。华中电网核电投资碳排放的溢出方向集中于华东电网，华中电网的核电投资需求导致华东电网具有先进技术水平的核电设施建设。2015年，华中电网核电投资导致了华东电网增加了80万吨的碳排放，占华东电网总投资溢出效应的61%。华中电网向华东电网的溢出效应在大幅下降，2015年投资溢出效应比2007年减少了68%。华东电网核电投资的碳排放的溢出方向集中于华北电网和东北电网，2015年向

2002 水电

	华北	华东	华中	华南	东北	西北
华北	0	4	6	28	6	9
华东	0	0	12	12	3	4
华中	1	2	0	119	5	5
华南	0	1	2	0	62	2
东北	1	5	2	8	0	3
西北	0	1	1	7	2	0

2002 核电

	华北	华东	华中	华南	东北	西北
华北	0	0	36	6	0	0
华东	0	0	138	4	0	0
华中	0	0	0	4	0	0
华南	0	0	12	0	0	0
东北	0	0	14	2	0	0
西北	0	0	6	1	0	0

2002 风电

	华北	华东	华中	华南	东北	西北
华北	0	0	0	0	0	0
华东	0	0	0	0	0	0
华中	0	0	0	0	0	0
华南	0	0	0	0	0	0
东北	0	0	0	0	0	0
西北	0	0	0	0	0	0

2002 光电

	华北	华东	华中	华南	东北	西北
华北	0	0	0	0	0	0
华东	0	0	0	0	0	0
华中	0	0	0	0	0	0
华南	0	0	0	0	0	0
东北	0	0	0	0	0	0
西北	0	0	0	0	0	0

2007 水电

	华北	华东	华中	华南	东北	西北
华北	0	10	17	97	44	99
华东	1	0	13	41	22	43
华中	1	5	0	645	32	59
华南	1	3	6	0	301	34
东北	1	20	6	30	0	31
西北	1	2	5	30	15	0

2007 核电

	华北	华东	华中	华南	东北	西北
华北	0	24	21	15	0	0
华东	2	0	31	7	0	0
华中	2	12	0	16	0	0
华南	2	8	6	0	9	0
东北	2	52	4	5	0	0
西北	1	6	2	3	0	0

2007 风电

	华北	华东	华中	华南	东北	西北
华北	0	26	3	1	0	7
华东	13	0	10	0	0	3
华中	15	11	0	3	0	4
华南	10	8	1	0	4	3
东北	11	86	1	0	0	2
西北	9	6	1	0	0	0

2007 光电

	华北	华东	华中	华南	东北	西北
华北	0	0	0	0	0	0
华东	0	0	0	0	0	0
华中	0	0	0	0	0	0
华南	0	0	0	0	0	0
东北	0	0	0	0	0	0
西北	0	0	0	0	0	0

2012 水电

	华北	华东	华中	华南	东北	西北
华北	0	10	17	101	95	9
华东	1	0	29	32	59	5
华中	1	3	0	922	55	5
华南	1	3	5	0	710	3
东北	1	32	3	21	0	3
西北	1	3	5	35	29	0

2012 核电

	华北	华东	华中	华南	东北	西北
华北	0	41	70	45	28	0
华东	2	0	143	18	9	0
华中	2	15	0	20	11	0
华南	2	12	19	0	36	0
东北	1	121	11	10	0	0
西北	2	12	19	13	7	0

2012 风电

	华北	华东	华中	华南	东北	西北
华北	0	19	13	6	12	40
华东	17	0	26	2	7	18
华中	13	7	0	24	6	18
华南	10	6	4	0	103	12
东北	9	70	2	1	0	10
西北	11	5	4	2	4	0

2012 光电

	华北	华东	华中	华南	东北	西北
华北	0	0	4	0	1	9
华东	2	0	11	0	0	5
华中	2	0	0	1	0	4
华南	1	0	1	0	5	3
东北	1	1	1	0	0	2
西北	1	0	1	0	0	0

2015 水电

	华北	华东	华中	华南	东北	西北
华北	0	12	22	32	113	8
华东	2	0	31	18	100	5
华中	1	4	0	255	99	6
华南	1	3	6	0	561	2
东北	1	76	6	7	0	2
西北	1	5	11	15	52	0

2015 核电

	华北	华东	华中	华南	东北	西北
华北	0	14	58	46	22	0
华东	0	0	178	32	15	0
华中	0	7	0	22	15	0
华南	0	4	17	0	74	0
东北	0	22	13	10	0	0
西北	0	5	24	18	9	0

2015 风电

	华北	华东	华中	华南	东北	西北
华北	0	25	42	20	39	123
华东	30	0	68	11	30	78
华中	20	9	0	105	24	66
华南	11	6	11	0	223	33
东北	13	40	10	4	0	27
西北	18	10	19	9	16	0

2015 光电

	华北	华东	华中	华南	东北	西北
华北	0	0	11	1	5	10
华东	13	0	32	1	4	6
华中	9	0	0	6	3	5
华南	5	0	3	0	20	2
东北	5	3	2	0	0	2
西北	8	0	4	0	2	0

图 6－5 电网间投资净碳效应溢出效应变化

资料来源：笔者绘制。

华北电网和东北电网溢出的碳排放占比分别达到 15% 和 72%。华东电网向华北电网溢出的碳排放在 2007 年达到峰值 51 万吨，之后逐年下降，降至 2015 年的 14 万吨。而 2002～2012 年间华东电网向东北电网溢出的碳排放呈波动式增长趋势，在 2015 年出现跳跃式增长，比 2007 年的 16 万吨碳排放峰值增长了 50 万吨。华东电网，尤其是浙江大规模核电项目的重启刺激了东北的钢铁需求。此外，2002 年华南电网核电投资的溢出效应在中国核电溢出效应占比达到 74%（217 万吨），之后迅速下降至 2015 年的 11%（33 万吨），这充分体现了中国核电市场在华南电网发展初期的资金不稳定和技术不稳定问题。

风电投资的碳排放溢出效应集中于华东电网和华中电网，其投资溢出效应在中国 2015 年总溢出效应中的贡献达到 55%。华东电网风电投资碳排放的溢出方向集中于东北电网和华北电网，其中向东北电网溢出的碳排放占华东电网总溢出效应的比重达到 87%。华东风电发电厂建设需要消耗大量的碳密集型产品，尤其是东北的钢铁产品，但随着国家对高耗能产业的严格管控，钢铁行业的生产活动向低碳化努力，因此，间接导致华东向东北溢出的碳排放呈逐年下降趋势。华中电网风电投资溢出效应在 2012～2015 年间大幅下降，由 2012 年的 331 万吨降至 2015 年的 127 万吨，华中电网风电投资溢出的碳排放集中于华东电网，随着华中电网本区域风电设备原料自给能力的提升，对华东电网的溢出效应在 2002～2015 年大幅下降，下降幅度约 56%（127 万吨）。此外，华南电网风电投资的溢出效应在 2002～2015 年大幅下降，由 2002 年的 125 万吨降至 2015 年的 50 万吨，对华中电网的溢出效应也在波动式下降，尤其是 2012～2015 年下降了 84%。华南电网风电投资碳排放溢出效应的下降，离不开西北电网风电投资的替代作用，稀释了部分由华南电网风电投资带来的环境压力。

中国光电项目发展较慢，截至 2007 年才慢慢进入示范阶段，且光电项目市场化程度低，严重依赖于政府的政策支持。自 2007 年以来，光电项目走向市场化，装机容量保持每年 100% 以上的增长，并于 2011 年迈入规模化稳定发展阶段。随着各项利好政策的退出，中国光电装机快速增长，中国逐渐成为光电大国。因此，光电投资的区域间碳排放溢出效应的变化趋势在2007 年后更加明朗。华中电网和华东电网是中国光电投资溢出效应最大的区域，2015 年合计占比达到 69%，而华北电网、华南电网光电投资的碳排放溢出效应在减弱。华中电网光电投资碳排放的溢出方向集中于华东电网，但向华东电网溢出的碳排放在大幅下降，由 2007 年的 54 万吨降至 2015 年的 4 万吨。华东电网光电投资向东北电网溢出的碳排放在持续增加，2012～2015 年溢出的碳排放量超过 100%。

非化石能源发电投资净碳排放的区域间关联与各省域在中国产业链上的参与特征相关。华东电网和华南电网是中国资金技术密集型区域，华南电网通过向东北电网提供更先进的水电技术设备来支持其水电投资，同样，华东电网向华中电网提供大量的核电、风电和光电技术设备。东北电网和华北电网作为中国高耗能资源密集型区域，东北电网和华北电网向华东电网输送源源不断的碳密集型产品，尤其是钢铁、化工等，支持华东电网的核电、风电和光电项目的大规模扩张。华中电网作为中国制造业原料密集型区域，为华南电网水电项目建设提供大量的制造业材料支持。由此可见，为了充分发挥非化石能源发电的碳减排作用，有必要规范电力产业链生产行为，严格把控清洁生产标准，加强对各种类型发电技术的全生命周期管控[189]。

6.5　本章小结

本章结合混合序列多区域投入产出模型和反事实情景分析，评估了中国省域非化石能源发电的“碳回报”以及非化石能源投资碳排放的溢出效应。研究发现：

（1）非化石能源发电在设备原材料、运输及发电设备建造等环节会释放投资相关碳排放，产生一定的“碳损失”；随着非化石能源发电投入运营，电力结构“清洁化”会抵消掉传统化石能源发电的碳排放，产生“碳收益”。中国非化石能源发电运营净碳效应的绝对量远远大于投资净碳效应，非化石能源发电投资产生的碳排放可以完全被电力结构“清洁化”产生的负碳排放抵消掉，进而产生显著的“碳收益”。但是，不考虑非化石能源发电投资活动的碳排放，会高估非化石能源发电的碳减排作用。

（2）2002～2015 年，中国六大电网公司非化石能源发电扩张产生的投资净碳效应均低于运营净碳效应绝对量，产生了显著的“碳收益”，其“碳收益”均呈现波动增长态势。非化石能源发电扩张分区域的“碳收益”贡献由高到低为华北 > 华东 > 西北 > 华中 > 华南 > 东北，分技术类型的“碳收益”贡献由高到低为水电 > 核电 > 风电 > 光电。水电扩张带来的“碳收益”在中国非化石能源扩张“碳收益”中的贡献最大，尤其是华北电网和华东电网；六大电网核电扩张的“碳收益”贡献差异较小，平均贡献水平约 17%；尽管风电和光电“碳收益”较小，部分省域甚至出现零“碳收益”，但随着风电和光电的大规模投入运营，其电力结构“清洁化”的减排福利将更加显著，风电和光电成为实现中国节能减排目标最具潜力的清洁能源。

（3）非化石能源发电投资净碳排放的区域间关联与各省域在中国产业链上的参与特征相关。从非化石能源发电投资的区域间溢出方向来看，东北电网的水电投资碳排放向华南溢出，华南电网水电投资碳排放向华中溢出，华中电网的核电、风电和光电投资碳排放向华东电网溢出，华东电网的核电和风电投资碳排放向华北电网和东北电网溢出，华东电网的光电投资碳排放向东北电网溢出。

第7章

中国省域电力部门碳排放关键传输路径和节点识别：传输侧和消费侧视角

中国省域电力供需表现出不平衡的特征，电力生产集中在资源丰富的欠发达地区，而电力负荷集中在经济发达地区[190]。电力供需不匹配导致了大规模的跨省跨区电力交易，电力交易主要传输方向是由华北向华南、华西向华东[8]。随着中国终端电气化水平的提高，中国跨省域电力交易角色会越来越重要，伴随电力交易扩张的“碳排放外溢”问题也会越来越严峻[10]，将会成为未来学术界值得探究的课题。现有研究常常忽略电力交易的“碳排放外溢”问题，这严重影响了碳减排政策的公平性和有效性。因此，有必要深入识别中国省域层面电力交易隐含碳的传输变化。

根据第4章和第5章的研究发现，电力部门需要承担生产侧、传输侧和消费侧的碳排放责任，同时，随着中国终端电气化水平提高，消费需求驱动的电力碳排放显著增加，“电力交易”效应成为挖掘电力部门碳减排潜力的主要因素。因此，本章结合新编制的中国2015年多区域投入产出表和改进的结构路径分析模型，识别中国省域电力部门的碳排放角色（生产中心或消费中心），并以关键碳排放生产中心和关键消费中心作为产业链的起点和终点，从产业链视角追溯从电力部门到最终消费者的省域电力交易隐含碳的关键传输路径和节点，这对于评估产业链的低碳化、促进电力交易清洁化和挖掘电力部门的碳减排潜力具有重要意义。

从产业经济学视角来看，采用环境投入产出分析识别电力产业链上的生产中心和消费中心，并追溯电力交易隐含碳在产业链上的传输路径，以支撑电力产业链绿色化。从福利经济学和发展经济学的交叉视角来看，气候变化的潜在区域影响具有非对称性，各省域在电力产业链上承担不同的减排责任（生产者、消费者或传输者），需要识别电力产业链全过程各省域的碳减排策略。然而，现有研究缺乏从传输侧和消费侧视角探究电力交易隐含碳的关键传输路径和节点。考虑到碳权益公平，本章通过追溯产业链上电力交易隐含碳的关键传输路径和节点，以期捕捉“负外部性”较强的产业链路径和节点，进而通过关键传输环节的碳减排行动产生整体性的正外部性。

7.1 模型设定

7.1.1 结构路径分析模型

本章结合多区域投入产出模型和结构路径分析方法，追踪产业链上为满足消费需求的省域间电力交易碳排放的传输路径和节点[191-192]。包含 R 省域、N 经济部门的多区域投入产出模型如下：

$$\boldsymbol{X} = (\boldsymbol{I} - \boldsymbol{A})^{-1}\boldsymbol{Y} \tag{7.1}$$

式中，$\boldsymbol{A} = [a_{ij}^{rs}]$ 表示省域 r 部门 i 对省域 s 部门 j 的直接消耗系数矩阵，是 $N \times N$ 矩阵；$\boldsymbol{Y} = [y_i^{rs}]$ 表示省域 r 对省域 s 提供的部门 i 最终产品向量，是 $N \times 1$ 向量，包括消费、投资和出口三类；$\boldsymbol{X} = [X_i^r]$ 是省域 r 部门 i 的 $N \times 1$ 的总产出向量。

令 $\boldsymbol{F} = [f_i^r]_{1 \times RN}$ 表示省域 r 部门 i 的碳排放强度向量，电力部门生产侧碳排放可以写成：

$$\boldsymbol{E} = \boldsymbol{F} \times (\boldsymbol{I} - \boldsymbol{A})^{-1}\boldsymbol{Y} \tag{7.2}$$

引入泰勒级数展开式 $L = (I - A)^{-1} = I + A + A^2 + A^3 + \cdots$，可将式（7.2）

改写为：

$$\boldsymbol{E} = \boldsymbol{F} \times (\boldsymbol{I} - \boldsymbol{A})^{-1}\boldsymbol{Y} = \overbrace{FIV}^{\text{Layer0}} + \overbrace{FAV}^{\text{Layer1}} + \overbrace{FA^2V}^{\text{Layer2}} + \overbrace{FA^3V}^{\text{Layer3}} + \overbrace{FA^4V}^{\text{Layer4}} + \cdots \tag{7.3}$$

不同生产层部门 i 的碳排放分别表示为：

$$\begin{aligned} E_i^{\mathrm{PL0}} &= f_i \sum_{r=1}^{R} y_i^r \\ E_i^{\mathrm{PL1}} &= \sum_{j=1}^{R\times N} f_i\, a_{ij} \sum_{r=1}^{R} y_j^r \\ E_i^{\mathrm{PL2}} &= \sum_{l=1}^{R\times N} \sum_{j=1}^{R\times N} f_i\, a_{ij}\, a_{jl} \sum_{r=1}^{R} y_l^r \\ &\cdots \end{aligned} \tag{7.4}$$

总碳排放包括 PL0 层的直接碳排放、下游 PL1 层及以上生产层的间接碳排放。$\boldsymbol{E}_i^{\mathrm{PL0}}$表示由 i 部门最终需求直接驱动的 PL0 生产层 i 部门碳排放量，$\boldsymbol{E}_i^{\mathrm{PL1}}$表示由 j 部门最终需求引致的 PL1 生产层 i 部门碳排放，$\boldsymbol{E}_i^{\mathrm{PL2}}$测度了部门 j 的最终需求经由一条三节点产业链（部门 i→部门 j→部门 l→最终需求）所拉动的 PL2 生产层部门 i 的碳排放，其他路径遵循类似的解释[175]。以此类推，这些传输路径描述了不同生产层起始部门、中间部门、最终部门间的部门关联和省域关联。

式（7.3）和式（7.4）可知，结构路径分析模型将经济系统表现为树状结构，以最终需求为起点，不断向上线性追溯产业链生产活动的碳排放影响。随着传输节点的数量增长，生产层会呈指数增长，因此产业链条可以无限向上延伸。通过穷举所有碳排放高于阈值的产业链，并对产业链的碳排放影响排序，可以识别出生产系统中产生碳排放的主要产业链。由于直接消耗系数矩阵 $\boldsymbol{A}$ 的所有元素均小于 1，随着产业链条的延伸，相应产业链条的碳排放影响会迅速衰减[172]。本章仅采用结构路径分析模型识别碳排放的关键传输路径。

7.1.2　中介度测算模型

考虑到结构路径分析模型仅能识别碳排放的关键传输路径，不能量化中间生产环节的传输节点，故本章采用中介中间度模型来识别关键传输节点。借鉴哈纳卡等[175]的定义，令 $b_i(l_1, l_2)$ 表示所有经过部门 i 的交易且上下游分别有 l_1 和 l_2 个部门的产业链的碳排放量。部门 i 的中介中间度 $b_i(l_1, l_2)$ 越高，表明部门（l_1，l_2）间电力交易传输的碳排放越大，从而该路径被认为是控制碳排放影响的关键产业链环节。$b_i(l_1, l_2)$ 和 b_i 的计算分别如式（4.6）和式（4.7）所示。

7.1.3 数据来源和处理

本章采用了国务院发展研究中心编制的 2002 年、2007 年和 2012 年中国多区域投入产出表，该表覆盖了中国 30 个省（区市）（西藏和港澳台地区除外）和 37 个经济部门。为了拓展研究周期，进一步采用新编制的 2015 年中国多区域投入产出表（编制过程详见 3.2.1 节）。为了减少价格波动的影响，本章以 2007 年为基期，采用双倍平减法对 2002 ~ 2015 年现价多区域投入产出表进行平减处理。价格平减指数来自《中国价格年鉴》和《中国统计年鉴》，其中缺省值采用当年国家水平数值。根据研究需要，本章将所有经济部门归并为 24 个部门（详见附表 2）。为了更好地揭示电力交易隐含碳的传输方向，按照中国六大电网的地理构成对 30 个省（区市）进行归并，如附表 3 所示。中国省域碳排放清单采用中国碳核算数据库分部门核算数据。

7.2 结构路径分析模型阈值选择

如图 7 - 1 所示，电力部门是中国生产侧最大的碳排放贡献部门，2015 年占比达到 43.3%。同时，电力部门是其他经济部门的基础能源，电力部门 PBE 主要用于满足投资需求（49.5%）、建筑业（CON）、服务业（SER）和一般通用和专用设备（OSE）等的消费需求（38.58%）。一般来说，随着产业链生产层数量的增长，产业链路径的碳排放占比会大幅下降。借鉴冯等[162]、梁等[172]等学者筛选关键传输路径的思路，本章筛选出总贡献超过 50% 的路径作为研究对象，具有代表性。具体来说，选取了电力部门 PBE 占比高于 1% 的产业链路径，最后筛选出 PL0 – PL4 生产层的碳排放占比高于 1% 的产业链路径，这些关键路径释放了 59.25% 的碳排放，见表 7 – 1。

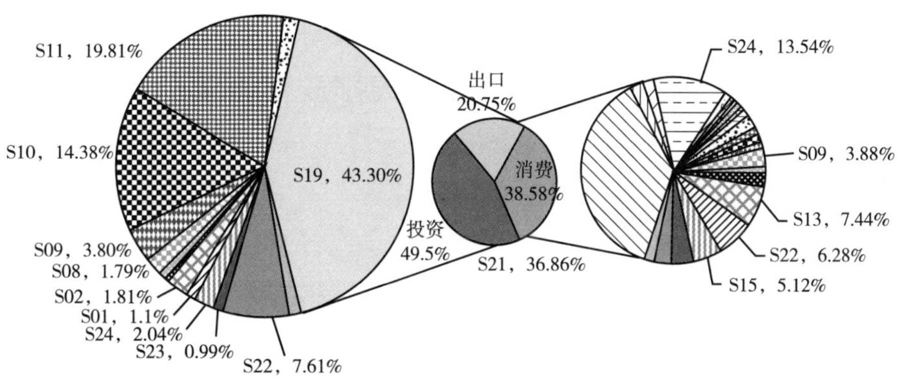

图 7 – 1　2015 年按部门和最终需求划分的碳排放比较分析

资料来源：笔者绘制。

表 7 – 1　　2015 年分生产层碳排放比较分析

生产层	产业链数量	消费驱动碳排放（百万吨）	投资驱动碳排放（百万吨）	出口驱动碳排放（百万吨）	碳排放（百万吨）	碳排放占比（%）	累计碳排放占比（%）
PL0	720^{1}	42573	14282	28150	85004	9.31	9.31
PL1	720^{2}	38650	72858	41651	153160	16.77	26.08
PL2	720^{3}	31247	66323	37411	134981	14.78	40.86
PL3	720^{4}	23522	47294	28296	99112	10.85	51.71
PL4	720^{5}	16898	31885	20087	68870	7.54	59.25
总计（占比）		16.74%	25.47%	17.03%	913501	100%	100%

注：“总计”指标包括中国所有产业链的合计数值。产业链数据项下，右上角数字为其相应的幂次方。
资料来源：笔者绘制。

此外，本章以满足最终消费需求的碳排放传输路径和节点作为研究对象，主要出于以下原因：第一，虽然投资需求和出口需求驱动的电力部门 PBE 占据重要地位，其占比分别为 49.5% 和 20.75%。但根据计算结果发现，其大部分的单条产业链路径的碳排放占比小于1%，这不利于识别跨省域电力交易隐含碳的关键传输路径和节点。第二，中国终端电气化水平的提高将使用于满足消费需求驱动的碳排放显著增加且日益复杂化，消费驱动的碳排放传输路径和节点变化是一个值得深入探讨的课题。

7.3 中国省域电力部门碳排放不平衡分析

7.3.1 生产中心和消费中心分析

中国省域电力供需不平衡导致了跨省域间大规模的电力传输。2002～2015年我国30个省（区市）电力部门的生产侧碳排放和消费侧碳排放的变化趋势见表7-2。碳排放总量较高的省份为电力部门碳排放中心区域。可以看出，电力部门生产中心的变化趋势，省域PBE的变化差异较大，其中华中、西北和西南大部分省域的电力PBE保持下降态势，而华东和东北电力PBE保持增长态势。2015年中国省域电力部门生产中心（即PBE高于CBE的省域）主要来自华北（山东、内蒙古、河北）、华东（江苏、浙江和安徽）和广东。同时，电力部门PBE主要用于满足电力部门消费中心华中（湖南、四川）、华东（江苏、浙江）和广东的最终消费需求。

表7-2　2002～2015年省级电力部门碳排放变化趋势　　单位：万吨

地区	生产侧碳排放（PBE）				消费侧碳排放（CBE）			
	2002年	2007年	2012年	2015年	2002年	2007年	2012年	2015年
北京	2690	3700	3650	2228	3241	3237	2637	3428
天津	2780	4270	6580	4436	1262	2112	3101	5126
河北	12500	20810	24070	15953	4369	8279	9958	10441
山西	8610	16950	24110	16788	2057	4944	3969	3256
内蒙古	8200	22790	42010	30493	1066	4718	7999	7238
辽宁	10190	16820	19320	14367	4876	4109	6077	13917
吉林	5690	8930	10600	7569	2580	8068	4447	6822

续表

地区	生产侧碳排放（PBE）				消费侧碳排放（CBE）			
	2002 年	2007 年	2012 年	2015 年	2002 年	2007 年	2012 年	2015 年
黑龙江	6100	9270	11990	9270	3692	4562	5985	8669
上海	5370	6280	6990	4260	2353	3617	4578	4314
江苏	13690	28460	39260	29311	6020	7369	10336	21460
浙江	9230	20700	23000	17695	3764	7402	8034	18207
安徽	4340	10050	18050	6421	2088	4434	5612	13678
福建	3570	8260	12460	9167	1666	3954	3369	9276
江西	2470	5440	6820	5889	1743	6666	4286	5840
山东	13070	33490	40320	34187	5797	11895	10207	31983
河南	11460	22760	26030	6379	4219	7490	8336	5822
湖北	5960	10710	13580	8375	2850	3856	5969	8967
湖南	3820	8510	9990	16782	2142	5216	3988	13367
广东	12540	22600	27620	20601	7550	8666	9952	17473
广西	2100	5040	7730	4222	1788	2434	3058	3561
海南	0	920	1880	1660	202	250	802	1545
重庆	2240	3950	4170	3006	1775	2393	2753	1090
四川	4390	7210	6650	3664	2241	3808	3119	7355
贵州	3620	10070	11740	6979	730	2822	2680	2156
云南	2420	7150	7040	2619	1413	2571	2824	2630
陕西	3720	7780	11820	9326	1816	3049	5689	3690
甘肃	3030	5100	8240	5789	928	1993	2188	2451
青海	680	1080	1240	1069	217	562	562	1406
宁夏	0	4720	10000	7766	180	1252	1252	2294
新疆	2910	6060	13060	14945	1058	3183	4319	4116

资料来源：笔者绘制。

根据电力部门 PBE 和 CBE 的不平衡趋势，将 30 个省（区、市）分为 9 个消费中心和 21 个生产中心，如图 7－2 所示。其中，华东（江苏、浙江）和广东既是电力 PBE 的主要生产中心，也是电力 CBE 的主要消费中心。2012 年后，由于经济发展和电力需求激增，华中由生产中心转化为消费中心；而华北在严格的环境管制下，其电力 PBE 在下降，其生产中心角色在减弱。其他区域，如西北和东北，在“一带一路”倡议和振兴“东北老工业基地”战略的推动下，经济复苏和电力需求增加推动了电力 CBE 增长。

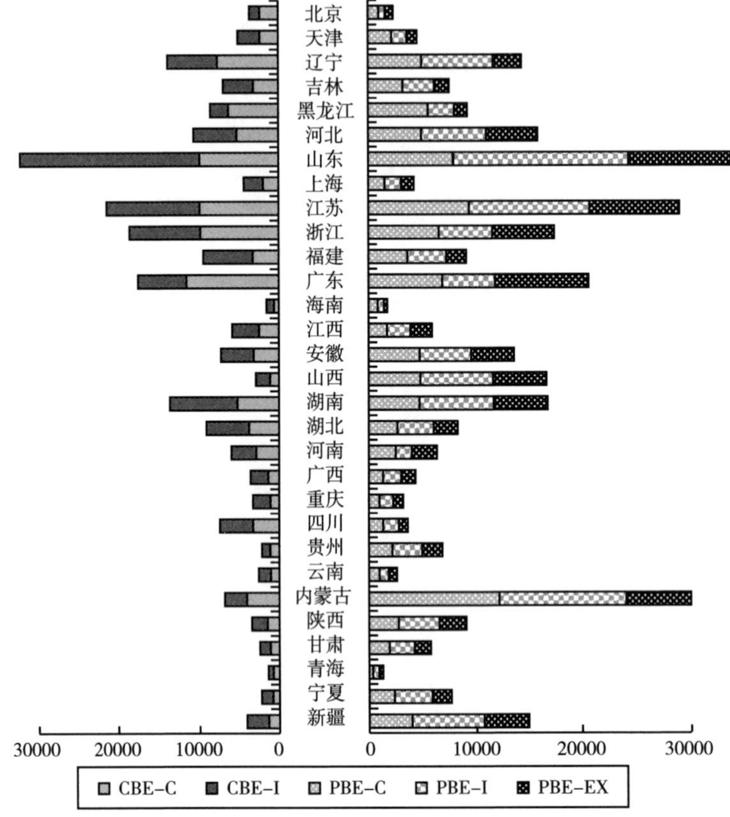

图 7－2　2015 年省域电力部门 PBE 和 CBE 比较分析

注：电力碳排放消费中心（或净输入区域）包括北京、天津、上海、福建、浙江、湖北、四川、云南和青海；剩余 21 个省域是生产中心（或净输出区域）。碳排放单位是百万吨（Mt）。

资料来源：笔者绘制。

7.3.2　省域碳排放传输方向分析

1. 消费中心流入方向

对于消费中心来说，2002～2015 年为满足浙江和福建消费需求的电力 CBE 增加，而为满足其他消费中心的 CBE 降低，见表 7－3。大部分消费中心

表7-3　2002~2015年电力部门消费中心流入方向变化趋势

年份	地区	北京	天津	河北	山西	内蒙古	辽宁	吉林	黑龙江	上海	江苏	浙江	安徽	福建	江西	山东	河南	湖北	湖南	广东	广西	海南	重庆	四川	贵州	云南	陕西	甘肃
2002	北京	1273	71	77	16	12	22	43	32	21	60	52	37	36	22	87	36	20	16	52	76	16	50	22	28	24	32	11
	天津	120	1092	70	19	15	30	43	37	24	61	61	48	32	25	67	47	26	21	55	46	11	30	28	19	25	26	12
	河北	571	151	5048	90	107	221	311	153	227	356	457	232	140	97	739	271	108	131	466	116	37	185	129	59	83	269	61
	山西	530	80	216	3223	41	329	109	124	146	396	389	81	52	52	147	126	83	113	435	143	22	157	89	32	45	102	32
	内蒙古	695	110	231	40	1591	425	160	172	189	501	504	118	71	66	211	159	93	151	523	176	31	201	105	40	57	146	49
	辽宁	234	76	292	34	44	5300	218	185	88	173	296	121	85	60	405	93	75	68	194	71	23	94	65	34	43	75	31
	吉林	267	87	175	34	43	219	1930	239	94	205	238	124	66	50	148	101	63	65	305	88	21	98	65	33	49	78	26
	黑龙江	118	40	116	21	24	187	110	3799	59	112	148	63	49	41	104	70	58	50	109	40	14	57	41	18	28	36	21
	上海	104	36	81	19	17	44	40	41	2181	132	148	70	49	36	84	54	32	31	142	49	13	63	39	25	26	34	17
	江苏	241	103	173	39	44	99	97	90	104	8275	279	219	81	67	226	116	54	78	198	71	27	130	75	48	51	81	47
	浙江	175	71	147	40	45	86	104	100	133	219	4245	171	125	74	189	84	49	87	300	69	20	115	76	42	50	59	31
	安徽	195	49	121	23	32	109	84	64	106	211	249	1489	58	56	151	88	44	60	187	58	15	77	47	23	33	70	24
	福建	74	20	50	7	11	39	26	28	26	63	67	33	1872	20	51	26	14	32	65	23	7	40	18	10	13	21	10
	江西	28	17	29	6	8	13	18	14	23	31	45	36	24	1769	34	21	25	34	34	17	9	19	12	10	15	19	8
	山东	142	106	191	51	71	127	87	35	144	125	212	171	74	59	8336	112	90	52	185	69	23	75	45	32	68	57	31
	河南	200	78	318	42	57	69	104	92	118	227	255	167	113	80	347	7179	152	107	184	56	30	107	79	41	56	171	54
	湖北	168	36	85	19	22	97	47	54	52	130	145	54	42	49	78	76	3731	87	160	65	16	66	42	22	31	53	19

续表

年份	地区	北京	天津	河北	山西	内蒙古	辽宁	吉林	黑龙江	上海	江苏	浙江	安徽	福建	江西	山东	河南	湖北	湖南	广东	广西	海南	重庆	四川	贵州	云南	陕西	甘肃
2002	湖南	51	23	58	12	16	22	39	27	47	46	96	44	35	39	98	40	45	2471	73	26	14	36	24	17	25	51	14
	广东	104	34	92	21	23	39	53	45	58	120	162	76	37	41	105	56	42	68	6458	48	17	86	48	37	37	43	20
	广西	48	25	43	10	13	18	28	20	37	35	64	34	24	19	64	24	19	32	73	1042	25	34	21	14	24	36	11
	海南	0	0	0	0	0	0	0	0	0	0	0	0	0	0	0	0	0	0	0	0	0	0	0	0	0	0	0
	重庆	89	82	57	14	15	25	45	27	34	76	60	38	27	22	54	35	27	26	67	56	15	939	54	30	33	46	15
	四川	86	24	50	11	13	50	30	27	34	71	73	29	16	18	52	33	26	32	80	33	10	50	3067	13	26	35	16
	贵州	166	44	110	16	21	90	47	63	63	138	217	69	35	38	150	63	54	91	183	69	22	103	55	1006	68	56	25
	云南	54	17	37	8	11	35	18	20	27	44	65	28	13	13	40	22	18	25	65	21	8	31	18	8	1481	22	10
	陕西	85	34	72	24	26	38	46	40	45	76	81	54	31	36	79	79	51	46	76	39	14	44	65	16	35	2165	33
	甘肃	45	23	66	11	22	17	23	33	28	61	59	42	23	22	69	36	31	33	43	19	11	29	32	10	24	58	1418
	青海	31	17	11	5	4	14	8	10	8	21	17	5	4	5	9	7	6	7	17	12	4	10	9	3	6	8	13
	宁夏	0	0	0	0	0	0	0	0	0	0	0	0	0	0	0	0	0	0	0	0	0	0	0	0	0	0	0
	新疆	46	21	74	11	13	37	31	24	36	72	95	36	22	24	64	44	40	39	45	22	10	28	31	9	20	28	21
2015	北京	178	109	193	40	73	99	48	43	22	113	73	41	29	24	175	74	55	28	64	14	2	18	40	8	13	19	11
	天津	87	1259	567	61	298	108	66	55	25	128	52	37	22	20	199	71	64	23	41	12	1	17	45	6	12	22	21
	河北	341	825	3680	159	255	238	110	93	129	847	296	216	146	124	1789	505	319	127	221	59	9	73	186	32	48	115	43
	山西	185	342	1372	385	192	288	125	103	204	1513	561	398	273	223	2574	861	509	228	386	94	15	99	262	52	71	195	71

续表

年份	地区	北京	天津	河北	山西	内蒙古	辽宁	吉林	黑龙江	上海	江苏	浙江	安徽	福建	江西	山东	河南	湖北	湖南	广东	广西	海南	重庆	四川	贵州	云南	陕西	甘肃
2015	内蒙古	585	1156	1848	344	3964	3836	2333	2704	227	1008	512	329	253	194	1888	626	509	216	361	96	14	116	368	68	121	186	123
	辽宁	349	314	415	100	658	5306	1409	721	82	362	155	153	76	67	561	231	209	83	127	35	4	44	143	24	46	67	35
	吉林	202	119	187	55	267	1336	1291	745	73	255	140	110	80	59	359	158	165	71	139	36	5	39	131	32	60	48	24
	黑龙江	153	102	172	59	398	1444	679	3343	64	220	115	83	70	48	338	131	147	66	97	26	3	40	146	29	57	43	24
	上海	71	53	69	39	43	60	37	36	83	329	285	107	216	106	227	204	144	83	244	66	8	50	146	32	49	71	31
	江苏	151	116	268	509	159	165	97	118	583	5945	941	1182	502	476	1575	2999	866	373	712	172	23	176	574	96	154	796	214
	浙江	107	32	43	23	31	51	40	37	437	318	7769	106	346	863	119	159	140	113	280	54	7	75	157	42	54	51	27
	安徽	56	33	60	121	43	48	32	35	284	2440	1031	1993	300	386	438	776	339	161	286	64	9	59	188	38	54	195	47
	福建	34	18	24	14	21	36	18	26	203	173	347	51	3378	567	108	89	96	117	746	60	13	78	144	43	57	43	19
	江西	32	15	19	12	15	23	15	16	118	145	809	53	782	735	78	72	115	148	336	52	12	50	95	42	40	28	12
	山东	199	75	540	572	140	120	88	106	166	1706	405	559	193	207	16044	1138	549	174	249	64	9	101	257	51	69	306	82
	河南	77	48	101	135	79	113	62	62	252	1509	699	550	528	322	756	2633	1154	388	685	170	29	142	374	78	113	209	128
	湖北	55	34	65	42	57	83	56	73	100	370	399	121	308	162	305	249	1383	264	775	163	49	123	354	98	117	80	40
	湖南	35	16	27	16	18	22	14	18	71	142	353	39	132	111	117	79	128	1005	1115	190	38	81	143	98	84	30	16
	广东	87	27	44	25	27	32	21	23	135	179	220	52	175	182	200	117	237	929	6930	767	150	185	364	277	311	59	38
	广西	24	15	23	16	18	22	12	15	51	131	154	41	93	57	121	86	106	191	537	475	38	96	189	117	180	32	23
	海南	3	1	2	1	1	2	1	1	5	10	12	3	9	18	9	10	20	62	170	41	965	18	35	9	22	2	2

续表

年份	地区	北京	天津	河北	山西	内蒙古	辽宁	吉林	黑龙江	上海	江苏	浙江	安徽	福建	江西	山东	河南	湖北	湖南	广东	广西	海南	重庆	四川	贵州	云南	陕西	甘肃
	重庆	31	19	24	12	19	25	13	16	39	91	67	30	37	28	114	61	70	72	257	130	18	499	508	58	69	30	14
	四川	36	22	32	21	26	27	16	15	58	155	114	48	59	40	181	96	95	57	194	76	12	161	940	45	122	43	25
	贵州	43	28	49	30	45	57	34	67	88	233	210	69	398	121	279	141	170	176	774	255	45	247	424	561	245	56	38
	云南	20	16	25	18	18	20	12	14	49	157	149	42	72	47	133	88	66	63	255	68	15	33	88	30	175	31	18
2015	陕西	66	69	189	173	68	70	41	41	123	643	452	240	173	156	1419	471	456	223	307	86	14	131	283	64	74	484	53
	甘肃	45	41	61	52	54	44	28	26	130	487	309	164	139	110	290	288	241	94	298	60	9	62	182	31	44	109	514
	青海	8	7	16	13	25	15	10	9	19	106	53	30	19	17	77	52	39	14	34	8	1	9	24	4	6	16	11
	宁夏	54	85	176	63	128	144	68	58	120	531	526	135	175	131	392	263	178	86	231	55	7	70	228	30	49	112	269
	新疆	115	129	149	148	98	84	48	48	374	1214	999	275	295	242	1119	637	398	183	624	112	18	114	338	58	113	211	481

资料来源：笔者绘制。

的 CBE 生产来源集中于消费中心所在电网内部电力交易，如由内蒙古流向青海、由北京流向天津等[193]。电网间差异化的电力交易政策会增加电力交易成本和输配电损，进而推动电网内部电力交易隐含碳的增加。此外，四川和湖北的电网内部电力交易隐含碳流动增强还与其丰富的水力资源、强大的自给能力有关。跨电网电力交易隐含碳的流动方向发生变化，浙江、福建和湖北流向华北的碳排放减弱，流向华东和华中的碳排放增强。

对消费中心而言，大规模的电力交易隐含碳传输与“中部崛起”战略和长江经济带下制造业规模扩张有关。华东地区正处于后工业化时期，其以制造业和服务业为主的经济发展模式需要稳定的电力需求，需要承担电力交易隐含碳的“消费者”责任。“中部崛起”战略下的基础设施建设刺激了中部地区的大规模用电需求和电力交易隐含碳激增。同时，在严格的环境管制和非化石能源扶持政策下，非化石能源丰富地区大力发展清洁电力，发挥了电力结构转型对减排的重要作用。比如，湖北作为三峡大坝的枢纽省域，通过扩大水电装机容量，向华中和华北地区输送清洁电力，进而降低了环境压力[194]。在西部大开发战略的扶持下，西北地区引进了大批先进技术设施和发电技术，发电效率提升，其电力交易隐含碳呈下降趋势。同时，为了响应国家减缓气候变化的目标，西北地区电力结构转型的进程不断推进，比如新疆普及清洁能源供暖、甘肃出台区域循环经济发展规划、内蒙古推动风能相关基础设施建设等[190]。

2. 生产中心流出方向

对于生产中心来说，电网内部电力交易隐含碳的传输规模和体量都在增大，尤其是流向华东、华中和广东的 PBE 在增加，见表 7－4。广东、山东和江苏作为最大的电力部门生产中心，其 PBE 主要用来满足华中（尤其是湖南和河南）的消费需求。在“中部崛起”战略的推动下，湖北和河南大力发展制造业基地以及高新技术产业的发展，导致了大量的电力消耗和环境问题。在“中国制造 2025”和“一带一路”倡议的引导下，广东制造产业快速发展、电力需求激增，这些短缺的电力供给主要依赖于电网内部电力交易。

表 7－4　　2002～2015 年电力部门生产中心流出方向变化趋势

年份	地区	北京	天津	河北	山西	内蒙古	辽宁	吉林	黑龙江	上海	江苏	浙江	安徽	福建	江西	山东	河南	湖北	湖南	广东	广西	海南	重庆	四川	贵州	云南	陕西	甘肃
2002	北京	2821	227	325	42	47	73	115	126	79	173	161	136	85	67	293	128	73	71	157	154	39	117	71	63	65	98	43
	天津	339	2017	195	46	43	79	105	95	71	155	146	121	67	66	180	121	76	61	139	101	28	72	75	42	57	63	34
	河北	1216	364	8491	172	240	367	715	377	527	726	1153	567	331	232	2924	694	254	321	814	227	83	382	306	135	183	691	155
	山西	707	156	669	10319	99	414	180	210	244	555	516	168	93	107	302	245	193	182	581	189	48	211	249	58	150	210	89
	内蒙古	861	173	419	62	3167	487	251	261	263	612	636	211	108	100	404	233	153	215	631	213	50	250	150	57	96	240	99
	辽宁	443	165	605	68	112	10876	569	418	187	321	600	251	184	124	896	189	152	138	358	126	49	177	131	73	90	165	69
	吉林	380	140	289	53	68	306	3052	427	150	287	349	206	105	81	263	154	103	96	435	133	34	141	101	53	78	123	44
	黑龙江	203	81	236	44	53	341	227	6712	126	213	279	135	105	91	203	135	131	99	202	70	30	108	86	38	62	69	43
	上海	231	95	204	46	41	83	94	104	4553	291	335	181	116	103	203	136	93	77	328	106	33	141	107	68	67	77	44
	江苏	363	174	284	62	74	139	152	144	175	12902	446	368	134	114	374	191	91	129	301	107	43	193	122	77	85	126	80
	浙江	270	123	235	63	74	125	162	156	236	340	7414	271	199	125	292	136	85	137	427	110	36	173	123	72	81	93	52
	安徽	376	129	349	54	85	181	237	158	336	553	699	3209	160	164	521	239	117	163	373	111	42	162	120	57	86	218	67
	福建	95	30	77	12	17	47	38	40	39	83	90	50	3496	32	82	38	22	47	86	32	12	57	29	16	21	30	15
	江西	97	52	113	18	28	36	59	59	92	113	185	149	84	3161	139	76	97	148	124	44	28	59	46	32	51	68	30
	山东	283	205	361	94	133	235	164	69	277	262	403	319	143	125	16295	226	184	112	345	123	43	140	99	61	128	106	61
	河南	335	133	558	66	98	114	176	156	213	388	456	286	183	136	638	10726	269	191	310	91	50	172	132	67	92	305	91
	湖北	281	87	232	51	56	141	99	125	111	232	282	159	115	152	222	209	9139	270	313	132	48	133	108	59	91	133	57

续表

年份	地区	北京	天津	河北	山西	内蒙古	辽宁	吉林	黑龙江	上海	江苏	浙江	安徽	福建	江西	山东	河南	湖北	湖南	广东	广西	海南	重庆	四川	贵州	云南	陕西	甘肃
2002	湖南	148	71	172	31	54	55	135	79	163	138	319	128	114	110	290	111	126	4731	209	65	41	100	63	51	71	172	42
	广东	196	66	171	39	48	73	96	86	117	205	296	139	79	79	197	107	83	134	10992	82	34	150	90	69	72	83	39
	广西	151	88	127	26	47	46	112	62	155	107	214	95	83	57	194	71	58	98	193	2077	89	97	61	52	70	158	33
	海南	0	0	0	0	0	0	0	0	0	0	0	0	0	0	0	0	0	0	0	0	0	0	0	0	0	0	0
	重庆	309	255	204	47	68	87	184	98	146	255	225	140	105	83	189	133	115	112	233	166	61	1773	214	119	130	197	65
	四川	149	62	138	28	31	79	69	57	79	129	131	74	39	48	154	81	71	77	138	62	26	111	8220	32	72	94	46
	贵州	231	75	187	30	37	119	78	97	110	205	341	120	66	73	254	102	113	153	296	119	46	163	96	2674	135	90	45
	云南	105	45	109	21	29	62	42	54	68	94	160	81	35	39	133	59	52	73	142	48	23	76	59	25	4095	61	30
	陕西	166	74	152	42	60	68	101	80	107	163	167	117	74	83	165	158	117	101	149	71	30	89	146	35	74	3792	69
	甘肃	78	42	114	17	44	29	42	56	52	109	105	72	44	39	114	62	55	57	76	32	20	49	56	21	41	98	2613
	青海	51	34	21	8	8	18	16	17	15	34	25	10	8	11	18	13	14	13	22	22	7	16	19	5	11	15	27
	宁夏	0	0	0	0	0	0	0	0	0	0	0	0	0	0	0	0	0	0	0	0	0	0	0	0	0	0	0
	新疆	102	47	198	23	29	77	72	52	90	158	229	90	58	60	152	98	105	86	110	43	20	60	69	21	41	56	44
2015	北京	216	739	110	290	182	320	201	74	47	1018	245	1254	1865	1249	867	604	222	119	1344	435	113	159	63	10	70	36	121
	天津	2797	381	295	196	108	155	151	29	259	37	60	20	135	66	46	24	62	35	55	15	11	10	16	68	1	20	12
	河北	11	6	7	16	6	8	22	3	5	54	308	178	56	47	17	365	20	71	36	20	18	18	12	193	4	8	4
	山西	32	15	18	36	28	70	391	52	26	60	202	42	257	191	83	62	170	113	122	49	29	31	26	172	4	330	20

续表

年份	地区	北京	天津	河北	山西	内蒙古	辽宁	吉林	黑龙江	上海	江苏	浙江	安徽	福建	江西	山东	河南	湖北	湖南	广东	广西	海南	重庆	四川	贵州	云南	陕西	甘肃
2015	内蒙古	940	348	2808	107	44	84	141	24	256	40	56	26	107	74	35	23	51	40	90	21	11	17	29	59	1	20	12
	辽宁	116	43	44	227	329	2025	540	45	118	60	120	38	330	128	69	48	149	62	74	31	20	14	17	124	3	32	15
	吉林	56	30	41	81	31	171	4913	137	43	72	179	60	725	235	163	81	358	80	103	35	24	20	21	142	3	84	26
	黑龙江	26	19	129	494	208	187	117	35	33	38	93	27	25	19	18	1168	721	197	313	565	74	121	40	6	34	20	142
	上海	140	45	48	113	149	761	733	171	84	97	256	75	657	216	135	90	279	113	102	37	33	23	23	220	5	54	24
	江苏	72	194	107	304	197	292	160	48	41	610	214	108	148	80	55	856	262	132	1840	581	115	166	60	10	62	30	141
	浙江	22	12	17	30	13	21	125	28	16	155	537	92	1272	152	1272	189	211	87	71	24	24	18	20	165	3	53	15
	安徽	40	30	152	469	415	675	239	80	75	67	109	57	63	42	39	1000	394	205	562	1208	221	313	114	21	95	48	166
	福建	51	20	24	37	18	34	194	26	22	99	230	113	509	479	155	117	1425	168	135	47	56	30	33	372	8	43	38
	江西	14	10	35	191	97	75	88	51	6	16	12	11	12	9	9	86	26	65	84	57	336	388	113	24	50	48	20
	山东	11	5	9	21	7	11	33	4	7	36	162	35	57	53	13	46	22	669	55	31	77	50	33	727	13	9	5
	河南	11	9	28	95	71	69	118	106	8	14	12	13	12	8	9	82	28	37	88	62	108	219	240	26	65	65	22
	湖北	11	5	7	15	7	10	31	3	6	16	27	10	34	21	9	10	17	29	169	148	37	22	19	138	6	8	4
	湖南	1971	1083	1837	369	417	830	544	99	2710	117	221	71	404	189	107	75	191	103	166	46	34	31	47	202	5	66	51
	广东	10	4	7	12	6	9	33	4	5	23	59	22	48	37	13	20	24	83	71	31	235	52	74	318	12	10	6
	广西	76	37	63	83	45	88	426	204	58	306	411	136	3299	335	488	195	1286	173	231	67	60	43	58	396	7	379	92
	海南	29	14	36	22	11	19	75	7	14	39	84	101	89	63	21	49	40	76	174	78	97	359	93	471	14	16	12

续表

年份	地区	北京	天津	河北	山西	内蒙古	辽宁	吉林	黑龙江	上海	江苏	浙江	安徽	福建	江西	山东	河南	湖北	湖南	广东	广西	海南	重庆	四川	贵州	云南	陕西	甘肃
2015	重庆	30	41	63	250	131	265	161	48	26	118	121	41	38	26	23	387	157	94	1027	302	110	135	57	10	82	34	154
	四川	15	8	10	49	11	18	58	7	8	66	88	45	69	88	17	69	34	427	134	74	309	122	128	4955	51	20	13
	贵州	0	0	0	0	0	0	0	0	0	0	0	0	0	0	0	0	0	0	0	0	0	0	0	0	0	0	0
	云南	1	0	0	2	0	1	4	0	1	3	6	3	5	8	1	7	4	31	16	7	17	5	9	98	590	1	1
	陕西	20	10	12	26	16	22	74	12	14	73	131	34	188	92	55	42	90	41	80	22	21	13	15	180	3	45	341
	甘肃	0	0	0	0	0	0	0	0	0	0	0	0	0	0	0	0	0	0	0	0	0	0	0	0	0	0	0
	青海	70	26	30	30	33	84	104	15	64	58	240	46	215	65	43	50	65	39	113	26	19	13	17	136	2	46	142
	宁夏	39	18	20	53	49	57	343	37	31	122	373	80	453	148	86	92	189	83	134	40	41	25	36	335	5	57	135
	新疆	216	739	110	290	182	320	201	74	47	1018	245	1254	1865	1249	867	604	222	119	1344	435	113	159	63	10	70	36	121

资料来源：笔者绘制。

广东和江苏是中国主要的电力部门碳排放生产中心。在“中国制造2025”“一带一路”倡议、珠三角和长三角经济带的推动下，广东和江苏经济快速增长的需求需要消耗更多的电力。广东既是中国电力生产大省，也是电力消耗大省，广东的电力输入主要来自中国南方电网以及三峡大坝的远距离电力输送。江苏是中国第三大火电基地，江苏特制定了《江苏电力条例》来实现清洁电力转型、减少煤电相关碳排放。从短期来看，基于市场的电力改革可能会增加燃煤发电，使碳减排效果不显著[195]。

7.4 中国省域电力部门碳排放关键传输分析

7.4.1 关键传输路径识别

本节旨在追踪产业链上碳排放的关键传输路径，即“生产中心的电力部门→中间部门→消费中心最终部门→最终部门的最终需求”（详见附表4）。

由于受跨省域电力交易壁垒的限制，跨省域电力交易隐含碳的传输占比较小，省内电力交易隐含碳的传输占主导地位。消费中心电力 CBE 的输入来源主要集中于华北和华东，而生产中心电力 PBE 的输出方向是华中、江苏和广东。电网内部和电网间电力交易隐含碳传输均表现出“电力部门→中间部门→电力部门→消费需求”的趋势，即使电力部门作为起始部门，其绝大部分的 PBE 仍传输到电力部门的最终生产活动中。相比于其他省域，关键的生产中心和消费中心会参与更多生产层的电力交易活动，其在产业链中的参与程度和规模更加复杂。

根据消费中心电力 CBE 的输入来源变化，可以看出：第一，各消费中心以省域内部电力 CBE 的直接传输路径为主，即“电力部门→消费”，但跨省域间电力 CBE 的传输规模和程度均在扩大。例如，湖北跨省域电力交易增加，跨省域电力碳排放抵消了 30.22% 的省内电力部门 CBE。第二，跨省域电力 CBE 的关键传输发生变化，2012 年前电力 CBE 主要来源于华北各省和湖北，而2012年后随着国家环境管制要求提高和清洁电力发展条件成熟，越来越多的CBE与华东的生产活动有关。比如，湖北有丰富的水力资源，其水电装机规模在2012年后得到快速发展[192]。第三，电力部门在中间生产过程中的传输角色越来越重要。

根据生产中心电力PBE的传输来源变化，可以看出：第一，由于跨省域电力交易壁垒的限制，电力生产中心PBE的传输路径集中于省内生产活动。其中，“电力部门→消费”是最大的传输路径，即为满足省内电力部门消费需求的直接生活动引致了最大的碳排放传输量。尽管如此，跨省域间电力PBE的传输规模和程度均在扩大。第二，生产中心电力PBE的主要传输方向是华中、江苏和广东，并且流向华中的PBE传输路径贡献在2002～2015年加强，流向东北的PBE传输路径贡献在减弱。第三，由于“中国制造2025”战略下环境管制要求的提高[196]，电力部门PBE流向服务业的传输路径贡献在减弱。

随着中国电力市场自由化和终端电气化水平提高，电力交易隐含碳在逐渐增加，但电力交易隐含碳仍集中于电网内部的碳排放传输。省内电力部门碳排放传输比跨省域间碳排放传输的产业链参与程度、规模更复杂，且跨省域间电力交易壁垒（技术壁垒和制度壁垒）导致其电力部门碳排放的传输减弱。技术壁垒，包括特高压、储能、海底电缆等技术，其不成熟性限制了跨省域远距离电力输送。同时，输配电能力的适应性导致一些资源丰富的地区出现了电力产能过剩与输电能力不足的矛盾。例如，由于电网储能技术和调度能力较弱，中国风力发电基地内蒙古输往华北地区的电力大打折扣。制度壁垒，主要指跨省域电力交易的收费制度和电价调解制度，往往具有“一刀切”特征，跨省域电力交易收费降低了市场效率和电力供应商的竞价能力。随着市场化的跨省电力交易需求的增加，现行跨省域输电固定定价机制也存在适应性问题。

7.4.2　关键传输节点识别

图7－3和图7－4分别展示了2002～2015年消费中心和生产中心碳排放的关键传输节点变化，一般来说，省内碳排放的关键传输节点要比跨省间碳

排放的关键传输节点复杂。自 2007 年以来，随着中国电力市场自由化程度提高，跨省域电力交易规模扩大，以满足自身的消费需求。省内和跨省间电力交易隐含碳传输均表现出“电力部门→中间部门→电力部门→消费需求”的趋势，这些中间传输部门集中于采矿业（S02）、高耗能行业（S08、S11 和 S19）和服务业（S24）。

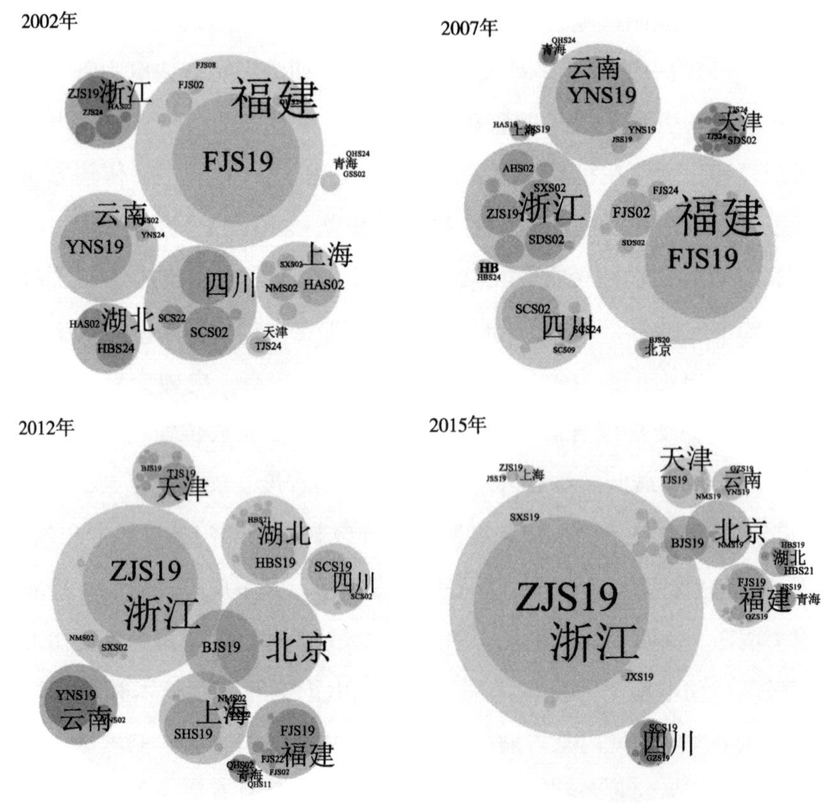

图 7－3　2002～2015 年消费中心碳排放传输节点变化

注：圆圈大小表示中介中间度数值。圆圈越大，表示该节点中介中间度越大；反之越小。

消费中心的碳排放传输节点变化如图 7－3 所示，可以看出：第一，大部分消费中心，尤其是四川、云南和青海，其跨省间电力交易隐含碳的传输规模和程度均在增加。2002～2015 年，浙江、北京和福建的跨省碳排放传输节点的中介中间度较高，但北京的中介中间度出现下降趋势。第二，跨省间电力 CBE 传输主要用于满足采矿业（S02）、电力部门（S19）和服务业

（S24）的消费需求，同时高耗能行业和服务业的碳排放传输角色在增强。无论是省内电力交易还是跨省域电力交易，电力部门都是重要的中间传输部门，这与中国鼓励跨省域电力交易的政策有关。

生产中心的碳排放传输节点变化如图 7－4 所示，可以看出：第一，电力 PBE 最大的传输生产中心是广东、黑龙江和河北。跨电网电力交易隐含碳传输节点存在明显的区域异质性特征，如东北、华东和华中电力 PBE 的传输节点是华北，华南的电力 PBE 的传输节点集中于华中，西北电力 PBE 的传输节点集中于江苏和贵州，华北电力 PBE 的传输节点则主要包括华北和东北。第二，由于跨省电力交易的限制，跨省电力碳排放传输的贡献明显较弱，如东北、沿海区域和华中。在中间生产过程，跨省域间电力 PBE 的传输节点主要是采矿业（S02）、电力部门（S19）和服务业（S24）。

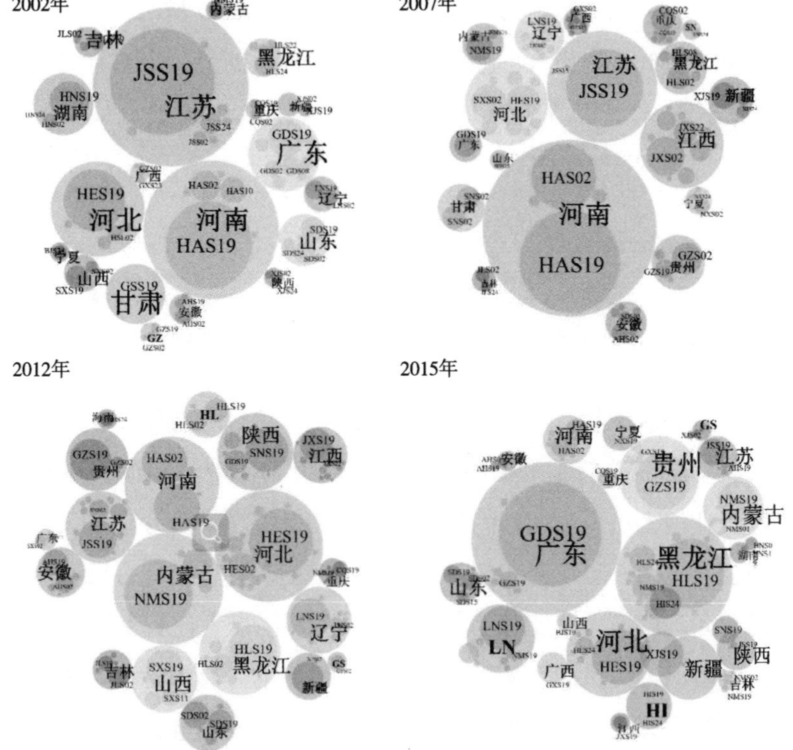

图 7－4　2002～2015 年生产中心碳排放传输节点变化

注：圆圈大小表示中介中间度数值。圆圈越大，表示该节点中介中间度越大；反之越小。

资料来源：笔者绘制。

中间传输节点的减排努力应该放在提高生产效率（即减少上游部门的碳密集型中间投入)，促进产业升级和技术创新，进行全生命周期评价等。从福利经济学和发展经济学的碳权益公平视角来看，减排责任公平分配，需要基于“祖父法则”来兼顾基于生产侧、消费侧和传输侧的历史排放量。同时，这些中间传输节点作为中端用能部门，应该加强中端部门的需求管理、引导和控制最终能源需求、加强节能低碳技术创新和产业化发展、发展智慧化城市基础设施和管理策略、优化资源利用和生产方式、转变社会公众消费理念和生活方式均将促进终端能源消费节约和高效利用。

随着中国跨省域电力交易规模的扩大，电力部门成为中国省内电力交易和跨省域电力交易的关键碳排放传输节点，这与梁（Liang）等[197]的研究结论一致。在严格的环境法规下，电力部门需要进口更便宜的电力，从而降低额外的环境成本。例如，沿海地区将制造业转移到发电基地，以避免像三峡大坝那样的输电和配电损失的额外成本。电力部门的另一个选择是通过灵活的市场机制调整来促进清洁电力的发展，例如清洁电力的直接电力购买合同等。

7.5　本章小结

本章结合多区域投入产出模型和改进的结构路径分析模型，识别中国跨省域电力交易隐含碳的不平衡特征，并以电力生产中心和消费中心为出发点，追踪产业链上从电力部门到最终消费者的电力交易隐含碳的关键传输路径和节点。通过结合生产侧、消费侧和传输侧的碳排放核算方法，有助于从生命周期视角理解电力产业链上利益相关者的碳减排责任。主要发现如下：

第一，省域电力供需不平衡引致了大规模的电力交易隐含碳传输。跨省域电力交易隐含碳传输以省内生产活动为主，而跨省域电力交易技术壁垒和制度壁垒限制了跨省域电力交易隐含碳的传输规模和程度。

第二，消费中心电力 CBE 的输入来源主要集中于华北和华东，而生产中心电力 PBE 的输出方向是华中、江苏和广东。各省域“电力部门→消费”路径碳排放规模最大，即以电力部门为最终生产部门来满足消费需求的直接碳排放占比最大。

第三，中间生产环节的关键传输节点主要集中于采矿业、高耗能行业和服务业，这些中间过程的传输部门是产生上游碳排放的关键。中间传输节点的减排努力应该放在提高生产效率（即减少上游部门的碳密集型中间投入）、促进产业升级和技术创新等方面。

第 8 章

结论和政策建议

8.1 主要结论

中国面临 2030 年前“碳达峰”和 2060 年前“碳中和”的艰巨减排任务，电力部门是中国实现碳减排目标的主力军。本书综合运用投入产出分析、结构路径分析、因素分解分析、反事实情景分析等方法，围绕中国电力部门生产侧、传输侧到消费侧全过程的碳减排策略开展研究，包括识别产业链上不同核算框架下中国电力部门及其子系统的碳排放责任，融合电力产业链全过程（生产侧、传输侧和消费侧）的电力碳强度（及碳排放）影响因素分析，追溯省域电力传输侧和消费侧电力交易隐含碳的产业链传输路径和节点，评估省域电力生产侧非化石能源发电扩张的“碳回报”。

本书主要研究结论如下：

（1）从电力部门的碳排放责任来看，电力部门在产业链的生产侧碳排放、传输侧碳排放和消费侧碳排放的排序分别为第 1、第 2 和第 6，发现电力部门是中国最大的碳排放生产部门，也是重要的碳排放传输部门和消费部门。电力部门生产侧碳排放和消费侧碳排放产生于满足消费需求的生产活动，而消费侧碳排放则受投资需求的驱动。从电力部门 7 个子系统的碳排放构成来看，各子系统电力碳排放差别较大，火力发电依然是中国电力部门碳排放的最主要来源，碳排放占比超过87%，其次是输配电、水电、核电、风电、光伏发电和其他类型。火电和输配电碳排放的主要构成是外部构成，占比超过80%，这标志着火电和输配电在中国“电气化”进程中扮演重要的电力供给角色，其电力生产主要用于满足下游经济部门的最终需求。非化石能源发电碳排放的主要构成是拉动构成，占比超过90%，这意味着非化石能源发电驱动上游经济部门的生产活动碳排放，主要承担消费侧碳排放责任。

（2）从中国省域电力碳强度和碳排放变化的影响因素来看，在研究周期内，中国电力碳强度下降了7.3%，而电力部门碳排放增加了269%。中国电力碳强度下降的主要驱动因素是电力经济效率效应、电力交易效应、火电效率效应、电力结构效应和电力地理结构效应，而电力效率效应和能源结构效应导致电力碳强度增加。本书称电力碳强度增加的省域为“减排绩效较差省域”，这些省域主要分布在西北、东北、西南和南部沿海，成为中国未来电力部门减排需要优先管控的省域。电力碳排放增加的影响因素与电力碳强度下降的影响因素相反。能源结构效应和电力效率效应促进了中国电力部门碳排放下降，其他因素促进了电力部门碳排放增长。其中，电力交易效应的碳减排作用减弱，而电力结构效应的碳减排作用并未得到充分挖掘。各省域电力部门碳强度和碳排放时空变化的影响因素差异较大，需要因地制宜提出针对性的技术结构组合策略。尽管中国已经实行了一系列节能减排措施，但中国省域电力部门与经济增长存在较强的耦合关系，其减排效果仍待改善。

（3）从非化石能源发电扩张的碳排放影响来看，研究发现：第一，非化石能源发电在设备原材料、运输及发电设备建造等环节会释放投资相关碳排放，产生一定的“碳损失”；随着非化石能源发电投入运营，电力结构“清洁化”会抵消掉由传统化石能源发电产生的碳排放，产生一定的“碳收益”。中国非化石能源发电运营净碳效应的绝对量远远大于投资净碳效应的绝对量，非化石能源发电投资产生的碳排放可以完全被电力结构“清洁化”产生的负碳排放抵消掉，进而产生显著的“碳收益”。但是，不考虑非化石能源发电投资活动的碳排放效应，会高估非化石能源发电的碳减排作用。第二，2002~2015年，中国六大电网公司非化石能源扩张的投资净碳效应均显著低于运营净碳效应绝对量，产生了显著的“碳收益”，其“碳收益”呈现波动增长态势。非化石能源发电扩张分区域的“碳收益”贡献由高到低为华北 > 华东 > 西北 > 华中 > 华南 > 东北，分技术类型的“碳收益”贡献由高到低为水电 > 核电 > 风电 > 光电。风电和光电是中国最具减排潜力的发电技术。其中，风电和光电是中国节能减排目标的最具潜力的非化石能源。第三，从非化石能源发电投资的区域间溢出方向来看，东北水电投资碳排放向华南溢出，华南水电投资碳排放向华中溢出，华中核电、风电和光电投资碳排放向华东溢出，华东核电和风电投资碳排放向华北和东北溢出，华东光电投资碳排放向东北溢出。这反映出非化石能源发电投资净碳排放的区域间关联与各省域在中国产业链上的参与特征相关。

（4）从省域间电力交易隐含碳传输来看，电力部门是中国最大生产侧碳排放来源，其生产活动主要为了满足中端和终端消费需求。研究发现：第一，省域电力供需不平衡引致大规模的电力交易隐含碳传输。跨省域电力交易隐含碳以省内生产活动为主，而跨省域电力交易技术壁垒和制度壁垒限制了跨省域电力交易隐含碳的规模和程度。第二，消费中心的电力消费侧碳排放输入来源主要集中于华北和华东，而生产中心电力的生产侧碳排放输出方向是华中、江苏和广东。各省域“电力部门→消费”路径碳排放规模最大，即以电力部门为最终生产部门来满足消费需求的直接碳排放占比最大。第三，电力碳排放的关键传输节点主要集中于采矿业、高耗能行业和服务业，这些中间过程的传输部门是产生上游碳排放的关键。中间传输节点的减排努力应该放在减少上游部门的碳密集型中间投入来提高生产效率，促进产业升级和技术创新等。

8.2 政策建议

基于主要研究发现，本书从电力生产侧、传输侧和消费侧提出如下碳减排策略，以支撑中国尽早实现 2030 年前“碳达峰”和 2060 年前“碳中和”

的减排目标。

1. 电力生产侧减排策略

一是促进火电行业退煤脱碳，加速发展非化石能源。中国现阶段电力结构仍然以火电为主，虽然火电生产量呈现下降趋势、非化石能源发电得到迅猛增长，但火电因为其稳定性及成本优势始终占据主导地位，并造成电力部门较高的碳排放水平。因此，中国减排的首要任务是降低煤电供给水平，如控制新上燃煤电厂、及早退役煤电机组等。中国燃煤发电机组的寿命周期平均约有 40 年，而近年仍然有不少新上的煤电机组，到 2050 年煤电仍可维持较高的装机水平。因此，如果要全面调整电力结构，实现电力的清洁化，为非化石能源发展提供空间，则需要尽早淘汰煤电落后产能，减少煤电发电小时数。同时，以非化石能源替代化石能源的新型能源体系变革是“新气候经济学”的重要战略方向[15]。碳中和与“十四五”规划报告[198]中提到的关于清洁能源转型的路径包括：增加储能设备，以促进非化石能源的并网消纳；管控非化石能源投资活动，促进能源转型全周期清洁化；增强电网跨省互联，充分发挥电力交易调剂作用。

二是优化能源供给地理布局。综合考虑省域电力资源禀赋，统筹电力生产与需求。东部区域应该通过充分发挥核电和分布式风电资源优势以率先减少煤炭的使用，并加大对其他地区非化石能源的消纳。中部区域应该侧重降低煤电的生产规模，并对煤炭资源进行保护性开发，并拓展电网间非化石能源输配网络、建设分布式非化石能源基地等。西南区域应该通过大力发展云贵川水电、川渝天然气以及生物质能发电等来优化区域电力结构。西北区域作为中国重要的非化石能源发电中心，应该加快建设非化石能源大型综合能源基地，来促进全国电力非化石能源电力供应安全。东北区域应该加快淘汰煤电的落后产能，并注重对外电力贸易输配管道建设。

2. 电力传输侧减排策略

一是缓解跨省域电力交易壁垒，促进智能电网建设。技术壁垒，包括特高压、储能、海底电缆等技术，其不成熟性限制了跨省域远距离电力输送[199]。同时，输配电网的适应性矛盾导致一些资源丰富的地区出现了电力产能过剩与输电能力不足的矛盾。制度壁垒，主要是指跨省域电力交易的收费制度和电价调解制度，往往出现“一刀切”特征，跨省域电力交易收费支付降低了市场效率和电力供应商的竞价能力。随着市场化的跨省电力交易需求的增加，现行的跨省输电固定定价机制存在适应性问题，使得清洁能源消纳困境难以解决。为了适应全国碳排放交易市场以及深化电力市场改革，迫切需要缓解省际电力交易壁垒，如鼓励直接交易机制、取消省际电力交易收费、形成灵活的电价机制等。同时，需要尽早出台相关的配套制度，加强第三方核查机构的培育和管理，进一步做好重点企业的碳排放报告、核查和配额管理工作，健全电力交易的风险预警机制。

二是加强对电力产业链中间关键传输环节的控制。电力产业链上的关键“传输节点”，如采矿业、高耗能行业和服务业等，是产生上游碳排放的关键，中间传输节点的减排努力应该放在提高生产效率上（即减少上游部门的碳密集型中间投入)。这些中间传输节点作为中端用能部门，应该加强中端部门需求管理、引导和控制最终能源需求、加强节能低碳技术创新和产业化发展、发展智慧化城市基础设施和管理策略、优化资源利用和生产方式、转变社会公众消费理念和生活方式促进终端能源消费节约和高效利用。就关键路径而言，一方面，应该针对上下游各部门进行综合治理，如优化中间部门的用电使用结构和效率，提高投入产出率等；另一方面，针对出口需求产生的电力行业碳排放的关键路径，要通过提高中国电力行业的生产技术和创新能力来培育优势，提高其在全球价值链中的参与位置。

三是推动中国省域减排协调。东部地区碳减排成本较高，而电力从中西部地区转移至东部地区有助于减轻东部区域的供电和减排压力，并且拉动中西部地区经济发展，但此过程也可能增加“碳排放外溢”负外部性效应，故有必要推动区域减排协作。中西部地区应该结合区域资源禀赋，大力发展清洁能源发电技术；碳转移责任较大且经济条件较好的地区应该为其他地区的高排放提供一定的资金和技术支持。提高电力交易中水电占比，积极开发云南、贵州等水力发电。对于能源稀缺、火力发电为主的地区，考虑是否能优化能源结构产业链结构，通过更低碳的产业链达到减排效果等。此外，基于全国能源生产供应的布局，扩展能源输配方式，从能源生产开发基地、能源加工基地与能源输配网络多维度同步建设，并匹配电力资源以减少远距离的电力大规模输配。

四是提升电网系统的运营及管理水平。新时代电网系统的高质量发展要求从注重规模扩张转变为注重效益增加，推动电网技术的变革和管理理念的革新。具体来说，在改善电网系统数据质量上，完善基层设施的数据模型构建；在提升电网资产管理效益上，通过数据反馈挖掘电网数据价值，发挥电网平台支撑电力系统效益管理的作用；在电网系统的全环节控制上，纳入云大物移智等智能电网技术；在提升电网系统的运行管理上，兼顾数字平台与基础设施智能化的同步建设，实现基层设施与上层电网业务的衔接等。

3. 电力消费侧减排策略

一是探索电力需求侧产业化发展。电力需求侧管理要朝着产业链现代化水平提升、战略性新兴产业和现代服务业快速发展等方向进行综合发力，以支撑中国加快构建以国内大循环为主体、国内国际双循环相互促进的新格局。具体来说，电力需求侧管理依赖于电力产业链上下游企业的高端智能化、绿色化发展，需要全面管控电力产业链低碳属性；推动电能服务产业向国内价值链的高端延伸，着力推进综合用电服务的全面升级；电力需求侧管理效率的改善要依靠新技术、新模式、新产品等的培育工作。

二是加速推动绿色电气化。首先，电力需求侧引导非化石能源电力消纳，通过优化电力用户的用电方式，推动形成非化石能源发电与电力需求侧双向互动的良性局面。其次，提高电力系统的灵活调节能力，将电力需求响应作为电力供给的有效衡量标准，提高电网灵活性和非化石能源的消纳能力。再次，推广电能替代技术，拓展电能替代的应用范围和规模，同时在大数据中心、5G 基站、轨道交通、电动汽车、港口岸电等领域扩展增量用电市场，持续扩大电力消费空间。最后，在电力需求侧增加储能设备，构建包含多能互补联合调峰调度系统，促进非化石能源消纳。电力储能设备兼备能耗节约和储能的双重效益，既可以减少消费终端化石能源的消耗，降低污染物排放水平，其存储能力还可被用于电网的调峰调度中，辅助电网调峰。在诸多电力储能设备中，电动汽车和蓄热式电锅炉是终端用户接受度和使用率较高的两种电力设备。

三是转变消费方式，倡导生态文明下的消费观念和生活方式。全球气候变暖将带来暴雨、干旱、台风等极端气候事件和水资源短缺、疾病传播、海平面上升等灾难和负面影响，任何个人都不能独善其身。所以，要倡导合作意识，要把低碳消费作为社会公德，规范和制约公众的社会行为，引导工业文明发展理念转变为可持续发展的生态文明的发展理念；由过度追求物质享受的福利最大化消费理念转变为更加注重精神文明健康。消费观念和消费方式的转变，也是新气候经济学发展的思想基础和理论的出发点[15]。

8.3　进一步研究方向

本书在中国电力部门生产侧、传输侧和消费侧碳减排研究方面已经做出一些研究工作，并取得一些阶段性成果。但是，目前的研究仍然存在着一些不足之处，未来考虑在如下几方面进一步完善：

（1）建模方法和思路可以进一步完善。本书关于中国电力部门碳减排策略的研究采用的是自顶向下的投入产出模型，而对自底向上的模型的应用较少，如生命周期分析等。两种思路在建模过程中各有自己的优点和缺点，如在对电力、热力等生产过程中产生的碳排放采用自底向上方法相对更为精确。未来的研究建模中可以对两种建模思路进行结合，更精确地核算电力部门全过程碳排放。同时，本书对历史数据进行的分解分析和情景设计，还缺乏对未来情景减排思路的预测。在此方面，投入产出模型可以和一般均衡模型、线性规划模型进行结合，为中国未来电力部门减排路径的选择提供参考建议。

（2）数据可以进一步更新。投入产出数据库是本书的基础数据，但限于投入产出数据库编制工作复杂、时间滞后、应用范围受限等问题，本书仅使用了 1997 ~2017 年的非连续投入产出表，且部门投入产出表不可获得，需要自行编制，但是仍然可能会与实际情况存在着一定差距。建议中国相关机构未来在投入产出表编制方法、检验方法、基础数据方面提供更为科学的指导意见。

（3）研究问题可以进一步拓展。本书重点研究中国电力产业链全过程的碳减排策略，但在未来研究中，研究问题和研究方法都还可以进一步拓展和延伸。例如，结合碳税和碳排放交易等复合政策的碳减排影响、火电部门负碳技术的碳减排影响以及智能电网建设的减排潜力等，这些问题的研究可以为国家制定低碳发展战略提供决策支撑和科学依据。

附　　录

附表 1：符号缩写

符号全拼	英文简称	中文含义
Input-output table	IO table	投入产出表
Structural path analysis	SPA	结构分解分析
Transmission-based betweenness	TBB	中间传输度
Consumption-based emission	CBE	消费侧碳排放
Production-based emission	PBE	生产侧碳排放
Income-based emission	IBE	收入侧碳排放
Transmission-based emission	TBE	传输侧碳排放
Consumption	C	消费
Investment	I	投资
Export	EX	出口

资料来源：笔者绘制。

附表 2：部门归并

<table>
<tr><th>CEADs 数据库部门简称</th><th>投入产出表部门简称</th><th>24 个部门归并</th><th>24 个部门字母缩写</th><th>24 个部门数字编号</th></tr>
<tr><td>农林牧渔产品和服务</td><td>农林牧渔产品和服务</td><td>农林牧渔产品和服务</td><td>AGR</td><td>S01</td></tr>
<tr><td>煤炭采选产品</td><td>煤炭采选产品</td><td rowspan="2">采矿业</td><td rowspan="2">MIP</td><td rowspan="2">S02</td></tr>
<tr><td>石油和天然气开采产品</td><td>石油和天然气开采产品</td></tr>
</table>

续表

CEADs数据库部门简称	投入产出表部门简称	24个部门归并	24个部门字母缩写	24个部门数字编号
黑色金属矿采选业	金属矿采选产品	采矿业	MIP	S02
有色金属采选业				
非金属矿产采选业	非金属矿和其他矿采选产品			
其他采选业				
食品加工业	食品和烟草	食品和烟草	MFT	S03
食品制造业				
饮料制造业				
烟草加工业				
纺织品	纺织品	纺织品	TEX	S04
服装及其他纤维制品制造业	纺织、服装、鞋帽、皮革、羽绒及其制品	纺织服装鞋帽皮革羽绒及其制品	WAP	S05
皮革、毛皮、羽绒及相关产品				
木材和竹子的采伐和运输	木材加工品和家具	木材加工品和家具	SAF	S06
木材加工、竹、藤、棕榈纤维及秸秆制品				
家具制造业				
造纸及纸制品业	造纸印刷和文教体育用品	造纸印刷和文教体育用品	PPP	S07
印刷业				
文化、教育、体育用品业				
石油加工及炼焦业	石油、炼焦产品和核燃料加工品	石油、炼焦产品和核燃料加工品	PNF	S08
化工原料及化工产品	化学产品	化学产品	CHE	S09
医药制造业				
化学纤维业				
橡胶制品业				
塑料制品业				
非金属矿物产品	非金属矿物产品	非金属矿物产品	NMM	S10

续表

CEADs 数据库部门简称	投入产出表部门简称	24 个部门归并	24 个部门字母缩写	24 个部门数字编号
黑色金属的冶炼和压制	金属冶炼和压延加工品	金属冶炼和压延加工品	MES	S11
有色金属的冶炼和压制				
金属制品	金属制品	金属制品	MEP	S12
通用设备	通用设备	通用和专用设备	OSE	S13
专用设备	专用设备			
交通运输设备	交通运输设备	交通运输设备	TRE	S14
电气机械和器材	电气机械和器材	电气机械和器材	ELE	S15
通信设备、计算机和其他	通信设备、计算机和其他电子设备	通信设备、计算机和其他电子设备	EOE	S16
仪器仪表	仪器仪表	仪器仪表	IMO	S17
其他制造产品	其他制造产品	其他制造产品	OMP	S18
废品废料、金属制品等	废品废料			
	金属制品、机械和设备修理服务			
电力、热力的生产和供应★	电力、热力的生产和供应★	电力、热力的生产和供应★	PSE★	S19★
燃气生产和供应	燃气生产和供应	燃气和水的生产和供应	PSG	S20
水的生产和供应	水的生产和供应			
建筑	建筑	建筑	CON	S21
交通运输、仓储和邮政	交通运输、仓储和邮政	交通运输、仓储和邮政	TRW	S22
批发和零售	批发和零售	批发和零售	WHR	S23
其他	住宿和餐饮	服务业	SER	S24
	信息传输、软件和信息技术服务			
	金融			

续表

CEADs 数据库部门简称	投入产出表部门简称	24 个部门归并	24 个部门字母缩写	24 个部门数字编号
其他	房地产	服务业	SER	S24
	租赁和商务服务			
	科学研究和技术服务			
	水利、环境和公共设施管理			
	居民服务、修理和其他服务			
	教育			
	卫生和社会工作			
	文化、体育和娱乐			
	公共管理、社会保障和社会组织			

注：标注★的“电力、热力的生产和供应”部门为本书的研究对象，全文简称电力部门。

资料来源：笔者绘制。

附表 3：中国六大电网公司省域划分

电网	省（区市）	省（区市）代码
华北电网	北京、天津、河北、山东、山西、内蒙古	BJ、TJ、HE、SD、SX、NM
华中电网	湖北、河南、湖南、江西、四川、重庆	HB、HA、HN、JX、SC、CQ
华东电网	安徽、福建、上海、江苏、浙江	AH、FJ、SH、JS、ZJ
东北电网	辽宁、吉林、黑龙江	LN、JL、HL
西北电网	陕西、甘肃、宁夏、青海、新疆	SN、GS、NX、QH、XJ
华南电网	广东、海南、广西、云南、贵州	GD、HI、GX、YN、GZ

注：六大电网分别由两大集团管理，其中东北电网、华北电网、华中电网、华东电网、西北电网属国家电网公司，华南电网由南方电网公司管辖。本章将蒙西电网和蒙东电网统称为内蒙古，划分为华北电网管辖范围。

资料来源：笔者绘制。

附表 4：2002 年和 2015 年省域电力部门为满足消费需求的五大传输路径

单位：吨

	省域简称	2002 年			2015 年		
		碳排放	路径	碳排放占比	碳排放	路径	碳排放占比
消费中心	BJ	1076363	BJS19→BJ	3.32%	396016	BJS19→BJ	1.93%
		421098	NMS19→BJ	1.30%	327986	NMS19→BJ	1.60%
		323406	SXS19→BJ	1.00%	187488	BJS19→BJS19→BJ	0.91%
		108792	HES19→BJ	0.34%	161696	SHS19→BJ	0.79%
		89320	HBS19→BJ	0.28%	147070	JLS19→BJ	0.72%
	TJ	1873212	TJS19→TJ	14.84%	2170911	TJS19→TJ	9.31%
		17731	TJS19→TJS19→TJ	0.14%	516710	TJS19→TJS19→TJ	2.22%
		15066	NMS19→TJ	0.12%	341555	NMS19→TJ	1.46%
		11626	SXS19→TJ	0.09%	122985	TJS19→TJS19→TJS19→TJ	0.53%
		5226	TJS19→TJS24→TJS19→TJ	0.04%	114714	SXS19→TJ	0.49%
	SH	5378968	SHS19→SH	14.48%	1106546	JSS19→SH	5.28%
		227797	NMS19→SH	0.61%	473733	AHS19→SH	2.26%
		174897	SXS19→SH	0.47%	295698	GSS19→SH	1.41%
		57790	HES19→SH	0.16%	253246	FJS19→SH	1.21%
		45239	HBS19→SH	0.12%	155924	SXS19→SH	0.74%
	ZJ	5389664	ZJS19→ZJ	9.66%	15045114	ZJS19→ZJ	15.97%
		397693	NMS19→ZJ	0.71%	5923777	ZJS19→ZJS19→ZJ	6.29%
		384373	ZJS19→ZJS19→ZJ	0.69%	2332394	ZJS19→ZJS19→ZJS19→ZJ	2.48%

续表

	省域简称	2002 年			2015 年		
		碳排放	路径	碳排放占比	碳排放	路径	碳排放占比
消费中心	ZJ	307777	SXS19→ZJ	0. 55%	918343	ZJS19→ZJS19→ZJS19→ZJS19→ZJ	0. 97%
		101687	HES19→ZJ	0. 18%	533187	AHS19→ZJ	0. 57%
	FJ	5530883	FJS19→FJ	14. 70%	7713364	FJS19→FJ	24. 02%
		1035875	FJS19→FJS19→FJ	2. 75%	1262271	FJS19→FJS19→FJ	3. 93%
		194008	FJS19→FJS19→FJS19→FJ	0. 52%	206567	FJS19→FJS19→FJS19→FJ	0. 64%
		36336	FJS19→FJS19→FJS19→FJS19→FJ	0. 10%	110323	AHS19→FJ	0. 34%
		9263	FJS19→FJS08→FJ	0. 02%	107266	SHS19→FJ	0. 33%
	HB	8147953	HBS19→HB	45. 25%	5738153	HBS19→HB	15. 03%
		167928	HBS19→HBS19→HB	0. 93%	495072	SXS19→HB	1. 30%
		48884	NMS19→HB	0. 27%	427149	AHS19→HB	1. 12%
		38220	SXS19→HB	0. 21%	505026	SNS19→HB	1. 32%
		18536	HBS19→HBS24→HBS19→HB	0. 10%	362731	HBS19→HBS19→HB	0. 95%
	SC	4927277	SCS19→SC	43. 79%	1832572	SCS19→SC	5. 80%
		111812	SCS19→SCS02→SC	0. 99%	519802	HBS19→SC	1. 64%
		46099	SXS19→SC	0. 41%	442027	JSS19→SC	1. 40%
		31765	SCS19→SCS02→SCS19→SC	0. 28%	363367	SCS19→SCS19→SC	1. 15%
		26967	SCS19→SCS24→SCS19→SC	0. 24%	328611	NXS19→SC	1. 04%

续表

	省域简称	2002 年			2015 年		
		碳排放	路径	碳排放占比	碳排放	路径	碳排放占比
消费中心	YN	1473926	YNS19→YN	11.26%	503816	YNS19→YN	5.06%
		293389	YNS19→YNS19→YN	2.24%	190958	GZS19→YN	1.92%
		58400	YNS19→YNS19→YNS19→YN	0.45%	139426	JSS19→YN	1.40%
		11625	YNS19→YNS19→YNS19→YNS19→YN	0.09%	86918	HBS19→YN	0.87%
		9701	YNS19→YNS02→YN	0.07%	77264	GZS19→GZS19→YN	0.78%
	QH	271206	QHS19→QH	12.47%	1305272	JSS19→QH	21.93%
		12483	NMS19→QH	0.57%	1034291	QHS19→QH	17.38%
		10107	SXS19→QH	0.46%	553511	GSS19→QH	9.30%
		4192	QHS19→QHS19→QH	0.19%	101702	JSS19→JSS19→QH	1.71%
		3155	HES19→QH	0.15%	89132	NXS19→QH	1.50%
生产中心	LN	7261023	LNS19→LN	12.84%	8924748	LNS19→LN	17.54%
		535217	LNS19→LNS19→LN	0.95%	1761930	LNS19→LNS19→LN	3.46%
		103092	LNS19→GD	0.18%	347841	LNS19→LNS19→LN	0.68%
		39451	LNS19→LNS19→LNS19→LN	0.07%	234483	LNS19→NMS19→LN	0.46%
		38240	LNS19→CQ	0.07%	221700	LNS19→HL	0.44%

续表

	省域简称	2002 年			2015 年		
		碳排放	路径	碳排放占比	碳排放	路径	碳排放占比
生产中心	JL	6269943	JLS19→JL	16.88%	3878189	JLS19→JL	18.49%
		448717	JLS19→JLS19→JL	1.21%	1825212	JLS19→HL	8.70%
		203639	JLS19→GD	0.55%	952502	JLS19→LN	4.54%
		92109	JLS19→LN	0.24%	164952	JLS19→JLS19→JL	0.52%
		83237	JLS19→CQ	0.21%	132973	JLS19→NM	0.42%
	HL	8740819	HLS19→HL	24.35%	15565284	HLS19→HL	28.35%
		187882	HLS19→HLS19→HL	0.52%	3094122	HLS19→HLS19→HL	5.64%
		69058	HLS19→GD	0.19%	1181689	HLS19→NMS19→HL	2.15%
		36192	HLS19→HLS24→HLS19→HL	0.10%	615060	HLS19→HLS19→HLS19→HL	1.12%
		33683	HLS19→HLS22→HL	0.09%	422980	HLS19→LN	0.77%
	HE	10899691	HES19→HE	23.82%	5419608	HES19→HE	11.15%
		1789677	HES19→HES19→HE	3.91%	1519469	HES19→HES19→HE	3.13%
		293856	HES19→HES19→HES19→HE	0.64%	426006	HES19→HES19→HES19→HE	0.88%
		225739	HES19→GD	0.49%	342155	HES19→SXS19→HE	0.70%
		112050	HES19→LN	0.24%	119437	HES19→HES19→HES19→HES19→HE	0.25%
	SD	44386	SDS19→SD	0.14%	11798296	SDS19→SD	14.79%
		22212	SDS19→SD	0.07%	1093897	SDS19→SDS19→SD	1.37%

续表

	省域简称	2002年			2015年		
		碳排放	路径	碳排放占比	碳排放	路径	碳排放占比
生产中心	SD	20150	SDS19→SD	0.06%	108446	SDS19→SDS02→SDS19→SD	0.14%
		17832	SDS19→SD	0.06%	107834	SDS19→SXS19→SD	0.14%
		11545	SDS19→SD	0.04%	101422	SDS19→SDS19→SDS19→SD	0.13%
	JS	10088858	JSS19→JS	42.87%	15797220	JSS19→JS	16.87%
		2624184	JSS19→JSS19→JS	11.15%	6445912	JSS19→HA	6.88%
		682569	JSS19→JSS19→JSS19→JS	2.90%	2052203	JSS19→SN	2.19%
		177541	JSS19→JSS19→JSS19→JSS19→JS	0.75%	1541657	JSS19→AH	1.65%
		102771	JSS19→NMS19→JS	0.44%	1230858	JSS19→JSS19→JS	1.31%
	GD	16701063	GDS19→GD	80.92%	12759162	GDS19→GD	18.44%
		1439616	GDS19→GDS19→GD	6.98%	4275380	GDS19→GDS19→GD	6.18%
		124093	GDS19→GDS19→GDS19→GD	0.60%	1432608	GDS19→GDS19→GDS19→GD	2.07%
		76018	GDS19→NMS19→GD	0.37%	480043	GDS19→GDS19→GDS19→GDS19→GD	0.69%
		62773	GDS19→SXS19→GD	0.30%	399876	GDS19→HNS19→GD	0.58%
	HI	687	HIS19→GZS02→HI	0.00%	2670268	HIS19→HI	32.47%
		496	HIS19→CQS02→HI	0.00%	159679	HIS19→HIS19→HI	1.94%
		307	HIS19→TJS02→HI	0.00%	37743	HIS19→GD	0.46%
		306	HIS19→AHS02→HI	0.00%	16299	HIS19→HIS24→HIS19→HI	0.20%
		256	HIS19→HAS02→HI	0.00%	15108	HIS19→HN	0.18%

续表

	省域简称	2002 年			2015 年		
		碳排放	路径	碳排放占比	碳排放	路径	碳排放占比
生产中心	JX	3429	JXS19→CQ	0. 02%	1151479	JXS19→JX	7. 56%
					170716	JXS19→JXS19→JX	1. 12%
					25310	JXS19→JXS19→JXS19→JX	0. 17%
					23573	JXS19→HN	0. 15%
					19223	JXS19→GD	0. 13%
	AH	4843259	AHS19→AH	7. 42%	8448322	AHS19→AH	18. 02%
		181072	AHS19→GD	0. 28%	4681060	AHS19→JS	9. 98%
		155237	AHS19→AHS19→AH	0. 24%	432865	AHS19→JX	0. 92%
		135130	AHS19→AHS02→AH	0. 21%	422121	AHS19→AHS19→AH	0. 90%
		87710	AHS19→LN	0. 13%	233889	AHS19→AHS19→JS	0. 50%
	SX	4136901	SXS19→SX	9. 16%	3136042	SXS19→HE	6. 60%
		728234	SXS19→GD	1. 61%	1119436	SXS19→SX	2. 36%
		428861	SXS19→SXS19→SX	0. 95%	951191	SXS19→JS	2. 00%
		336978	SXS19→LN	0. 75%	892040	SXS19→SD	1. 88%
		303241	SXS19→JS	0. 67%	491281	SXS19→HA	1. 03%
	HA	9890153	HAS19→HA	34. 71%	7479929	HAS19→HA	16. 45%
		2199022	HAS19→HAS19→HA	7. 72%	855759	HAS19→HAS19→HA	1. 88%
		488941	HAS19→HAS19→HAS19→HA	1. 72%	200996	HAS19→JSS19→HA	0. 44%

续表

	省域简称	2002 年			2015 年		
		碳排放	路径	碳排放占比	碳排放	路径	碳排放占比
生产中心	HA	108713	HAS19→HAS19→HAS19→HAS19→HA	0.38%	97905	HAS19→HAS19→HAS19→HA	0.22%
		67753	HAS19→HAS02→HA	0.24%	97609	HAS19→HAS02→HA	0.21%
	HN	3124035	HNS19→HN	5.59%	3662084	HNS19→HN	16.52%
		590195	HNS19→HNS19→HN	1.06%	970316	HNS19→GD	4.38%
		111500	HNS19→HNS19→HNS19→HN	0.20%	155322	HNS19→HNS19→HN	0.70%
		25145	HNS19→HNS02→HN	0.04%	106346	HNS19→GZ	0.48%
		21065	HNS19→HNS19→HNS19→HNS19→HN	0.04%	101498	HNS19→GX	0.46%
	GX	2923115	GXS19→GX	27.14%	913194	GXS19→GX	7.31%
		96073	GXS19→GXS19→GX	0.89%	250114	GXS19→GXS19→GX	2.00%
		17442	GXS19→GZS02→GX	0.16%	68504	GXS19→GXS19→GXS19→GX	0.55%
		11324	GXS19→GXS23→GX	0.11%	52919	GXS19→GD	0.42%
		9432	GXS19→CQS02→GX	0.09%	35601	GXS19→GZ	0.28%
	CQ	3322595	CQS19→CQ	14.83%	606360	CQS19→CQ	7.34%
		113670	CQS19→CQS19→CQ	0.51%	119568	CQS19→CQS19→CQ	1.45%
		36590	CQS19→CQS02→CQ	0.16%	23578	CQS19→CQS19→CQS19→CQ	0.29%
		12415	CQS19→NMS19→CQ	0.06%	9421	CQS19→GZS19→CQ	0.11%
		10298	CQS19→SXS19→CQ	0.05%	8978	CQS19→GZ	0.11%

续表

	省域简称	2002 年			2015 年		
		碳排放	路径	碳排放占比	碳排放	路径	碳排放占比
生产中心	GZ	766739	GZS19→GZ	3. 42%	1615263	GZS19→GZ	7. 57%
		184193	GZS19→GD	0. 82%	653554	GZS19→GZS19→GZ	3. 06%
		76909	GZS19→LN	0. 34%	264435	GZS19→GZS19→GZS19→GZ	1. 24%
		76227	GZS19→CQ	0. 34%	222936	GZS19→GD	1. 05%
		65479	GZS19→JS	0. 29%	132647	GZS19→CQ	0. 62%
	SN	1875278	SNS19→SN	13. 27%	2081975	SNS19→SN	7. 81%
		25844	SNS19→GD	0. 18%	417363	SNS19→SNS19→SN	1. 57%
		21739	SNS19→SNS19→SN	0. 15%	359660	SNS19→HA	1. 35%
		11549	SNS19→LN	0. 08%	318603	SNS19→SD	1. 20%
		10606	SNS19→CQ	0. 08%	192366	SNS19→HN	0. 72%
	NM	881891	NMS19→GD	5. 03%	16336654	NMS19→NM	13. 53%
		721692	NMS19→NM	4. 11%	6509207	NMS19→HL	5. 39%
		439360	NMS19→LN	2. 50%	2528778	NMS19→JL	2. 09%
		395109	NMS19→JS	2. 25%	2465441	NMS19→LN	2. 04%
		362901	NMS19→CQ	2. 07%	2004433	NMS19→NMS19→NM	1. 66%

续表

	省域简称	2002 年			2015 年		
		碳排放	路径	碳排放占比	碳排放	路径	碳排放占比
生产中心	GS	719573	GSS19→GS	7.85%	2640673	GSS19→GS	14.86%
		257336	GSS19→GSS19→GS	2.81%	214140	GSS19→JS	1.20%
		92029	GSS19→GSS19→GSS19→GS	1.00%	173885	GSS19→GD	0.98%
		32912	GSS19→GSS19→GSS19→GSS19→GS	0.36%	161007	GSS19→SN	0.91%
		11770	GSS19→GSS19→GSS19→GSS19GSS19→GS	0.13%	85706	GSS19→AH	0.48%
	NX				2173776	NXS19→NX	9.96%
					756912	NXS19→GS	3.47%
					413827	NXS19→NXS19→NX	1.90%
					277243	NXS19→JS	1.27%
					191236	NXS19→HE	0.88%
	XJ	891758	XJS19→XJ	7.32%	2942535	XJS19→XJ	7.43%
		127661	XJS19→XJS19→XJ	1.05%	960667	XJS19→XJS19→XJ	2.42%
		18275	XJS19→XJS19→XJS19→XJ	0.15%	313635	XJS19→XJS19→XJS19→XJ	0.79%
		5078	XJS19→XJS22→XJ	0.04%	102394	XJS19→XJS19→XJS19→XJS19→XJ	0.26%
		3450	XJS19→XJS02→XJ	0.03%	33429	XJS19→XJS19→XJS19→XJS19→XJS19→XJ	0.08%

资料来源：笔者绘制。

参考文献

［1］林伯强．中国将如何迈向“碳中和”？［N］．21 世纪经济报道，2020 - 12 - 25（004）．

［2］IPCC. Summary for policymakers. //EDENHOFER O，PICHS-MADRUGA R，SOKONA Y，et al. Climate change 2014，Mitigation of climate change contribution of working group Ⅲ to the fifth assessment report of the intergovernmental panel on climate change［R］．United Kingdom and New York，NY，USA：Cambridge University Press，Cambridge，2014．

［3］IEA. CO_2 emissions from fuel combustion highlights. International Energy Agency，Paris［R］．URL：https：//webstore. iea. org/co2-emissions-from-fuel-combustion - 2018．

［4］国家发展改革委．国家发展改革委关于印发国家应对气候变化规划（2014—2020 年）的通知［N］．http：//www. ndrc. gov. cn/zcfb/zcfbtz/201411/t20141104_642612. html，2014 - 09 - 19．

［5］刘强，田川，郑晓奇，等．中国电力行业碳减排相关政策评价［J］．资源科学，2017，39（12）：2368 - 2376．

［6］中国电力企业联合会．中国电力行业年度发展报告 2020［M］．北京：中国建材工业出版社，2020．

［7］郭伟，唐人虎．2060 碳中和目标下的电力行业［J］．能源，2020（11）：19 - 26．

[8] 张运洲，鲁刚，王芃，等. 能源安全新战略下能源清洁化率和终端电气化率提升路径分析 [J]. 中国电力，2020，53（2）：1－8.

[9] 牟初夫，王礼茂，屈秋实，等. 主要新能源发电替代减排的研究综述 [J]. 资源科学，2017，39（12）：2323－2334.

[10] INTERNATIONAL ENERGY AGENCY. World energy outlook 2017 [R]. OECD/IEA, 2017.

[11] 解振华. 中国低碳发展宏观战略研究总报告 [M]. 北京：人民出版社，2017.

[12] ZHAO Y, CAO Y, SHI X, et al. Critical transmission paths and nodes of carbon emissions in electricity supply chain [J]. Science of the Total Environment, 2021, 755: 142530.

[13] WEI W, LI J, CHEN B, et al. Embodied greenhouse gas emissions from building China's large-scale power transmission infrastructure [J]. Nature Sustainability, 2021 (4): 739－747.

[14] 陈诗一，林伯强. 中国能源环境与气候变化经济学研究现状及展望——首届中国能源环境与气候变化经济学者论坛综述 [J]. 经济研究，2019，54（7）：203－208.

[15] 何建坤，滕飞，齐晔. 新气候经济学的研究任务和方向探讨 [J]. 中国人口·资源与环境，2014，24（8）：1－8.

[16] 潘家华. 气候变化的经济学属性与定位 [J]. 江淮论坛，2014（6）：5－11，2.

[17] 姜维. 威廉·诺德豪斯与气候变化经济学 [J]. 气候变化研究进展，2020，16（3）：390－394.

[18] 沈维萍，陈迎. 从气候变化经济学视角对地球工程的几点思考 [J]. 中国人口·资源与环境，2019，29（10）：90－98.

[19] WU S, CAO Y, HE L. Temporal changes of carbon emission transmissions in China's supply chain, 1997－2017 [J]. Journal of Cleaner Production, 2020, 269: 122367.

[20] LINDNER S, LIU Z, GUAN D, et al. CO_2 emissions from China's power sector at the provincial level: Consumption versus production perspective [J]. Renewable and Sustainable Energy Reviews, 2013, 19: 164 – 172.

[21] PAN C, PETERS G, Andrew R, et al. Structural changes in provincial emission transfers within China [J]. Environment Science & Technology, 2018, 52: 12958 – 12967.

[22] MA J, DU G, XIE B. CO_2 emission changes of China's power generation system: Input-output subsystem analysis [J]. Energy Policy, 2019, 124: 1 – 12.

[23] JIANG X, GUAN D. The global CO_2 emissions growth after international crisis and the role of international trade [J]. Energy Policy, 2017, 109: 734 – 746.

[24] LIN J, HU Y, ZHAO X, et al. Developing a city-centric global multiregional input-output model (CCG-MRIO) to evaluate urban carbon footprints [J]. Energy Policy, 2017, 108: 460 – 466.

[25] 彭水军，张文城，卫瑞. 碳排放的国家责任核算方案 [J]. 经济研究，2016 (3): 137 – 150.

[26] PETERS G. From production-based to consumption-based national emission inventories [J]. Ecological Economics, 2008, 65: 13 – 23.

[27] PETERS G, HERTWICH E. Post-kyoto greenhouse gas inventories: production versus consumption [J]. Climatic Change, 2008, 86: 51 – 66.

[28] 闫云凤，赵忠秀. 消费碳排放与碳溢出效应：G7、BRIC 和其他国家的比较 [J]. 国际贸易问题，2014, 1: 99 – 107.

[29] LIANG S, QU S, XU M. Betweenness-based method to identify critical transmission sectors for supply chain environmental pressure mitigation [J]. Environment Science & Technology, 2016 (50): 1330 – 1337.

[30] 刘婷，白宏涛，徐鹤. 中国典型区域含电力消费的碳排放驱动因素分解 [J]. 环境污染与防治，2017, 39 (11): 1278 – 1283.

[31] 魏文栋，张鹏飞，李佳硕. 区域电力相关碳排放核算框架的构建和应用 [J]. 中国人口·资源与环境，2020, 30 (7): 38 – 46.

[32] 陈诗一. 中国碳排放强度的波动下降模式及经济解释 [J]. 世界经济, 2011, 4: 124 - 143.

[33] ZHAO Y, CAO Y, SHI X, et al. How China's electricity generation sector can achieve its carbon intensity reduction targets? [J]. Science of the Total Environment, 2020, 706: 135689.

[34] LIU N, MA Z, KANG J. A regional analysis of carbon intensities of electricity generation in China [J]. Energy Economics, 2017, 8: 268 - 277.

[35] WANG J, HE S, QIU Y, et al. Investigating driving forces of aggregate carbon intensity of electricity generation in China [J]. Energy Policy, 2018, 113: 249 - 257.

[36] 申硕, 樊静丽, 陈其针, 等. 碳捕集、利用与封存 (CCUS) 技术的文献计量分析 [J]. 热力发电, 2021, 50 (1): 47 - 53.

[37] FAN J, XU M, LI F, et al. Carbon capture and storage (CCS) retrofit potential of coal-fired power plants in China: The technology lock-in and cost optimization perspective [J]. Applied Energy, 2018, 229: 326 - 334.

[38] 赵东声, 高忠臣, 刘伟. 碳捕集火电与梯级水电联合优化的低碳节能发电调度 [J]. 电力系统保护与控制, 2019, 47 (15): 148 - 155.

[39] TAN Z, LI L, WANG J, WANG J. Examining the driving forces for improving China's CO_2 emission intensity using the decomposition method [J]. Applied Energy, 2011, 88 (12): 4496 - 4504.

[40] KARMELLOS M, KOPIDOU D, DIAKOULAKI D. A decomposition analysis of the driving factors of CO_2 (Carbon dioxide) emissions from the power sector in the European Union countries [J]. Energy, 2016, 94: 680 - 692.

[41] GOH T, ANG B, SU B. Wang H. Drivers of stagnating global carbon intensity of electricity and the way forward [J]. Energy Policy, 2018, 113: 149 - 156.

[42] DONG L, LIANG H, GAO Z, et al. Spatial distribution of Chinas renewable energy industry: Regional features and implications for a harmonious development future [J]. Renewable and Sustainable Energy Reviews, 2016, 58

(5)：1521－1531.

[43] ZHAO Z，CHEN Y，CHANG R. How to stimulate renewable energy power generation effectively-China's irrcentive approaches and lessons [J]. Renewable Energy，2016，92 (7)：147－156.

[44] 陈玉龙，赵振宇．区域可再生能源发电项目开发影响因素改进解释结构模型研究 [J]. 电网与清洁能源，2018，34 (2)：149－156.

[45] 蔡帜，罗志强，杨军峰，等．考虑大规模可再生能源接入的输电设备检修计划 [J]. 电力系统保护与控制，2017，45 (21)：96－101.

[46] 项目综合报告编写组．《中国长期低碳发展战略与转型路径研究》综合报告 [J]. 中国人口·资源与环境，2020，30 (11)：1－25.

[47] MENG S，SIRIWARDANA M，MCNEILL J，NELSON T. The impact of an ETS on the Australian energy sector：An integrated CGE and electricity modelling approach [J]. Energy Economics，2018，69：213－224.

[48] ZHANG L，LI Y，JIA Z. Impact of carbon allowance allocation on power industry in China's carbon trading market：Computable general equilibrium based analysis [J]. Applied Energy，2018，229：814－827.

[49] LEI H，YAO X，ZHANG J. The competitiveness of provincial electric power supply in China：Based on a bottom-up perspective [J]. International Journal of Electrical Power & Energy Systems，2020，116：105557.

[50] 周强，汪宁渤，何世恩，等．高弃风弃光背景下中国新能源发展总结及前景探究 [J]. 电力系统保护与控制，2017，45 (10)：146－154.

[51] 王深哲，高山，尤国伟，等．考虑多安全性约束的风电场穿透功率极限研究 [J]. 电力工程技术，2017，36 (3)：57－61，81.

[52] KANG J，NG T，SU B. Optimizing electricity mix for CO_2 emissions reduction：A robust input-output linear programming model [J]. European Journal of Operational Research，2020，287 (1)：280－292.

[53] YUAN R，RODRIGUESA J，BEHRENS P. Impact of non-fossil electricity on the carbon emissions embodied in China's exports [J]. Journal of Clean-

er Production, 2018, 192: 582 –596.

[54] CHENG R, XU Z, LIU P, et al. A multi-region optimization planning model for China's power sector [J]. Applied Energy, 2015, 137: 413 –426.

[55] 赵黎, 殷建立. 碳交易和碳税情景下碳减排二层规划决策模型研究 [J]. 管理科学, 2016, 29 (1): 137 –146.

[56] ZHAO Y, LI H, XIAO Y, et al. Scenario analysis of the carbon pricing policy in China's power sector through 2050: Based on an improved CGE model [J]. Ecological Indicators, 2018, 85: 352 –66.

[57] 郑玉雨, 李晓亮, 段显明, 等. 中国电力行业环境经济政策的现状与展望 [J]. 生态经济, 2020, 36 (10): 160 –166.

[58] 刘浛, 赵秋红. 政策对发电企业能源决策的影响及最优化模型 [J]. 系统工程理论与实践, 2015, 35 (7): 1717 –1725.

[59] GALLAGHER K, ZHANG F, OR R, RISSMAN J, et al. Assessing the policy gaps for achieving China's climate targets in the Paris Agreement [J]. Nature Communications, 2019, 10 (1): 1256.

[60] 董梅, 李存芳. 碳减排目标的实现机制比较与选择——基于数量型与价格型减排工具的模拟 [J]. 中国环境管理, 2020, 4: 120 –128.

[61] 张济建, 丁露露, 孙立成. 考虑阶梯式碳税与碳交易替代效应的企业碳排放决策研究 [J]. 中国人口·资源与环境, 2019, 29 (11): 41 –48.

[62] STRAND J. Strategic climate policy with offsets and incomplete abatement: Carbon taxes versus cap-and trade [J]. Journal of Environmental Economics and Management, 2013, 66 (2): 202 –218.

[63] 杨晓妹. 应对气候变化: 碳税与碳排放权交易的比较分析 [J]. 青海社会科学, 2010 (6): 36 –39.

[64] HE Y, WANG L, WANG J. Cap-and-trade vs carbon taxes: A quantitative comparison from a generation expansion planning perspective [J]. Computers & Industrial Engineering, 2012, 63 (3): 708 –716.

[65] BRISTOW A, WARDMAN M, ZANNIA M, et al. Public acceptability

of personal carbon trading and carbon tax [J]. Ecological Economics, 2010, 69 (9): 1824 - 1837.

[66] 杨虹，龙飞，朱臻，等. 抵消机制背景下企业森林碳汇需求价格模拟 [J]. 浙江农林大学学报，2021，38 (1): 173 - 183.

[67] 陈建成，关海玲. 碳汇市场对林业经济发展的影响研究 [J]. 中国人口·资源与环境，2014，24 (S1): 445 - 448.

[68] 杨帆，曾维忠. 中国森林碳汇市场综述与展望 [J]. 资源开发与市场，2014，30 (5): 603 - 606.

[69] 杨勇平，杨昆. 火电机组节能潜力诊断理论与应用 [J]. 中国电机工程学报，1998，18 (2): 131 - 134.

[70] BEER J. High efficiency electric power: The environmental role [J]. Progress in Energy and Combustion Science, 2007, 33 (2): 107 - 134.

[71] 张各兴，夏大慰. 所有权结构、环境规制与中国发电行业的效率——基于2003—2009年30个省级面板数据的分析 [J]. 中国工业经济，2010，6: 130 - 140.

[72] 翁丽丽. 环境规制对中国发电行业效率的影响研究 [D]. 北京：北京交通大学，2014.

[73] 燕丽，杨金田. 中国火电行业 CO_2 排放特征探讨 [J]. 环境污染与防治，2010，32 (9): 92 - 94.

[74] 顾英伟，李彩虹. 电力行业节能减排评价指标体系研究 [J]. 沈阳工业大学学报（社会科学版），2013，6 (1): 73 - 76.

[75] 毛建雄，毛健全. 当前我国燃煤火电机组降低 CO_2 排放的途径 [J]. 电力建设，2011，32 (11): 5 - 9.

[76] 秦少俊，张文奎，尹海涛. 上海市火电企业二氧化碳减排成本估算——基于产出距离函数方法 [J]. 工程管理学报，2001，25 (6): 704 - 708.

[77] 王彦哲，周胜，王宇，等. 中国核电和其他电力技术环境影响综合评价 [J/OL]. 清华大学学报（自然科学版）: 1 - 8 [2021 - 03 - 10]. https: //doi. org/10. 16511/j. cnki. qhdxxb. 2021. 25. 006.

［78］夏德建．基于情景分析的发电侧碳排放生命周期剂量研究［D］．重庆：重庆大学，2010.

［79］黄水平，王枫，邱国玉．生命周期法研究低碳能源发电碳减排潜力［J］．生态经济，2012（10）：121－124.

［80］刘兰菊．我国清洁能源碳减排效益分析及发展顺序［J］．水电能源科学，2012，30（8）：211－213.

［81］徐钢，田龙虎，刘彤，等．中国电力工业 CO_2 减排战略分析［J］．中国电机工程学报，2011，31（17）：1－8.

［82］杨东，刘晶茹，杨建新，等．基于生命周期评价的风力发电机碳足迹分析［J］．环境科学学报，2015，3：927－934.

［83］宋静怡，林朋飞，张珍珍，等．新能源发电全生命周期评价及环境协同发展——以甘肃省新能源发电为例［J］．中国资源综合利用，2020，38（3）：170－175.

［84］王宇，计彤．中国低碳电力技术减排潜力及减排成本分析［J］．生态经济，2014，30（11）：14－17，56.

［85］朱东山，孔英，高一放，等．中国发电行业 CO_2 减排成本及潜力研究［J］．中国人口·资源与环境，2015，25（S2）：14－20.

［86］王悦，郭森，郭权，等．基于 IO－LCA 方法的我国风电产业全生命周期碳排放核算［J］．可再生能源，2016，7：1032－1039.

［87］林伯强．电力消费与中国经济增长：基于生产函数的研究［J］．管理世界，2003，11：18－27.

［88］米国芳，赵涛．中国经济增长、电力消费与碳排放量关系研究［J］．科学管理研究，2012，30（1）：89－91，116.

［89］戴攀，邹家勇，田杰，等．中国电力行业碳减排综合优化［J］．电力系统自动化，2013，37（14）：1－6.

［90］VERBONG G，BEEMSTERBOER S，SENGERS F. Smart grids or smart users? Invloving users in developing a low carbon electricity economy［J］. Energy Policy，2013，52：117－125.

[91] 黄敏. 考虑需求侧管理的低碳电网规划 [J]. 低碳世界, 2017, 29: 129-130.

[92] 程耀华, 张宁, 康重庆, 等. 考虑需求侧管理的低碳电网规划 [J]. 电力系统自动化, 2016, 40 (23): 61-69.

[93] 马彤兵, 孙超. 基于电力供应链的节能减排策略研究 [J]. 中国集体经济, 2012, 19: 46-47.

[94] 任玉珑, 黄守军, 张谦. 计及碳排放权交易的电力市场纵向合作减排策略研究 [J]. 产业经济研究, 2010, 5: 51-57.

[95] 王喜平, 刘兴会, 张锴, 等. 基于系统动力学的火电企业节能减排投资研究 [J]. 黑龙江电力, 2013, 35 (3): 200-202.

[96] 于超, 何璞玉. 电力产业链节能减排政策模拟的经济系统动力学模型 [J]. 华北电力大学学报 (社会科学版), 2014 (5): 5-12.

[97] 陈启鑫, 康重庆, 夏清. 电力行业低碳化的关键要素分析及其对电源规划的影响 [J]. 电力系统自动化, 2009, 33 (15): 18-23.

[98] 姜海洋. 促进发电环节节能减排的煤电产业链合作优化模型 [D]. 北京: 华北电力大学, 2010.

[99] 杨晓妮, 王昭, 杨攀峰. 酒泉直流送端风火打捆研究 [J]. 陕西电力, 2015, 43 (6): 83-87.

[100] 徐帆, 丁恰, 韩红卫, 等. 促进跨区新能源消纳的直流联络线功率优化模型及分析 [J]. 电力系统自动化, 2017, 41 (18): 152-159.

[101] 舒康安, 张昌, 艾小猛, 等. 基于分段电价的跨区风电消纳 [J]. 电工技术学报, 2017, 32 (S1): 39-49.

[102] 付亦殊, 陈红坤, 姜欣, 等. 促进大规模风电消纳的双层调峰补偿机制研究 [J]. 电力系统保护与控制, 2019, 47 (4): 51-57.

[103] 孙谊媊, 凌静, 秦艳辉, 等. 考虑绿色证书的可再生能源跨区消纳竞价优化方法 [J]. 可再生能源, 2018, 36 (6): 942-948.

[104] 李国栋, 李庚银, 严宇, 等. 新能源跨省区消纳交易方式研究与应用分析 [J]. 中国电力, 2017, 50 (4): 39-44.

[105] 邓健，王承民，衣涛，等．我国的新能源政策对电力交易风险的影响分析［J］．华北电力大学学报（社会科学版），2015，98（6）：27－33.

[106] 邓健，衣涛，王承民．我国跨区跨省电力交易引起的安全风险分析［J］．华北电力大学学报（社会科学版），2015，4：31－36.

[107] 安蕾．中国1987—2017年度间动态投入产出表的编制及应用［D］．昆明：云南财经大学，2020.

[108] 刘起运，陈璋等．投入产出分析［M］．北京：中国人民大学出版社，2006.

[109] LUTTER S, WILTING H, WIEDMANN T, et al. Interim report on the results of the evaluation of methodologies assessed with the RACER framework [R]. 2008, ERA-NET SKEP Project EIPOT (Development of a methodology for the assessment of global environmental impacts of traded goods and services), http: //www. eipot. eu.

[110] WIEDMANN T, WILTING H, LENZEN M, et al. Quo Vadis MRIO? Methodological, data and institutional requirements for multi-region input-output analysis [J]. Ecological Economics, 2011, 70: 1937－1945.

[111] SU B, ANG B. Input-output analysis of CO_2 emissions embodied in trade: The effects of spatial aggregation [J]. Ecological Economics, 2010, 70 (1): 10－18.

[112] LENZEN M. Aggregation versus disaggregation in input-output analysis of the environment [J]. Economic Systems Research, 2011, 23 (1): 73－89.

[113] LENZEN M. Aggregating input-output systems with minimum error [J]. Economic Systems Research, 2019, 31 (4): 594－616.

[114] WOLSKY A. Disaggregating input-output models [J]. The Review of Economics and Statistics, 1984, 66: 283－291.

[115] LINDNER S, LEGAULT J, GUAN D. Disaggregating the electricity sector of China's input-output table for improved environmental life-cycle assessment [J]. Economic System Research, 2013, 25: 300－320.

［116］刘强，冈本信广．中国地区间投入产出模型的编制及其问题［J］．统计研究，2002，9：58 -64.

［117］杨念．区域间投入产出表的编制及其应用［D］．上海：华东师范大学，2008.

［118］于冲冲．长三角区域间投入产出表编制及三大效应［D］．济南：山东大学，2017.

［119］ZHENG H，MENG J，MI Z，et al. Linking city-level input-output table to urban energy footprint construction framework and application［J］．Journal of Industrial Ecology，2019，23：781 -795.

［120］ICHIMURA S，WANG H. Interregional input-output analysis of the Chinese economy［R］．Singapore：World Scientific，2003.

［121］IDE（Institute of Developing Economies）. Multi-regional input-output model for China 2000［R］．IDE Statistical Data Series No. 86，Chiba，Japan，2003.

［122］石敏俊，张卓颖，等．中国省区间投入产出模型与区际经济联系［M］．北京：科学出版社，2012.

［123］张亚雄，齐舒畅．2002—2007 年中国区域间投入产出表［M］．北京：中国科学出版社，2012.

［124］ZHANG Z Y，SHI M J，ZHAO Z. The compilation of China's interregional input-output model 2002［J］．Economic Systems Research，2012，27（2）：238 -256.

［125］李善同，齐舒畅，许召元．2002 年中国地区扩展投入产出表：扩展与应用［M］．北京：经济科学出版社，2010.

［126］李善同，齐舒畅，何建武．2007 年中国地区扩展投入产出表：扩展与应用［M］．北京：经济科学出版社，2016.

［127］PAN C，PETERS G，ANDREW R，et al. Structural changes in provincial emission transfers within China［J］．Environment Science and Technology，2018，52：12958 -12967.

［128］刘卫东，陈杰，唐志鹏，等．中国 2007 年 30 省区市区域间投入

产出表编制理论与实践 [M]. 北京：中国统计出版社，2012.

[129] 刘卫东，唐志鹏，陈杰，等. 2010 年中国 30 省区市区域间投入产出表 [M]. 北京：中国统计出版社，2014.

[130] 刘卫东，唐志鹏，韩梦瑶，等. 2012 年中国 31 省区市区域间投入产出表 [M]. 北京：中国统计出版社，2018.

[131] MI Z, MENG J, ZHENG H, et al. Data descriptor: A multi-regional input-output table mapping China's economic outputs and interdependencies in 2012 [J]. Scientific Data, 2018, 180155.

[132] ZHENG H, ZHANG Z, WEI W, et al. Regional determinants of China's consumption-based emissions in the economic transition [J]. Environmental Research Letters, 2020, 15: 074001.

[133] WANG Y, GESCHKE A, LENZEN M. Constructing a time series of nested multiregion input-output tables [J]. International Regional Science Review, 2017, 40 (5): 476-499.

[134] 罗纳德·E. 米勒，彼得·D. 布莱尔. 投入产出分析：基础与扩展（第 2 版）[M]. 北京：中国人民大学出版社，2019.

[135] 张红霞. 能源投入产出模型的选择：混合型还是价值型 [J]. 经济理论与经济管理，2018，10：102-112.

[136] SUN X, LI J, QIAO H, et al. Energy implications of China's regional development: New insights from multi regional input-output analysis [J]. Applied Energy, 2017, 196: 118-131.

[137] 张友国. 经济发展方式变化对中国碳排放强度的影响 [J]. 经济研究，2010，4：120-133.

[138] LINDNER S, GUAN D. A hybrid-unit energy input-output model to evaluate embodied energy and life cycle emissions for China's economy [J]. Journal of Industrial Ecology, 2014, 18 (2): 201-211.

[139] XIE S. The driving forces of China's energy use from 1992 to 2010: An empirical study of input-output and structural decomposition analysis [J]. En-

ergy Policy, 2014, 73: 401 -415.

［140］ 李坤望，孙玮．我国进出口贸易中能源含量分析［J］．世界经济研究，2008，2：3 -7.

［141］ 吴开尧，朱启贵，刘慧媛．中国经济产业价值型能源强度演变分析——基于混合型能源投入产出可比价序列表［J］．上海交通大学学报（哲学社会科学版)，2014，5：81 -92.

［142］ 夏炎，杨翠红，陈锡康．基于可比价投入产出表分解我国能源强度影响因素［J］．系统工程理论与实践，2009，10：21 -27.

［143］ 王会娟，陈锡康，杨翠红．三种能源投入产出模型的分析与比较［J］．系统工程理论与时间，2010，30（6)：987 -992.

［144］ YUAN R, RODRIGUESA J, TUKKERA A, BEHRENS P. The impact of the expansion in non-fossil electricity infrastructure on China's carbon emissions［J］. Applied Energy, 2018, 228: 1994 -2008.

［145］ GUEVARA Z, RODRIGUES F. Structural transition and energy use: A decomposition analysis of Portugal 1995—2010［J］. Economic System Research, 2016, 28: 202 -223.

［146］ JIANG X, GUAN D, LÓPEZ L. The global CO_2 emission cost of geographic shifts in international sourcing［J］. Energy Economics, 2018, 73: 122 -134.

［147］ LIANG S, WANG Y, CINNIRELLA S, et al. Atmospheric mercury footprints of nations［J］. Environmental Science & Technology, 2015, 49 (6): 3566 -3574.

［148］ MARQUES A, RODRIGUES J, DOMINGOS T. International trade and the geographical separation between income and enabled carbon emissions［J］. Ecological Economics, 2013, 89: 162 -169.

［149］ LENZEN M, MORAN D, BHADURI A, et al. International trade of scarce water［J］. Ecological Economics, 2013, 94: 78 -85.

［150］ WIEDMANN T, SCHANDL H, LENZEN M, et al. The material footprint of nations［J］. The National Academy of Sciences, 2015, 112 (20): 6271 -6276.

[151] SU B, ANG B. Multiplicative structural decomposition analysis of aggregate embodied energy and emission intensities [J]. Energy Economics, 2017, 65: 137 -147.

[152] WANG H, ANG B, SU B. Multiplicative structural decomposition analysis of energy and emission intensities: Some methodological issues [J]. Energy, 2017, 123: 47 -63.

[153] ANG B, SU B, WANG H. A spatial-temporal decomposition approach to performance assessment in energy and emissions [J]. Energy Economics, 2016, 60: 112 -121.

[154] LI H, ZHAO Y, QIAO X, et al. Identifying the driving forces of national and regional CO_2 emissions in China: Based on temporal and spatial decomposition analysis models [J]. Energy Economics, 2017, 68: 522 -538.

[155] LIANG S, GUO S, NEWELL J, et al. Global drivers of Russian timber harvest [J]. Journal of Industrial Ecology, 2016, 20 (3): 515 -525.

[156] LIANG S, ZHANG C, WANG Y, et al. Virtual atmospheric mercury emission network in China [J]. Environmental Science & Technology, 2014, 48 (5): 2807 -2815.

[157] 梁赛, 王亚菲, 徐明, 等. 环境投入产出分析在产业生态学中的应用 [J]. 生态学报, 2016, 36 (22): 7217 -7227.

[158] 谢锐, 王振国, 张彬彬. 中国碳排放增长驱动因素及其关键路径研究 [J]. 中国管理科学, 2017, 10: 122 -132.

[159] SHAO L, LI Y, FENG K, et al. Carbon emission imbalances and the structural paths of Chinese regions [J]. Applied Energy, 2018, 215: 396 -404.

[160] YANG X, YI S, QU S, et al. Key transmission sectors of energy-water-carbon nexus pressures in Shanghai, China [J]. Journal of Cleaner Production, 2019, 225: 27 -35.

[161] ZHEN W, QIN Q, ZHONG Z, et al. Uncovering household indirect energy-saving responsibility from a sectoral perspective: An empirical analysis of

Guangdong, China [J]. Energy Economics, 2018, 72: 451 –461.

[162] FENG C, TANG X, JIN Y, et al. Regional energy water nexus based on structural path betweenness: A case study of Shanxi province, China [J]. Energy Policy, 2019, 127: 102 –112.

[163] TAN R, AVISO K, BARILEA I, et al. A fuzzy multi-regional input-output optimization model for biomass production and trade under resource and footprint constraints [J]. Applied Energy, 2012, 90: 154 –160.

[164] HE P, NG T, SU B. Energy-economic resilience with multi-region input-output linear programming models [J]. Energy Economics, 2019, 84: 104569.

[165] ZHAO Y, LI H, XIAO Y, et al. Scenario analysis of the carbon pricing policy in China's power sector through 2050: Based on an improved CGE model [J]. Ecological Indicators, 2018, 85: 352 –366.

[166] 汪宏，陶小马，葛蕾．考虑能源、环境影响的住宅建筑节能 CGE 模型构建 [J]. 中国人口·资源与环境，2017，27 (5)：84 –91.

[167] 张宇宁，庞军，金嘉瑞，等．纳入清洁电力部门的中国碳税政策研究——基于 CGE 的模型分析 [A]. //2019 中国环境科学学会科学技术年会论文集（第四卷）[C]. 北京：中国环境科学学会，2019.

[168] SUH S, LENZEN M, TRELOAR G, et al. System boundary selection in lifecycle inventories using hybrid approaches [J]. Environmental Science & Technology, 2004, 38 (3): 657 –664.

[169] MATTHEWS H, SMALL M. Extending the boundaries of life-cycle assessment through environmental economic input-output models [J]. Journal of Industrial Ecology, 2000, 4 (3): 7 –10.

[170] LINDNER S, LEGAULT L, GUAN D. Disaggregating input-output models with incomplete information [J]. Economic Systems Research, 2012, 24 (4): 329 –347.

[171] THEIL H, BEERENS G, DE LEEUW C. Applied economic forecasting [J]. South African Journal of Economics, 1971, 35 (3): 271 –271.

[172] LIANG S, QU S, XU M. Betweenness-based method to identify critical transmission sectors for supply chain environmental pressure mitigation [J]. Environmental Science & Technology, 2016, 50: 1330 - 1337.

[173] LEONTIEF W. Quantitative input and output relations in the economic systems of the United States [J]. Review of Economics & Statistics, 1936, 18: 105 - 125.

[174] DEFOURNY J, THORBECKE E. Structural path analysis and multiplier decomposition within a social accounting matrix framework [J]. The Economic Journal, 1984, 94 (373): 111 - 136.

[175] HANAKA T, KAGAWA S, ONO H, et al. Finding environmentally critical transmission sectors, transactions, and paths in global supply chain networks [J]. Energy Economics, 2017, 68: 44 - 52.

[176] SHAN Y, GUAN D, ZHENG H, et al. China CO_2 emission accounts 1997—2015 [J]. Scientific Data 5, 2018.

[177] IPCC. 2006 IPCC Guidelines for National Greenhouse gas Inventories [R]. Intergovernmental Panel on Climate Change (IPCC), 2006.

[178] ZHANG B, QIAO H, CHEN B. Embodied energy uses by China's four municipalities: A study based on multi-regional input-output model [J]. Ecological Modelling, 2015, 318: 138 - 149.

[179] LIN B, WANG A. Estimating energy conservation potential in China's commercial sector [J]. Energy, 2015, 82: 147 - 156.

[180] CHEN Z, OHSHITA S, LENZEN M, et al. Consumption-based greenhouse gas emissions accounting with capital stock change highlights dynamics of fast-developing countries [J]. Nature Communications, 2018, 9: 3581.

[181] MENG J, YANG H, YI K, et al. The slowdown in global air pollutant emission growth and driving factors [J]. One Earth, 2019, 1: 138 - 148.

[182] ZHANG B, QU X, MENG J, SUN X. Identifying primary energy requirements in structural path analysis: A case study of China 2012 [J]. Applied

Energy, 2017, 191: 425 – 435.

[183] GOH T, ANG B, XU X. Quantifying drivers of CO_2 emissions from electricity generation-current practices and future extensions [J]. Applied Energy, 2018, 231: 1191 – 1204.

[184] IEA. Coal medium-term Market report: Market trends and projections to 2012 [R]. Paris, France: International Energy Agency, 2017.

[185] CHEN Y, SHENG G, BI X, et al. Emission factors for carbonaceous particles and polycyclic aromatic hydrocarbons from residential coal combustion in China [J]. Environmental Science and Technology, 2005, 39 (6): 1861 – 1867.

[186] WANG B, LIU L, HUANG G, et al. Effects of carbon and environmental tax on power mix planning-a case study of Hebei Province, China [J]. Energy, 2018, 143: 645 – 657.

[187] KANG J, NG T, SU B, et al. Optimizing the Chinese electricity mix for CO_2 emissions reduction: An input-output linear programming model with endogenous capital [J]. Environmental Science and Technology, 2020, 54: 697 – 706.

[188] 曹庆仁，刘书玲，郑卫．中国省域二氧化碳减排目标与成本分担研究 [J]．统计与信息论坛，2019，34 (4)：114 – 120.

[189] 薛进军．低碳经济学 [M]．北京：社会科学文献出版社，2011.

[190] SCIO, NDRC, 2007. State Council Information Office of the People's Republic of China, Information Office of the State Council of the People's Republic of China National Development and Reform Commission (NDRC). China's Energy Conditions and Policies, http://www.chinahumanrights.org/Messages/Focus/031/05/t20080229_491522.htm.

[191] HONG J, SHEN G, GUO S, et al. Energy use embodied in China's construction industry: A multi-regional input-output analysis [J]. Renewable Sustainable Energy Review, 2016, 53: 1303 – 1312.

[192] CAO Y, ZHAO Y, WANG H, et al. Driving forces of national and re-

gional carbon intensity changes in China: Temporal and spatial multiplicative structural decomposition analysis [J]. Journal of Cleaner Production, 2019, 213: 1380 - 1410.

[193] FEI T, XIN W, LV Z. Introducing the emissions trading system to China's electricity sector: Challenges and opportunities [J]. Energy Policy, 2014, 75: 39 - 45.

[194] YAN Q, WANG Y, BALEZENTIS T, et al. Analysis of China's regional thermal electricity generation and CO_2 emissions: Decomposition based on the generalized Divisia index [J]. Science of the Total Environment, 2019, 682: 737 - 755.

[195] 魏文栋，张鹏飞，李佳硕．区域电力相关碳排放核算框架的构建和应用 [J]．中国人口·资源与环境，2020，30 (7)：38 - 46.

[196] HE Y, WANG B, LI D, et al. China's electricity transmission and distribution tariff mechanism based on sustainable development [J]. International Journal of Electrical Power & Energy Systems, 2015, 64: 902 - 910.

[197] LIANG S, WANG Y, XU M, et al. Final production-based emissions of regions in China [J]. Economic Systems Research, 2018, 30: 18 - 36.

[198] STERN N, XIE C. China's 14th Five-Year Plan in the context of COVID - 19: Rescue, recovery and sustainable growth for China and the world [R]. Grantham Research Institute on Climate Change and the Environment, London School of Economics and Political Science, 2020, https://www.lse.ac.uk/granthaminstitute/publication/chinas-14th-five-year-plan-in-the-context-of-covid-19-rescue-recovery-and-sustainable-growth-for-china-and-the-world.

[199] HUI J, CAI W, WANG C, et al. Analyzing the penetration barriers of clean generation technologies in China's power sector using a multi-region optimization model [J]. Applied Energy, 2017, 185: 1809 - 1820.